"十四五"时期国家重点出版物出版专项规划项目

"翻译中国"研究丛书
Translating China

国家出版基金项目
NATIONAL PUBLICATION FOUNDATION

总主编 许钧 王克非 任文

中央文献
译介与传播研究

Studies on Translation and International
Communication of CPC Literature

李晶 著

外语教学与研究出版社
FOREIGN LANGUAGE TEACHING AND RESEARCH PRESS
北京 BEIJING

图书在版编目（CIP）数据

中央文献译介与传播研究 / 李晶著. —— 北京：外语教学与研究出版社，2024.10（2025.6重印）. ——（"翻译中国"研究丛书 / 许钧，王克非，任文总主编）. —— ISBN 978-7-5213-5823-0

I. H059

中国国家版本馆 CIP 数据核字第 20248Q7E90 号

中央文献译介与传播研究
ZHONGYANG WENXIAN YIJIE YU CHUANBO YANJIU

出 版 人　王　芳
选题策划　步　忱　王丛琪　段长城
项目负责　都帮森
责任编辑　都帮森
责任校对　王丛琪
封面设计　高　蕾
版式设计　付玉梅
出版发行　外语教学与研究出版社
社　　址　北京市西三环北路 19 号（100089）
网　　址　https://www.fltrp.com
印　　刷　北京九州迅驰传媒文化有限公司
开　　本　880×1230　1/32
印　　张　8.5
字　　数　220 千字
版　　次　2024 年 10 月第 1 版
印　　次　2025 年 6 月第 4 次印刷
书　　号　ISBN 978-7-5213-5823-0
定　　价　48.90 元

如有图书采购需求，图书内容或印刷装订等问题，侵权、盗版书籍等线索，请拨打以下电话或关注官方服务号：
客服电话：400 898 7008
官方服务号：微信搜索并关注公众号"外研社官方服务号"
外研社购书网址：https://fltrp.tmall.com

物料号：358230001

记载人类文明
沟通世界文化
www.fltrp.com

总主编的话

　　众所周知，中国历史上先后出现了多次翻译高潮：从东汉到宋代的佛经翻译、明末清初的科技翻译、鸦片战争至五四运动时期的西学翻译、新中国成立初期到 20 世纪 70 年代中后期的东西方文学翻译，可以说这一次次翻译高潮构筑了中国翻译史上的一座座高峰，承载了把世界介绍给中国的使命。两千年"翻译世界"的活动不仅引发了相互交织、绵延至今的中外文化交流实践，更是给中国带来了《共产党宣言》等马克思主义著作。这些著作的翻译对当时中国先进知识分子的觉醒和中国共产党的诞生起到了积极推动作用。

　　同时，自古泊今，"翻译中国"的实践也并非付之阙如，很长时间以来，虽不及"翻译世界"主旋律般的华彩乐章，却也华音袅袅，弦歌不辍，并随着中国与世界关系的变化而不断演变。从唐代高僧玄奘将《道德经》译成梵文，传递东方智慧，到 16 世纪来华耶稣会士将儒家经典译至拉丁文，架起东西文化交流的桥梁；从清末民初译界逆行者辜鸿铭通过译写将中国文化精髓传扬至西方，至新中国成立后中国共产党重要文献的有组织多语外译[1]，"翻译中国"华音渐强，且内涵不断丰富。1978 年的改革开放，开启了中国翻译的新时

1　孙宁，2022，中国共产党重要文献对外译介的百年历程，《百年潮》（3）：62-68。

代，随着国家层面规划的"熊猫丛书""大中华文库"等对外翻译出版工程的启动，特别是"中国文化走出去"和"一带一路"倡议的出台，在"翻译世界"依旧充满活力的同时，"翻译中国"已成大势，肩负起让世界理解中国的重任。

进入新时代，伴随着中国综合国力的显著提升和世界格局的日益变化，以及加强国际传播能力建设等国家战略的实施，"翻译中国"迎来新的契机。中国的文学文化、学术思想、发展经验和治理理念在国际社会引起广泛关注，大量对外译介作品如雨后春笋般涌现，向世界展示中国的独特魅力与智慧。这一发展不仅标志着中国正从"翻译世界"走向"翻译中国"的新纪元，更意味着中国在国际舞台上的地位和作用发生着历史性的转变。

"翻译中国"极大促进了中国故事、中国思想和中国文化的世界性传播与接受，成为国家文化软实力建设的重要组成部分，也必将对全球文明发展产生深远影响。然而"翻译中国"绝非易事，中国故事和中国思想蕴含着悠久的历史和独特的文化，需要通过恰当的话语内容、方式和渠道走向世界。正如 2021 年 5 月 31 日习近平总书记在主持中共中央政治局第三十次集体学习时所强调的，"讲好中国故事，传播好中国声音，展示真实、立体、全面的中国，是加强我国国际传播能力建设的重要任务"。翻译界的任务不仅是通过"翻译中国"向世界介绍中国，更要致力于塑造一个客观、清晰、丰满、积极的中国形象。这就亟需外语和翻译界下大力气，在"翻译中国"的同时，对中华文化的外译历史、外译类别、译介规律、经验模式、受众心理、传播效能等情况展开调研，打造融通中外的话语方式，并对其中伏脉千里并延展至今的翻译思想进行凝练、发展与创新。

在此背景下，外语教学与研究出版社特别策划了"'翻译中国'研究丛书"（以下简称丛书），旨在深入探讨"翻译中国"的理论与实践问题，作为对新时代"翻译中国"事业和国际传播战略的积极回应。丛书分为文学翻译、文化翻译、话语翻译和译学探索四个子系列，每个子系列由数量不等的单册专著组成。总体而言，我们认为这套丛书具有以下特征。

其一，**多元且前沿的研究选题。** 每个子系列均紧扣"翻译中国"主题展开，通过收录该系列的代表性研究成果，对每一系列开展脉络梳理、经验总结、问题分析与前景展望。具体来说，文学翻译子系列既涉及宏观或中观层面中国儿童文学、经典戏剧、网络文学、武侠文学、科幻文学、诗词、文论的译介与传播研究，也包含《沧浪诗话》等微观个案作品在特定国家的阐释、传播与接受，旨在分析中国优秀文学作品的海外译介模式与国际传播路径，为中国文学的国际传播提供新的视角和策略。文化翻译子系列广泛覆盖中国民俗文化、少数民族典籍、影视作品、中医药文化、武术文化、饮食文化、美术文化、历史文化等多个领域的译介与传播研究，致力于探索将中国文化的精髓传播至世界不同角落的有效途径。话语翻译子系列包括中国时政话语、哲学话语、外交话语和中央文献的译介与传播研究，力图探索中国特色对外话语体系建构与话语传播的有效方式，提高国际社会对中国政策路径和发展理念的理解与认同。译学探索子系列则意图展示我国翻译理论研究的最新进展和丰硕成果。从译者行为批评研究到应用翻译学探索，从知识翻译学的构建到中国翻译话语的系统建设，这些创新性成果不仅为当代中国翻译学科的发展注入新的活力，也是中国学者对国际译学话语的原创性贡献。

其二，**连贯而严密的逻辑架构。** 我们精心策划的文学翻译、文化翻译、话语翻译以及译学探索四个子系列，在"翻译中国"的实践中各具要义，它们既可独立成册，又相互关联，内容上互补，实践上互促，理论上互涉，共同构成一个有机整体，从不同角度回应新时代"翻译中国"实践与研究的迫切需求。具体而言，文学翻译子系列旨在以翻译为媒介，探讨如何将中国气韵生动、丰富多彩的文学作品推向世界，以润物无声、绵长悠远的方式让国际受众感知中国的人、事、思；文化翻译子系列进一步探讨如何将文学或其他类型作品中蕴含的我国独特历史文化元素译介给异域民众，从而增进国际社会对中国文化不同方面的体验与欣赏；话语翻译子系列聚焦中国各领域核心思想和价值观念的传达，探讨如何通过精准的话语翻译和有效的国际传播，引导国际社会理解中国之制与中国之治；译学探索子系列则基于对文学、文化、话语等领域长期译介实践和传播规律的深入总结，升华构建具有中国特色的翻译话语体系，为中译外实践提供前瞻性理论指导和智力支持，也为国际译学界带来中国学者守正创新的译学新论。四个子系列力求巧妙结合，共同构建一个全方位、多领域、深层次的"翻译中国"研究体系。

其三，深耕翻译与跨越学科的学术视野。 丛书的专家学者既立足翻译学科，潜心梳理我国优秀文学文化以及各领域重要话语的译介全貌，打造具有中国特色、中国风格、中国气派的原创性译学理论话语，展现我国翻译学者的理论自信，又保持开阔的学术视野，跳出传统翻译研究聚焦语言转换和产品质量评价的局囿，借鉴传播学、社会学等相关理论与方法，考察对外翻译产品的译介效果和传播效能，认真研究国际受众的反馈评价，从中获取宝贵的建议与启示。在特色译学理论探索过程中，既扎根"翻译中国"的丰富实践，亦关注全球翻译理论的最新动态，并加以合理引进、吸收与融合，不仅为"翻译中国"事业的高质量发展注入新动能，更能推动中国特色译学理论话语与国际前沿理念接轨，提升中国翻译研究在国际学术舞台上的话语权和影响力。

　　其四，学术价值与实践意义的统筹兼顾。 我们在本套丛书的编撰与出版过程中，力求学理探讨和实践探索并重。学理层面，丛书通过全面收录"翻译中国"代表性实践与理论话语建构论著，意图呈现"翻译中国"研究的主要脉络和理论演进，为国内外译学界搭建一个全面展示和交流"翻译中国"研究成果的高端平台，推动"翻译中国"研究纵深发展。实践层面，丛书所凝练的各类对外翻译产品译介与传播规律，可为未来"翻译中国"实践与理论话语深入探索提供宝贵经验和启示，为"翻译中国"政策规划及实施提供翔实的案例参考与数据支持。

　　在丛书策划阶段，我们荣幸地邀请到来自国内不同高校数十位专家学者参与其中。他们不仅在"翻译中国"的实践中积累了丰富经验，且勤于探索、善于沉思，共同组成了本套丛书的权威撰稿团队。他们或道术结合，发掘"翻译中国"成功案例背后的译介规律，或交叉跨越，将翻译学与传播学等学科结合，探究我国文学文化作品及话语在海外的传播效能，或融合出新，在中国传统译学话语和国际既有翻译理论基础上提出原创性译思，共同搭建具有中国特色的译学话语体系，研究范式和成果具有创新性和引领性。相信他们的成果不仅会为译学界提供宝贵的"翻译中国"研究文献，也会给广大读者带来深刻的思想启迪和学术收获。

　　在"翻译世界"仍方兴未艾、"翻译中国"已如日方升的历史性时刻，有机会担任这套丛书的总主编，我们既深感荣幸，又自觉责任重大。尽管我们为丛书编撰付出了诸多努力，希望其不仅是"翻译中国"研究的知识宝库，更是中华璀璨文化与当代中国对外话语及译学理论成果的荟萃，但不可否认，这套丛书只是相关研究的冰山一角，还有许多领域和话题留待后续探索。我们的愿景是凝聚"翻译中国"学术共同体，建立一个全面而系统的"翻译中国"研究体系，推动相关实践和学思不断开疆拓土，纵深发展。基于此，我们希望丛书能够成为一个充满活力，始终保有前沿性和引领性的学术阵地，不断吸纳"翻译中国"研究领域内的最新实践与理论成果，持续发挥其学术影响和实践价值，激发更多中外学者和青年学子对"翻译中国"的实践热情与研究兴趣，携手共促中国故事国际传播和人类文明交流互鉴。

在丛书的编撰过程中，我们得到了众多同行专家的鼎力相助。在此，我们谨代表丛书编委会向各位专家学者和外语教学与研究出版社表示衷心的感谢。让我们共同努力，遵循立足中国、关注国际，挖掘历史、把握当代，面向未来的实践和研究思路，以丛书为媒，以学思为介，传递中国声音，展现中国智慧，以"翻译中国"的微观阐述助力人类命运共同体构建的宏大叙事。

许钧　王克非　任文

2024 年 1 月 22 日

前言

党的二十大报告指出要"加快构建中国话语和中国叙事体系，讲好中国故事、传播好中国声音，展现可信、可爱、可敬的中国形象"，并强调"加强国际传播能力建设，全面提升国际传播效能，形成同我国综合国力和国际地位相匹配的国际话语权。深化文明交流互鉴，推动中华文化更好走向世界"。中央文献作为我国政治思想权威之表述，阐释我国国家领导人的政治主张及治国理念之思想精髓，是全党上下集体智慧的结晶，内容涉及我国社会建设、改革和发展方面的经验与成就，涵盖政治、经济、文化、历史、军事、外交等领域，其对外译介与传播是向世界展示形象、政策和成就的重要途径，旨在让世界了解中国、了解中国特色社会主义理论和中国治理体系，在对外话语体系建设与传播中国马克思主义理论和实践成果方面发挥着导向和示范作用。新形势下，中央文献对外译介与传播工作发生了许多新的变化，在译介内容与过程、译介策略与方法、传播主体与机制及传播模式与渠道等方面均面临不同的挑战和问题，因而对译者和译事也提出了诸多新的要求，中央文献对外译介与传播需要观照更为宏观的社会语境，关注更多与时代发展紧密相关的现实问题。

天津外国语大学于2011年与中共中央编译局中央文献翻译部（现中央党史和文献研究院第六研究部）合作建设"中央文献翻译研究基地"，开创了国家部委与地方高校合作、服务国家和社会的新模式，开展全国唯一的"党和国家重要文献对外翻译研究"博士人才培养项目，直接服务于党和国家在特殊人才方面的重大需求，助力对外话语体系建设。十多年来，在中央党史和文献研究院的大力指导和支持下，基地承担或参与翻译了以《中华人民共和国大事记》《中国共产党简史》《中国共产党的一百年》为代表的多部中央文献著作；双方联合创立并主办"中央文献翻译与研究论坛"，汇聚翻译与传播领域的知名专家学者开展多学科研讨，助推中央文献对外翻译服务国家战略；双方联合培养并向社会输送了大批高层次、国际化中央文献翻译博士人才，产出了一系列高质量学术研究成果，在高水平咨政建言、产学研融合发展等方面硕果累累。

本书正是基于我们深耕十余载的中央文献翻译实践与研究，历时梳理中央文献译介与传播的实践成果，系统回顾和分析其译介与传播的现状，进一步审视和反思其译介与传播的诸多问题，并尝试从学理层面对现有研究存在的问题及未来发展提出建议，以期有效改善中央文献译介与传播的现实效果，为中央文献外译和国家形象塑造等政策制定提供实践依据，为自塑国家形象、加快构建中国话语和中国叙事体系、增强国际话语权提供应用参考，为讲好中国故事、传播好中国声音贡献鲜活案例。

本书共分为六章，聚焦中央文献译介与传播，梳理脉络、总结经验、分析问题并展望未来。书稿能顺利完成撰写，是参撰者精诚合作的成果。其中，李晶提出本书的写作理念与原则，带领团队完成全书的框架搭建和章节结构设计，负责完成各章节标题设计、样章撰写与修订，以及所有章节的修改、完善和全书的统稿、定稿。各章节的撰稿人主要为中央文献翻译研究基地的博士研究生和天津外国语大学高级翻译学院的教师，他们参与了党和国家重要文献对外翻译实践与研究。具体撰写分工如下：

第一章　华云鹏

第二章　王晶（第一节、第三节、第四节）、屈扬铭（第二节）

第三章　周丹丹（第一节、第二节、第五节）、邵奕菲（第三节、第四节）

第四章　杜帅（第一节、第二节、第五节）、童玲（第三节）、马志儒（第四节）

第五章　任俊桦（第一节、第四节）、杜帅（第二节）、王晓艳（第三节）

第六章　屈扬铭、朱华、华云鹏

书稿付梓之际，感谢各位作者的辛勤写作、编辑人员不厌其烦的校正以及为本书出版做出贡献的各位师友！因时间仓促和编者能力所限，书中难免有疏漏之处，我们诚恳地希望读者提出宝贵意见。外语教学与研究出版社的领导和编辑对本书的编撰给予了大力支持。在此，我们表示由衷的感谢！

李晶

天津外国语大学

2024年1月

目录

第一章 绪论

1.1 研究缘起

2016年2月19日，习近平总书记主持召开党的新闻舆论工作座谈会，并发表重要讲话指出，"我国综合国力和国际地位不断提升，国际社会对我国的关注前所未有，但中国在世界上的形象很大程度上仍是'他塑'而非'自塑'，我们在国际上有时还处于有理说不出、说了传不开的境地，存在着信息流进流出的'逆差'、中国真实形象和西方主观印象的'反差'、软实力和硬实力的'落差'。要下大气力加强国际传播能力建设，加快提升中国话语的国际影响力，让全世界都能听到并听清中国声音"[1]。面对百年未有之大变局，中国国际话语权的赢取不仅仅取决于国家的硬实力，很大程度上也依赖于中国话语在对外译介与传播过程中的认识论与方法论的选择，以及各种话语变量在此过程中的协调与配合（杨枫 2022）。因此，如何实现"中国知识"和"中国智慧"的世界表达与阐释（魏向清、杨平 2019），如何切实有效地助力提升中国的国家文化软实力，是翻译与国际传播工作者的职责和历史使命。

党和国家充分认识到，提升国际传播能力、构建与我国综合国

1　参见求是网：http://www.qstheory.cn/zhuanqu/2021-06/02/c_1127522386.htm。

力相匹配的对外话语体系，进而增强中国的文化软实力和国际竞争力，是解决这一问题的重要基础和核心要素，并基于这一判断做出大力推动国际传播守正创新，构建具有鲜明中国特色的对外话语体系，从而更好地向世界展示中国理念、中国精神、中国道路的重大决策部署。

2013年8月19日，习近平总书记在全国宣传思想工作会议上指出，"要精心做好对外宣传工作，创新对外宣传方式，着力打造融通中外的新概念新范畴新表述，讲好中国故事，传播好中国声音"[1]。2016年，习近平总书记在哲学社会科学工作座谈会上提出，加快构建中国特色哲学社会科学，"要按照立足中国、借鉴国外、挖掘历史、把握当代、关怀人类、面向未来的思路，着力构建中国特色哲学社会科学，在指导思想、学科体系、学术体系、话语体系等方面充分体现中国特色、中国风格、中国气派"[2]。2021年5月31日，习近平总书记在主持中央政治局第三十次集体学习时强调，"要深刻认识新形势下加强和改进国际传播工作的重要性和必要性，下大气力加强国际传播能力建设，形成同我国综合国力和国际地位相匹配的国际话语权，为我国改革发展稳定营造有利外部舆论环境，为推动构建人类命运共同体作出积极贡献"[3]。2022年，党的二十大报告指出，要增强中华文明传播力影响力，"坚守中华文化立场，提炼展示中华文明的精神标识和文化精髓，加快构建中国话语和中国叙事体系，讲好中国故事、传播好中国声音，展现可信、可爱、可敬的中国形象。加强国际传播能力建设，全面提升国际传播效能，形成

1　参见人民网：http://politics.people.com.cn/n/2013/1010/c1001-23144775.html。

2　参见人民网：http://cpc.people.com.cn/n1/2016/0519/c64094-28361550.html。

3　参见人民网：http://politics.people.com.cn/n1/2021/0602/c1024-32119745.html。

同我国综合国力和国际地位相匹配的国际话语权。深化文明交流互鉴，推动中华文化更好走向世界"。2023年，习近平总书记对宣传思想文化工作做出重要指示，在"七个着力"重要要求中，提出"着力加强国际传播能力建设、促进文明交流互鉴"。这些充分说明了党和国家对国际传播能力建设决策的前瞻性和延续性。

中国共产党是一个百年大党，让世界"了解中国，必须了解中国共产党；了解中国共产党，才能读懂中国"[1]。而要让世界了解中国共产党，需要让世界人民了解中国共产党的执政理念，了解中国共产党治国理政的价值取向及其为人民谋幸福的根本宗旨。中央文献是中国共产党的重要理论成果和指导思想的集中体现，其内容多涉及我党执政思想、意识形态、政策方针以及国家社会建设、改革和发展的经验与成就，涵盖政治、经济、文化、历史、军事、外交等多个领域，阐释党和国家领导人的政治主张以及治国理念精髓，体现党和国家的政治意志，语言严谨、行文规范、思想丰富、逻辑缜密、理论性强，具有时代特色、实践特色和民族特色。因此，中央文献译介与传播是中国共产党向世界展示自身形象、理念、政策和成就的重要途径，在让世界了解习近平新时代中国特色社会主义思想，了解中国国情方面发挥着基础与引领作用，也在对外话语体系建设与马克思主义中国化理论成果传播方面发挥着导向和示范作用。

具体来说，中央文献是中国共产党领导人和中央委员会对党的建设、国家发展和世界形势等重大问题的深刻分析和科学论断，是中国特色话语体系的重要载体，更是中国共产党与世界各国政党、政府、民间组织和广大人民交流合作的重要桥梁，凝聚着党和国家

1　参见人民网：http://paper.people.com.cn/rmrb/html/2022-06/30/nw.D110000renmrb_20220630_3-01.htm。

的历史记忆、现实经验和未来愿景。中央文献作为我国政治思想权威表述和全党上下集体智慧结晶的一种特殊政治文献,其系统化和规范化译介有助于向国际社会全面传播中国共产党治国理政的理念和思路,有助于向国际社会传播规范、准确的中国特色表达,亦有助于增强中国与其他国家的相互理解和交流,更好地使国际社会熟悉和认可中国话语体系。中央文献国际传播的主要受众是对象国的政治家、党派人士、社会精英和学术研究人员等,他们在特定社会中充当着"公共舆论领袖"的角色,影响着社会舆论的动向,甚至对所在国的政治动向和社会发展趋势产生重要的影响。因此,要采取有针对性的精准传播策略和多样化的传播手段,获得这一群体的理解、认可和认同。此外,中央文献的目标受众还包括在客观上需要了解中国现状和发展实际的人群,以及对中国感兴趣的群体(张生祥 2019)。

在新形势下,中央文献译介与传播工作发生了许多新的变化,在译介内容与层次、译介策略与方法、译介模式与媒介以及译介主体与途径等方面(陈大亮 2021)均面临不同的挑战和问题,因而对译者和译事也提出了诸多新的要求。究其原因,中央文献翻译在一定程度上有别于传统意义上的"外宣翻译",具备一定的特殊性。由于中央文献往往涉及较多政治内容,具有鲜明的政治立场和浓厚的意识形态色彩,其翻译质量事关党和国家以及政府、领导人的形象,在翻译时需坚守政治底线,严格政治把关,最大限度地忠实于原作内容,体现作者的思想意志,力求原汁原味再现原作形式、风格和思想精髓。由是观之,中央文献的翻译工作极具挑战性,同时考验译者的政治素养和翻译功底。如何在忠实性与可接受性之间进行取舍、在国家利益与国际期待之间综合考量、在政治原则和受众需求之间寻求平衡,使中央文献翻译工作更好地服务于国家发展,都是中央文献译者需要解决的重要问题（贾一村 2020）。换言之，译者要"把握大势、区分对象、精准施策"[1]。因此，如何在译介中从主体、内容、过程和社会/文化语境等方面准确把握中央文献的核心思想和精神实质，如何在传播主体、渠道、受众和效果等维度有效地跨越语言和文化的障碍，如何有效地利用现代信息技术和媒体平台满足不同受众的需求和期待，如何有效地评估和提升译介与传播的效果以减少传播过程中的"噪声"，需要我们进行深入研究和探讨。

本书基于对以上宏观语境和现实问题的观察和思考，对中央文献译介与传播面临的挑战进行分析，并在对现有研究梳理总结的基础上尝试从学理层面对中央文献译介与传播的实践和研究提出建议，以期有效改善中央文献译介与传播的效果，拓展研究视域，推动此领域理论研究的纵深发展。

1.2　研究目标

本书所称"译介"，含"翻译""推介"双重含义，与谢天振（2015）所倡导的"比较文学与翻译研究的交汇和接壤"的"译介学"既有相似之处，又有本质差别。相似之处在于两者均关注文本跨语言、跨文化、跨国界的传播和接受等问题，本质差别主要体现在译介学更为关注文学翻译，特别是文学翻译行为的缘起、传播和对社会文化的影响，且译介学理论的立足点是"创造性叛逆"，而这一概念与中央文献政治性、权威性和严肃性的特点并不相适应。

在本书中，"译介"这一概念中的"翻译"是将中央文献的原

1　参见新华网：http://www.xinhuanet.com/politics/2018-08/26/c_1123330490.htm。

文内容转化为目标语言的过程，是实现跨语言和跨文化传播的开端，而"推介"是通过各种渠道和手段，宣传、解释和推广中央文献的内容和价值，以扩大中央文献的影响范围；"传播"是信息的对外共享和交流，是使中央文献国际传播的主体和客体通过互动和影响而达成共识的过程。中央文献的译介与传播密切相连、缺一不可：译介是传播的起点和手段，传播是译介的目标，而传播效果提升又会提升译介的质量。质言之，两者内在关联、多维互动、辩证统一。需要说明的是，"中央文献译介"这一主题中的"文献"仅仅限于书面语材料，因而口译（如两会期间总理的记者招待会的现场交替传译）不属于本书的研究范畴；同时，本书中所指的"译介"仅指语际翻译，而语内翻译（从汉语到中国少数民族语言的翻译）和符际翻译（非语言符号的翻译）也不属于本书所要研究的范畴；本书中所指的"传播"指中央文献的国际传播，即在英语世界和非英语世界的传播。在国际话语权仍受西方影响情况下，中央文献在大多数情况下需要翻译为目标语言，方能被国际社会广泛读懂、认知，因而本书所探讨的中央文献译介是以国家作为主体的一种译出行为（输出型翻译），即是"由中国政府、相关机构或译者主导、主动进行的中译外行为"（许多、许钧 2019），而由汉学家主导的以西方译者为主的中央文献翻译行为虽然也在讨论范围之内，但这并不改变中央文献译出行为的本质。

中央文献译介与传播是国家话语的国际化研究与实践工程，它经历了一个在探索中不断健全的制度化过程，以及从无序到有序、从分散尝试到统一规范的过程（张生祥 2019）。自新中国成立以来，中央文献已被译介成多种文字，经多种渠道传播到世界各地，受到了广泛关注和积极评价，特别是在中国改革开放和社会主义现代化建设不断深入的背景下，中央文献译介与传播工作更是取得了长足发展。进入新时代，在习近平文化思想的指引下，中央文献译介与传播工作更加强调战略和规划，更加注重质量和效果，更加突出特色和创新，更加体现开放和包容，为推动构建人类命运共同体、促进世界和平与发展做出了重要贡献，其影响力不仅扩大了中国的国际声誉，在推动文化交流、增进各国之间的友谊与合作等方面发挥了重要作用，也为世界各国提供了宝贵的思想资源和值得借鉴的丰富经验。与此同时，中央文献译介与传播工作也将继续迈上新的台阶，为推动世界文化的多样性和繁荣做出更加重要的贡献。本书关注中央文献译介和传播两个维度，确定学理和现实两个层面的研究目标。

1.2.1　学理目标

第一，拓宽中央文献译介与传播的研究视域。我们认为，对于中央文献翻译的研究，既要关注语言层面的转换问题，探讨译文是否忠实于原文以及如何做到忠实于原文，也要考察语言背后的其他因素，而理论研究是理解翻译现象、掌握翻译规律、提高翻译能力和塑造自身形象的重要途径。因此，中央文献译介与传播的研究视域还有待进一步拓宽。本书力图融合多种方法与理论，从学理层面解读中央文献译介的全过程及其受众所处的社会、历史、政治、意识形态环境，从而推动理论研究的拓展和深化，更好地服务于中央文献翻译的相关研究工作。

第二，提供中央文献译介与传播可观察、可描述、可分析的研究框架。目前，对于中央文献译介与传播的研究在深度、广度和系统性方面仍有改进空间，亟须在操作层面上建立可作为有效抓手的研究框架和分析维度。有鉴于此，本书通过对"译介"与"传播"两个概念展开渐进审视，从中央文献译介与传播的基本特征、影响要素与根本诉求出发，展开理性思考和客观评价。通过这种方式，使中央文献在文本层面和非文本层面的研究均有据可考、有理可依，成为可观察、可描述、可分析的研究对象，从而推动这一领域研究进一步发展。

1.2.2 现实目标

第一，为中央文献译介与传播的实践提供指导和参考。作为一种译出行为，中央文献翻译与译入行为有着较大差异。译入过程一般建立在目标语国家对译入文本有着强烈需求的基础上，因此从事译入活动的译者所需考虑的问题，仅仅是如何将文本译得准确、通顺。以中央文献翻译为代表的译出行为则不一定符合他国的内在需求，由此就会产生许多制约和影响译介活动成败得失的因素。本书紧密结合中央文献对外翻译的现实境况，探讨中央文献的译介特点和译介原则，提出适合中央文献的翻译策略和方法，以提高其翻译质量和水平，并从传播角度，立足中国国情，挖掘中央文献的国际传播逻辑和传播机制，勾勒适合中央文献的国际传播模式和传播策略，以增强其国际传播的效果和影响。

第二，为国家相关部门和机构开展外译和传播实践提供建设性反馈。本书的研究成果不仅关注当前构建对外话语体系的迫切需求，还考虑到未来这一领域在对外译介与传播中的历时变化和动态发展。一方面，这些成果将有助于国家翻译机构正确认识和理解当前中央文献译介与传播的诸多现象与问题，为思考我国政治理念如何获得国际社会理解和认同提供研究基础；另一方面，这些成果也将有助于党和国家的中央文献原文本生产机构从译介与传播的外部视角审视文本特征，从而为内容选取和语言表述等提供有益借鉴。与此同时，本书也将为中央文献之外的其他"逆向"译介与传播活动提供决策参考，并以此推动翻译和国际传播学科发展与人才培养。

1.3　研究方法

本书采用跨学科、多理论的原则阐释中央文献译介与传播的现象和规律，有机融合理论与实践，既有宏观的整体研究，也有微观的个案分析，通过共时与历时互补、定性与定量并重的手段多角度、多层面地剖析中央文献译介与传播的底层运作机制和内外影响因素。任何一种具体行为都有其主体、对象、过程、方法、结果、效果等要素，综合形成该行为特征。因此，本书从体系化视角，通过对中央文献译介与传播过程中的上述要素进行全面考察，遵循"现象—效果—启示"的分析范式，形成体系化的研究。首先，界定中央文献的内涵和外延，历时梳理其译介与传播实践活动的阶段性特征和学术研究的差异化视角；其次，借助翻译学、传播学等理论，在语言现象的微观层面和社会文化的宏观层面探究中央文献翻译过程中的不同范畴，并考察中央文献在目标语国家的认知和接受现状，揭示不同要素与中央文献译介与传播的复杂互动关系，总结中央文献译介的影响因素和普遍规律，梳理中央文献国际传播的有效路径，以改善和提升其国际传播的现实效果；再次，采用再语境化、形象建构等理论视角以及语料库实证研究手段，选取中央文献典型案例进行定性定量分析；最后，对中央文献译介与传播的实践和研究进行分析总结，展望其未来发展趋势，尤其是对人工智能技术与中央文献翻译实践和研究的结合进行前瞻性展望。本书主要采用以下研究方法。

（1）文献研究法。通过搜集、整理和分析国内外与中央文献译介与传播相关的经典译著、学术专著、期刊论文、新闻报道等文献资料，以文献研究和述评的方式，归纳研究主题和方法，形成知识体系，以呈现本领域的历史与现状。一方面，形成对中央文献译介与传播较为全面的认识，从现有研究中发现问题、提出问题；另一方面，进一步明确本书的研究对象，有助于对研究内容充分地加以论证。

（2）归纳与演绎研究法。基于翻译学和传播学等理论探究翻译个案，描写和解释中央文献翻译的具体语言现象和文本特征，并从现象到本质归纳译介与传播的一般指导原则和操作对策；同时，针对中央文献翻译效果提升，提出适用于中央文献译介与传播的演绎性假设，为个案分析构建理论依据；通过归纳演绎的综合运用，为探讨译者翻译决策和语言选择对中央文献译介与传播的影响提供案例支撑，为挖掘目标语受众对译文的理解和接受提供学理依据。

（3）定性与定量研究法。首先，采用定性研究法界定中央文献的内涵，深化对其概念的理解，并通过理论思辨和案例分析，探讨当前中央文献译介与传播现状，寻找其规律。在此基础上，运用AntConc、CUC_ParaConc等语料库检索软件，进行定量分析，研究中央文献的翻译方法，对已形成的理性认识进行量化补充，提升研究信度和效度，进而对中央文献译介与传播进行分析总结和趋势展望。

1.4　　内容结构

本书共分为六章，围绕中央文献的译介与传播，梳理脉络、总结经验、分析问题并展望未来发展，以期为中央文献更好地"走出去"提供参考与借鉴。以下是每一章的具体内容介绍。

第一章总览本书的研究缘起、研究目标和研究方法。首先从宏观语境切入，阐释研究中央文献译介与传播的起因，探讨此领域的研究意义和价值，随后明确本研究的学理目标和现实目标，最后介绍本书所采用的三种研究方法，以保证本研究的学术性、合理性和可靠性。

第二章系统阐述中央文献译介与传播的现状。首先对"中央文献"进行概念界定，明确其研究范围和对象。随后，从实践维度回顾中央文献译介与传播的发展历程，从起步期、第一次高潮、稳步发展期和整体推进期展示其演变的脉络和阶段性特点。接下来从研究维度梳理中央文献译介与传播的研究现状，以过程研究、产品研究、功能研究和理论研究为述评框架，力求全面直观地呈现当前中央文献译介与传播实践和研究的全貌。

第三章从译介主体、译介内容、译介过程和译介社会/文化语境等四个方面聚焦中央文献的译介。译介主体的研究主要包括译介主体的界定、业界专业译者视角的探讨和学界研究者视角的探讨，将从事实践与理论的主体进行有机融合；译介内容的研究主要包括术语翻译、用典翻译和隐喻翻译，处理好这些语言现象是中央文献更好"走出去"的关键所在；在译介过程研究方面，从宏观整体、中观局部和微观细节三个层面展开探讨，全面深入地论述译介过程的本质和规律；最后解读译介的社会/文化语境，从译介的社会因素、历史因素和文化因素挖掘译介背景、动因和效果。

第四章从传播主体、传播渠道、传播受众和传播效果等四个方面考察中央文献国际传播。传播主体研究着眼于中央文献国际传播国家主体、机构主体和译者主体三个维度，聚焦其表现的共性和个性特征以及传播主体间的相互关系和相互影响；传播渠道研究关注中央文献的国际传播渠道现状，并总结优化国际传播渠道的策略。传播受众研究主要从英语世界的受众传播及非英语世界的受众传播入手，探讨不同受众在心理预设、意识形态、读者需求以及阅读喜好和接受心理等方面存在的差异并提出针对性的建议，助力中央文献国际传播和话语体系建设。传播效果研究从媒体传播效果、馆藏传播效果以及读者传播效果三个方面切入，研究中央文献国际传播对受众和社会所产生的影响和结果。

第五章是本书个案研究部分，聚焦分析中央文献译介与传播的三个典型案例，分别是《习近平谈治国理政》用典英译、《中国共产党简史》中的隐喻英译与中国共产党形象塑造和《政府工作报告》中国特色语汇英译。通过对这些案例的深刻剖析和总结，展示了中央文献译介与传播的多样性和复杂性，特别是其在语言障碍、文化差异、意识形态冲突等方面所面临的挑战。

第六章概括本书的研究成果和研究贡献，总结研究意义和研究局限，反思研究问题和不足。同时为应对百年未有之大变局和以ChatGPT为代表的人工智能领域的飞速发展，为新时代中央文献译介与传播做出前瞻性规划展望，提出策略和建议，为该领域研究和实践提供有益借鉴。

第一章　中央文献译介与传播概述

　　自成立百余年来，中国共产党在带领中国人民团结奋斗、取得重大成就的过程中，一向十分注重与世界分享自己的理论成果与历史经验。中央文献是对外译介与传播事业的重要内容，也是中国政治话语体系的重要载体，其译介与传播作为中国对外话语体系建设的支撑性要素，在向世界贡献中国智慧、中国经验、中国方案等方面发挥着基础性引领作用。中央文献译介与传播主要通过对外讲好中国故事和中国共产党故事，增进国际社会对中国和中国共产党的认识和理解、认同与信任，进而帮助提升国际传播效能、增强国际话语权、塑造良好国家形象、构建对外话语体系。中央文献的译介与传播最早可追溯至建党初期。1927年5月27日和6月12日，毛泽东撰写的文章《湖南农民运动考察报告》先后在共产国际执委会机关刊物俄文版和英文版《共产国际》上发表，开启了中央文献译介与传播的先河。自此之后，中央文献译介与传播开始逐步朝着组织化、制度化、专门化的模式迈进，译介与传播的实践成果数量迅猛增长。与此相契合，中央文献译介与传播研究也受到国内学者广泛关注。本章将对"中央文献"相关核心概念进行界定，对中央文献译介与传播的实践成果进行历时梳理，系统回顾其研究现状，并对现有研究进行批判性反思，针对存在问题和未来研究的发展方向提出建议。

2.1　"中央文献"的概念界定

　　界定何为"中央文献"，明晰这一概念的具体内涵，廓清这一概念的具体所指，构成中央文献译介与传播研究的逻辑基础和基本前提。不少相关研究（如贾毓玲 2011；王丽丽 2018；杨雪冬 2018等）都对"中央文献"进行过界定。贾毓玲（2011：78）认为，中央文献主要包括"领袖著作、领导讲话和中国共产党全国代表大会（简称党代会）、全国人民代表大会（简称人代会）、中国共产党中央委员会全体会议（简称中央全会）文件等重要文献"。王丽丽（2018：17）认为，中央文献主要涵盖"中国共产党和中国领导人著作，党代会、中央全会、人代会和中国人民政治协商会议等党和国家重要会议文件，党章党规党史以及五年规划等党和国家其他文献"。这些定义多采用外延定义法逐一列举中央文献的外延所指，有助于明确概念的具体意义和应用范围，但也存在一些不足：一是无法涵盖中央文献的所有类别；二是无法揭示中央文献的区别性特征。这也间接导致学界在开展研究时存在研究对象和研究语料相同，但指称研究主题的术语不一致的现象，除了"中央文献"这一表述以外，使用较多的还有"党政文献""政治文献""时政话语""政治话语""政治文本"等。这些表述的区别主要集中于两方面。一是名词前的限定成分，涉及概念的种属关系问题。杨雪冬（2018：1）曾指出，中央文献是"政治文献中最高层级的文献"，位列政治文献的金字塔尖，点明了中央文献和政治文献的隶属关系。陈双双（2019a）也曾对此予以辨析，认为就其涵容范围而言，政治文献的范围最大，党政文献的范围次之，中央文献的范围最小。二是名词中心语，涉及"文献""话语""文本"之别："文献"偏重具象层面，突出历史意义或研究价值，"话语"更为抽象，具有社会性，偏重功能价值，而

"文本"是话语功能得以实现的媒介，是话语的核心要素之一。

本书选用"中央文献"这一表述，意在聚焦更具代表性且位列中国政治文献金字塔尖的"中央"文献，凸显其作为"文献"的历史意义与研究价值。在外延定义法的基础上，结合"属加种差"这种定义概念的常用方法将"中央文献"界定为"由我党和国家领导人、中国共产党中央委员会、中央人民政府或其下属机构、组织等编纂、发表的重要文件、报告、指示、公告、决议、公报等文字材料，旨在传递治国理政思想，表明党和国家立场，主要包括党和国家领导人著述、中国共产党历史著作、党和国家重要会议文件以及其他重要政策文件等"。中央文献的生产主体和所涉内容决定了其本质上属于政治文献，中央文献不仅是记录我党和国家历史的重要载体，也是研究党和国家发展的重要资料来源，在学术研究、历史编写、政策制定等方面有很高的参考价值。中央文献译介与传播是将如上承载党和国家立场的著述、文件、报告、决议、公报等转换为外国语言并通过多种渠道在目标语国家出版发行、宣介推广、传播流通的活动，目的在于帮助目标受众了解中国共产党治国理政的思想、方针和政策，为中国发展创造有利的国际舆论环境。

2.2　中央文献译介与传播成果要览[1]

中国共产党历来重视中央文献的译介与传播，中央文献的译介

1　本节重点参考了《新中国中央文献对外译介事业的发展历程与特点》（孙宁 2021）和《中国共产党重要文献对外译介的百年历程》（孙宁 2022）。这两篇论文详细梳理了中央文献对外译介的历史进程，介绍了中共中央编译局（现中共中央党史和文献研究院）在其中扮演的重要角色，是了解中央文献译介历史与成果的权威读物。

与传播最早可追溯至建党初期，后历经几次高潮，成功实现"从借助外力、分散无序到独立自主、集中规范的历史性转变"（孙宁2022：62）。自成立百余年来，中国共产党在带领中国人民团结奋斗、取得重大成就的过程中，一向注重与世界分享自己的理论成果、历史经验。根据现有文献记录，中央文献的译介与传播事业可大致分为起步期（1921—1949）、第一次高潮（1949—1977）、稳步发展期（1978—2012）、整体推进期（2012年至今）等四个时期（孙宁2021，2022），主要成果包括党和国家领导人著述、中国共产党历史著作、党和国家重要会议文件以及其他重要政策文件等。各时期中央文献译介与传播主要成果与历史特点论述如下。

2.2.1　起步期（1921—1949）

自创建初期，我党就十分重视对外宣传工作。在这一阶段，中央文献译介与传播内容主要是党和国家领导人著述及党和国家重要会议文件，译介与传播方式由主要依靠外部力量发展为独立自主。

2.2.1.1　起步期主要成果

在重要会议文件方面，中国共产党在1921年成立后，就将中共一大等重要会议文件译为俄文，报至共产国际。1934年1月，中华苏维埃共和国第二次全国苏维埃代表大会召开，共产国际在中共驻共产国际代表团的帮助下，完成了《中华苏维埃第二次全国代表大会》（文件汇编）德、俄、英、日等语种译介工作，在苏联和其他国家公开出版发行。

在我党领导人著作方面，毛泽东著作的译介与传播"开启了中共重要文献对外译介的先河"（孙宁2022：62）。首部译介至国外的毛泽东著作为毛泽东于1927年撰写的《湖南农民运动考察报告》，以俄文和英文分别发表在共产国际执委会机关刊物《共产国际》俄文版和英文版上。随后，共产国际又在其刊物上陆续刊登了多篇毛泽东著作译文，并于1934年8月翻译出版了毛泽东文集《经济建设与查田运动》，这也是第一本公开出版的毛泽东文集。

1937年7月抗日战争全面爆发后，中国共产党为了让世界了解战争真相，进而争取国际社会的支持，更加主动开展外宣工作，自主加强中央文献译介与传播。1938年，在周恩来领导下，中共中央长江局下属机构国际宣传委员会及其办事机构国际宣传组成立，作为中国共产党成立的第一个外事机构，其主要工作内容包括翻译出版中共领导人著作、为国际刊物供稿等，该机构还完成了毛泽东《论持久战》的英译等工作。1939年4月，中共中央南方局建立对外宣传小组（1940年12月后称南方局外事组），主要负责翻译中共领导人著作及重要讲话。该小组完成了《中国革命战争的战略问题》《论联合政府》等抗日战争时期毛泽东重要著作译介与传播工作。

1943年共产国际解散后，中国共产党开始完全独立自主地开展外宣工作。1947年，中共中央外事组成立并下设编译处，编译处主要工作职责为翻译《毛泽东文选》、编译有关介绍土地改革和解放区文化的材料（《叶剑英传》编写组 1995）。

2.2.1.2　起步期主要特点

在中央文献译介与传播起步期，译介与传播内容以领导人著述为主，重要会议文件为辅。译介的领导人著述多以选篇形式出现，汇编成册的文集较少，相对而言较为分散。译介与传播方式由依靠共产国际等外部力量，逐渐演变为依靠自身、独立自主地开展译介与传播工作。标志性事件为1939年南方局对外宣传小组成立，自此"中国共产党开始有组织地推进党的重要文献的翻译工作"（孙宁 2022：63）。中国共产党主动开展宣传工作，成立了多个专门组织机构，负责中央文献译介与传播，初步建立组织化、制度化的译介与传播机制。

2.2.2　第一次高潮（1949—1977）

新中国成立后，我党为了巩固新生的人民政权，并重返世界外交舞台、支持和帮助解放全世界被压迫的民族和被压迫的阶级，因此要向世界广泛传播毛泽东思想，让世界在认识新中国的同时，学习借鉴中国革命取得的经验。在这一背景下，中央文献译介与传播事业形成了以《毛泽东选集》译介活动为代表的第一次高潮。

2.2.2.1　第一次高潮主要成果

毛泽东著作承载了理论化、系统化的毛泽东思想，可为当时第三世界国家获得民族独立、推翻殖民统治提供重要经验借鉴，其译介有助于我新生人民政权拓展国际话语空间。由此，毛泽东著作译介成为新中国成立后国家层面的重大中央文献翻译任务。

1950年，中共中央政治局决定成立中共中央《毛泽东选集》出版委员会（张慎趋 2008）。毛泽东主席极为重视这项工作，亲自参与选稿、审稿、注释编写等工作（熊坤静 2013）。《毛泽东选集》的出版工作与前一阶段中央文献译介与传播活动相似，呈现出由外方力量参与到完全独立自主开展的特点，其发展共分为四个阶段：合作译介阶段（1949—1959）、独立译介探索阶段（1960—1965）、独立译介高潮期（1966—1969）、独立译介徘徊期（1970—1977）（孙宁 2021）。

在合作译介阶段，与苏联共产党合作完成了《毛泽东选集》前三卷俄文版翻译工作，俄文版由苏联国家外文书籍出版社出版发行。前三卷英文版由英国共产党领导的劳伦斯出版公司在英国出版发行，但后因英方出版社不顾中方反对，擅自对中方译稿进行删改，我方未授权劳伦斯出版公司继续出版《毛泽东选集》英文版（巫和雄 2013）。

在独立译介探索阶段，党中央在全国范围内选调优秀人才组建翻译队伍，中共中央对外联络部负责统筹协调，毛泽东主席的秘书田家英担任中文答疑工作[1]，由外文图书出版社（今外文出版社）负责对外出版发行（尹承东 2009）。这一阶段完成了《毛泽东选集》（第四卷）英、俄、西、法、日文版翻译出版工作，并完成了英文版前三卷修订工作。1961年，毛泽东著作翻译室成立，负责中央文献译介工作，隶属中共中央马克思恩格斯列宁斯大林著作编译局（现中央党史和文献研究院）。

在独立译介高潮阶段，《毛泽东选集》译介与传播成为重要政治事件。《毛泽东选集》前三卷俄、法、西、日文版翻译和修订工作陆续完成，由外文图书出版社出版发行，并启动了德、意、葡、阿等近30个非通用语种的翻译工作（尹承东 2009）。除《毛泽东选集》外，各语种还组织翻译了《毛主席语录》、《毛泽东著作选读》（甲种本）、《毛泽东军事文集》等著作。

在独立译介徘徊阶段，即1970年至1975年，中央文献译介与传播工作暂停。1975年10月，《毛泽东选集》（第五卷）英、俄、法、西、日文版翻译工作启动，翻译队伍以原毛泽东著作翻译室译

---

1 答疑工作是中央文献翻译工作的重要组成部分，指"对译者在翻译过程中提出的有关中文理解的问题进行辅助性解答"（熊道宏 2018：43）。

员为主，并从其他单位抽调了大批优秀翻译人才（潘佳宁 2016）。1977年，《毛泽东选集》（第五卷）英、俄、法、西、日文版由外文出版社出版发行。

除党和国家领导人著述外，重要会议文件在第一次高潮阶段也得到了广泛译介与传播，出现了几个"首次"。1949年，《中国人民政治协商会议第一届全体会议重要文献》俄、法、英文版由新闻总署下设国际新闻局（中国外文局前身）完成翻译工作，由外文出版社出版。这是新中国成立后党和国家重要会议文件的首次译介与传播实践。1955年1月，周恩来总理在中华人民共和国第一届全国人民代表大会第一次会议上所作的《政府工作报告》被翻译为英、法、德、俄、印尼、西文版，由外文出版社出版发行（何明星 2013），这是政府工作报告的首次译介传播实践[1]。1955年，《中国共产党全国代表会议文件集（1955.3）》（英文版）由外文出版社出版发行，这是党的重要会议文件首次译介传播实践。

值得一提的是党的八大文件译介与传播实践。1956年，由于五十多个国家兄弟党派均派出代表团参加中国共产党第八次全国代表大会，为满足外宾的口笔译服务需求，八大筹委会下特设翻译处。翻译处工作由中共中央编译局协调，并从全国调集翻译人才，在大会召开前完成了主要会议文件10个语种的翻译工作，该多语种文件汇编由外文出版社于当年年底出版发行。八大文件为此后党和国家重要会议文件的译介与传播工作提供了重要参考和宝贵经验。此后，党和国家重要会议文件译介传播工作多由中央直接领导，各外宣单位轮流牵头组织。自1977年中国共产党第十一次全国代表大

1　《中华人民共和国第一届全国人民代表大会第一次会议文件》（英文版）于同年12月由外文出版社出版发行。

会起，党代会文件翻译工作均由毛泽东著作翻译室负责。

2.2.2.2　第一次高潮主要特点

与前一阶段类似，中央文献译介与传播第一次高潮呈现出由与友党合作到独立自主开展工作的组织特点。本阶段核心任务是《毛泽东选集》译介与传播，工作由中央直接领导，毛泽东主席亲自过问，多个外事外宣单位和部门主导或参与，是中国翻译界的一大盛事，成为中央文献译介与传播史的第一次高潮。此外，重要会议文件译介与传播在数量和质量上也得到了进一步发展。

围绕《毛泽东选集》译介与传播，中央文献译介与传播组织模式在本阶段呈现出新特点。毛泽东著作翻译室的成立是中央文献译介与传播史上的重要事件，标志着中央文献翻译工作已实现组织化、制度化运行（孙宁 2021）。党的八大文件等重要会议文件译介与传播实践也在中央文献译介与传播组织模式、运行机制、翻译流程等方面做出了重要探索，积累了历史经验。

2.2.3　稳步发展期（1978—2012）

在这一阶段，以毛泽东著作翻译室为代表的中央文献译介与传播机构承担了种类多样、数量庞大的中央文献译介与传播任务，中央文献译介与传播的组织模式更加制度化、专门化，中央文献译介与传播事业得到有序发展。

2.2.3.1　稳步发展期主要成果

在这一阶段，党和国家领导人著述的译介与传播工作范围扩大，毛泽东著作翻译室作为承担该工作的主要机构，地位得到进一步凸显，组织架构也进行了一定调整：1982年更名为中央文献翻译室，1994年更名为中央文献翻译部，2012年增设阿拉伯文和德文处。1979年末，中央指示，不仅毛泽东著作要译成外文，老一辈无产阶级革命家的著作都要译成外文。毛泽东著作翻译室积极响应，硕果累累。1980年，毛泽东著作翻译室完成《周恩来选集》（上卷）翻译；到80年代末，陆续完成《周恩来选集》（下卷）、《刘少奇选集》（上下卷）、《朱德选集》以及《陈云选集》英、俄、法、西、日文版翻译；1995年，完成《邓小平文选》多语种版翻译工作和《江泽民文选》俄文版翻译；2001年，完成《江泽民文选》（增订本）俄文版翻译；2012年，完成《江泽民文选》三卷本多语种版翻译。此外，根据不同时期外宣工作需要，相关翻译机构还翻译了《论共产党员的修养》等刘少奇著作，《论当代中国基本问题》（英、俄、日文版，1984—1987）、《我们对香港问题的基本立场》（英、俄、日文版，1993）、《邓小平论香港问题》（英文，1993）和《邓小平论"一国两制"》（英文版，2004）等邓小平著作，以及《江泽民、李鹏谈台湾问题》（俄文版，1996）、《中国能源问题研究》（英文版，2009）和《论中国信息技术产业发展》（英文版，2009）等江泽民著作。

除党和国家领导人著述外，毛泽东著作翻译室在这一阶段还承担了其他重要会议文件的译介工作。自1978年全国人大五届一次会议起，毛泽东著作翻译室开始主持翻译历届全国人民代表大会的主要文件；1995年后，毛泽东著作翻译室开始承担历届全国政协会议主要文件的翻译工作。在这一阶段，除历次党代会报告译为英、俄、日文，历届人代会《政府工作报告》和《全国人大常委会工作报告》译为英、俄、日文，历届政协会议《全国政协常委会工作报告》译为英文外，其他重要会议文件也得到译介与传播，译介与传播的文献范围有所扩大。这些文献涵盖重要会议通过的章程类文献，如历次党代会通过的《中国共产党章程（修正案）》（英、俄、日文版）等党章党规类文献，1981年党的十一届六中全会通过的《关于建国以来党的若干历史问题的决议》（英、俄、日文版）、1983年党的十二届二中全会通过的《中共中央关于整党的决定》（英、俄、日文版）、1984年党的十二届三中全会通过的《关于召开党的全国代表会议的决定》和《中共中央关于经济体制改革的决定》（英、俄、日文版）、1986年党的十二届六中全会做出的《中共中央关于社会主义精神文明建设指导方针的决议》（英、俄、日文版）、2006年党的十六届六中全会通过的《中共中央关于构建社会主义和谐社会若干重大问题的决定》（英、俄、日文版）、2011年党的十七届六中全会通过的《中共中央关于深化文化体制改革推动社会主义文化大发展大繁荣若干重大问题的决定》（英文版）等我党重要会议审议通过的决议决定类文献，《中国共产党第十二届中央委员会第三次全体会议公报》（英、俄、日文版，1984）等党的重要会议公报文献，2011年第十一届全国人民代表大会第四次会议通过的《中华人民共和国国民经济和社会发展第十二个五年规划纲要》等全国人民代表大会审议通过的文献。

除前两个阶段均涉及的党和国家领导人著述和重要会议文件外，这一阶段译介与传播的中央文献种类有所拓展，包括《中国共产党的七十年》等中国共产党历史著作、《科学发展观学习读本》等理论学习文献、《在庆祝中国共产党成立七十周年大会上的讲话》、《在庆祝中国共产党成立八十周年大会上的讲话》等领导人讲话、《中国的人力资源状况》《中国与非洲的经贸合作》《中国的反腐败和廉政建设》《西藏和平解放60年》《中国特色社会主义法律体系》等中国政府在重大问题上宣示方针政策的白皮书。值得一提的是，2009年，中国共产党中央委员会主办的机关刊物《求是》（英文版）创刊，翻译工作由中共中央文献部（原毛泽东著作翻译室）《求是》杂志外文翻译处负责。《求是》（英文版）选编和翻译该刊物中文版的重要文章，适当选编和翻译《求是》杂志所属子刊《红旗文稿》的重要文章，并以文摘形式选编和翻译中国其他重要报刊的理论文章，致力于对外传播中国共产党和中国政府的执政理念和治国方略，为外国政界、学界、民间了解和研究中国事务打开了又一扇重要窗口。

2.2.3.2   稳步发展期主要特点

这一阶段，中央文献译介与传播工作独立自主开展，译介与传播文献的种类和数量较此前有明显拓展和增加，领导人著作译介与传播多点开花，重要会议文件实现常态化译介与传播，出现了中国共产党历史著作、思想读本、机关刊物等新类型译介文献，有力地向世界介绍了我党在发展过程中形成的理论和治国理政实践。

较前一阶段，本阶段中央文献译介与传播的组织模式制度化、专门化特点更加突出。毛泽东著作翻译室经多次更名和增加语种处室，其工作内容逐步确定，作为从事中央文献译介与传播专门机构的地位和作用进一步确立和凸显，"其所承担的党的重要文献翻译任务也实现了从外宣外事机构附属职能向优势力量和资源集于一体的专业化独立机构核心职能的转变"（孙宁 2022：66）。依托制度化、专门化翻译力量，本阶段中央文献译介与传播流程通顺流畅，译介与传播环节衔接紧密，成果丰富多彩，中央文献译介与传播事业进入平稳发展阶段。

2.2.4   整体推进期（2012年至今）

党的十八大以来，以习近平同志为核心的党中央高度重视对外传播工作，强调要努力提高国际话语权，加强国际传播能力建设，精心构建对外话语体系。作为构建对外话语体系、提高国际传播能力的关键一环，中央文献译介与传播日益受到重视，中央文献译介与传播事业整体推进、蓬勃发展，迎来了第二次高潮。

2.2.4.1 整体推进期主要成果

党和国家领导人著述仍是这一阶段中央文献译介与传播的重心。习近平总书记重要著作的译介与传播成为重要工作，翻译范围进一步扩大，涵盖习近平总书记论述摘编、论述选编、专著、讲话单行本等多种形式，掀起了中央文献译介与传播的第二次高潮。2014年至今，英、俄、日、德、法、西、阿、葡、乌克兰、马来、尼泊尔等41个语种的《习近平谈治国理政》第一、二、三、四卷的多语种版在海外出版发行，覆盖180个国家和地区。习近平总书记论述摘编《习近平关于实现中华民族伟大复兴的中国梦论述摘编》（英、俄、日文版，2013）、《习近平关于全面深化改革论述摘编》（英、俄、日文版，2014）、《习近平关于全面依法治国论述摘编》（英、俄、日文版，2016）、《习近平关于党风廉政建设和反腐败斗争论述摘编》（英、俄、日文版，2016）、《论坚持推动构建人类命运共同体》（英、法文版，2019；日、俄、阿、德、西文版，2021）、《习近平外交演讲集》（第一卷、第二卷英文版，2022）、《习近平关于尊重和保障人权论述摘编》（英、俄、日、法、西文版，2022）相继出版发行。习近平总书记相关讲话也得到了翻译出版，如《在全国脱贫攻坚总结表彰大会上的讲话》《在纪念辛亥革命110周年大会上的讲话》英文单行本和《在庆祝中国共产党成立100周年大会上的讲话》英、俄、法、西、阿、日、德文单行本于2021年出版发行，《在庆祝香港回归祖国二十五周年大会暨香港特别行政区第六届政府就职典礼上的讲话》英文单行本于2022年出版发行。译介与传播模式也有创新，习近平总书记在福建、浙江工作时创作的两部政治理论著作《摆脱贫困》和《之江新语》以"中央协调、地方作为"的方式翻译出版。

党和国家重要会议文件的译介与传播取得新突破。党的十八大前，党代会文件翻译语种为7个；党的十八大会议文件翻译增加越南语和老挝语，语种扩大至9个；党的十九大以来，党代会文件翻译增加葡萄牙语，语种扩大至10个。在稳步发展期就已开始的党代会、人代会、政协会议等重要会议文件翻译工作常态化开展，《中共中央关于全面推进依法治国若干重大问题的决定》（英、俄、日文版，2014）、《关于新形势下党内政治生活的若干准则》（英、俄、日文版，2016）、《中国共产党党内监督条例》（英、俄、日文版，2016）等条例准则类文献，《中国共产党第十八届四中全会公报》（英、俄、日文版，2014）、《中国共产党第十八届中央委员会第六次全体会议公报》（英、俄、日文版，2016）等会议公报，《中共中央关于制定国民经济和社会发展第十三个五年规划的建议》（英、俄、日文版，2015）、《中华人民共和国国民经济和社会发展第十四个五年规划和2035年远景目标纲要》（英、法、俄、日、西、德、阿、葡、韩文版，2021）、《关于2022年国民经济和社会发展计划执行情况与2023年国民经济和社会发展计划草案的报告》（英、俄、法、西、日文版，2023）、《关于2022年中央和地方预算执行情况与2023年中央和地方预算草案的报告》（英、俄、法、西、日文版，2023）等各类会议审议通过的重要会议文件的译介与传播也有序进行。此外，自党的十九大起，党代会报告的翻译工作有外籍专家参与，翻译文献的传播效果成为中央文献译介与传播事业的导向，重要会议文献传播范围更广、受众接受度更高（孙宁 2022）。

中国共产党历史著作的译介与传播范围进一步扩大。《中国共产党简史》(英文版，2021)、《中国共产党的一百年》(英文版，2023)、《党的十九大以来大事记》(英文版，2023)等党史文献的译介与传播不断向国际社会宣传阐释中国共产党历史，讲好中国共产党的故事。除党史类文献外，译介与传播范围拓展至《中华人民共和国大事记(1949年10月—2019年9月)》(英文版，2019)、《中华人民共和国简史(1949—2019)》(英文版，2021)等新中国史文献。从文献类别来看，译介与传播文献不仅涵盖了上述当代史文献和编年体历史文献，相关专题史文献也得到译介与传播。2015年是中国人民抗日战争暨世界反法西斯战争胜利70周年，《中国抗日战争史简明读本》(英文版)出版发行。

除此之外，其他类型中央文献的译介与传播有序推进。《新时代的中国网络法治建设》《中国残疾人体育事业发展和权利保障》《中国的医疗卫生事业》《"一国两制"在香港特别行政区的实践》《新疆各民族平等团结发展的历史见证》《民族区域自治制度在西藏的成功实践》《关于中美经贸摩擦的事实与中方立场》《抗击新冠肺炎疫情的中国行动》《人类减贫的中国实践》等政府白皮书实现常态化译介与传播，围绕国际社会关注的热点问题，向世界全面介绍了中国政府在重大问题上的政策主张、原则立场和进展情况。除英文版外，部分白皮书同时译为问题所关涉国家和地区的语言，如《钓鱼岛是中国的固有领土》白皮书同时发布了英文版和日文版。外交部翻译的党和国家领导人外访等各类英文演讲稿在外交部网站发布，及时准确地向世界宣介了我党和国家领导人在治国理政方面的新思想、新实践。

2.2.4.2　整体推进期主要特点

在整体推进期，中央文献译介与传播事业以传播效果为导向，以对外话语体系建构为目标，译介与传播工作模式和方法不断优化。

党和国家领导人著述译介与传播方面，工作范围逐步扩大，除原有中央主导、专门机构负责的模式外，出现了"中央协调、地方作为"的译介与传播新模式，掀起了中央文献译介与传播的第二次高潮。重要会议文件译介与传播常态化，译入语种不断增加，外籍专家参与译介与传播工作，传播意识和受众意识增强，对外传播范围扩大，受众对中央文献的接受程度提高。中国共产党历史著作译介与传播在种类和数量上都较前一个时期有了较大突破。

在这一时期，中央文献译介与传播工作重视对外传播效果，中央文献译介与传播事业纳入国家整体外宣规划。宏观体制层面，中央文献译介与传播机构进一步整合，集中优势资源，打造外译与传播精品。2018年3月21日，中共中央印发的《深化党和国家机构改革方案》指出，党史和文献工作是党的事业的重要组成部分，在党和国家工作大局中具有不可替代的重要地位和作用。为加强党的历史和理论研究，统筹党史研究、文献编辑和著作编译资源力量，构建党的理论研究综合体系，促进党的理论研究和党的实践相结合，打造党的历史和理论研究高端平台，将中央党史研究室、中央文献研究室和中央编译局职责整合，组建中央党史和文献研究院，对外保留中央编译局牌子。[1]中国外文局作为我国国际传播的重要阵地，以外文出版社为实施主体，承担了《习近平谈治国理政》等系列著作对外翻译、出版发行和宣介推广的重大任务，不断扩大习近平总书记著作对外出版的语种、品种和发行覆盖，持续对外宣介党

1　参见中国政府网：https://www.gov.cn/zhengce/202203/content_3635301.htm#1。

的创新理论[1]，按2019年9月4日习近平总书记向中国外文局成立70周年致贺信要求，建设世界一流、具有强大综合实力的国际传播机构。[2]具体机制层面，中央文献译介与传播工作以"全面统筹、整体推进"为突出特点，工作进度明显加快，工作周期不断缩短，翻译与传播环节联系更加紧密。通过调整工作流程与模式，中外文版本出版时间差距不断缩短，外文译本提前或与中文版本同时推出，中央文献的国际传播效果得以增强。译文生产更加注重受众的理解与感受，译介策略较此前更加灵活，译文更加"融通中外"。中央文献翻译机构还与各类传播机构开展合作，如中央党史和文献研究院第六研究部联合光明日报社，建立了中央文献重要术语译文发布机制，定期在相关网站上发布中央文献新概念、新范畴、新表述的多语种译文，适应了新媒体时代的传播模式、传播特点、传播需求（孙宁 2022）。

2.3　中央文献译介与传播研究综述

中央文献译介与传播主要是向世界阐释和介绍中国政治制度、政治思想与政治方案，具有地域性、专题性等鲜明特色，"在种类丰富的翻译领域中可谓自成一派"（蒋明炜 2016：80）。目前，国外鲜有关于中央文献翻译的研究，却不乏其上位概念"政治文献"的翻译研究，但正如罗马尼奥洛（Romagnuolo 2009）所言，现有政治文献翻译研究更多关注翻译的政治与政治化的翻译行为，而非严格意

---

1 参见中国外文局微信文章："杜占元：在新时代新征程上实现对外翻译出版工作新突破"。

2 参见中国政府网：https://www.gov.cn/xinwen/2019-09/04/content_5427226.htm。

义上的政治文献翻译。党的二十大报告强调，"加强国际传播能力建设，全面提升国际传播效能，形成同我国综合国力和国际地位相匹配的国际话语权"。[1]中央文献是中国话语体系重要载体，也是对外译介与传播事业的重要内容，中央文献译介与传播作为中国对外话语体系建设的重要一环，在向世界贡献中国智慧、中国经验、中国方案方面发挥着基础引领作用，中央文献翻译研究因此颇受国内学者关注。

霍姆斯（Holmes 2004）在《翻译研究的名与实》（*The Name and Nature of Translation Studies*）一文中将翻译研究分为纯翻译研究和应用翻译研究，认为翻译研究有两大主要目标：其一，描写在我们的经验世界中表现出来的翻译现象；其二，基于所描写的翻译结果，借鉴相关领域和学科知识，建构相应的原则、理论和模型，用以解释和预测翻译现象。与这两个目标相对应的分别是描写翻译研究和理论翻译研究，这构成纯翻译研究的两个分支。在此基础上，霍氏又进一步将描写翻译研究划分为过程导向（process-oriented）、产品导向（product-oriented）、功能导向（function-oriented）三类。其中，过程导向的翻译研究关注翻译过程或翻译行为本身，聚焦语言转换过程中译者大脑"黑匣子"（black box）的运作机制；产品导向的研究注重对现有翻译的描写，以文本为中心从共时或历时维度对翻译结果，即译作或译文展开描写；功能导向的翻译研究关注焦点从文本转向语境，旨在描写翻译在目标语社会文化语境中的功能。

本节借鉴霍氏对纯翻译研究的分类，兼顾描写翻译研究与理论翻译研究两方面，遵循"过程—产品—功能—理论"的逻辑顺序，

1　参见中国政府网：https://www.gov.cn/xinwen/2022-10/25/content_5721685.htm。

对既有中央文献译介与传播研究[1]进行概述。需要指出的是，霍氏的过程导向关注微观语言转换过程中人脑"黑匣子"的工作机制，而本书对"过程"的定义更为宏观，包含中央文献译介与传播的译料选取、语言转换、翻译特点、工作模式、质量评估、项目管理等全要素、各环节。

2.3.1　过程研究

黄忠廉、李亚舒（2007）认为翻译过程可分为微观过程和宏观过程，前者是就翻译中的语言转换而言，而后者则包括选取原作、译前准备、确定策略、动笔翻译、修订译稿等一系列翻译程序。许钧（2020：43）也曾指出应从狭义和广义两种角度来审视翻译过程，认为"狭义的过程是指翻译者对具体文本的转换活动过程，……而广义的翻译过程不仅仅是一个简单的语言转换过程，它涉及文本的选择、文本的研究、文本的理解与阐释、文本的生成、文本的接受等紧密相连、环环相扣的过程"。以下将从翻译原则、策略、方法研究和翻译工作模式、项目管理、质量评估研究，即微观和宏观两个过程层面，概述中央文献译介与传播过程研究。

1　鉴于国内现有研究中存在研究对象和研究语料是中央文献，但多以"政治文献""政治话语""毛泽东选集""邓小平文选""习近平谈治国理政""政府工作报告"等为主题的情况，为使搜集到的文献更加全面，本书在中国知网使用"（中央文献+政治文献+政治话语+毛泽东选集+邓小平文选+习近平谈治国理政）*（翻译+译介+传播）"的检索式进行主题组合检索，尤其聚焦北大核心、CSSCI、CSCD、AMI学术期刊等高质量研究成果。此外，相关博士论文与专著也被纳入综述范围。

2.3.1.1 翻译原则、策略、方法研究

"在很长一段历史时期里，人们对于翻译活动的认识主要停留在经验和文本层面，更多的是从翻译的得失与困难以及对翻译方法与技巧的探讨这两个方面来认识翻译"（许钧 2020：22），中央文献翻译研究也不例外。中央文献翻译研究人员，就其身份而言大致分为两类，一类是以国家翻译机构（如外交部、中央党史和文献研究院、中国外文局、新华社、外文出版社等）工作者为代表的业界，一类是以高校教师、科研机构人员为代表的学界。业界最初对本领域展开深入探讨的是亲身参与过中央文献翻译实践的翻译专家，他们基于对翻译经验的归纳和总结，回溯中央文献翻译从语言转换、项目发起、人员召集、分工合作到项目管理等全过程。

根据中国知网的检索结果，较早的中央文献翻译研究论文是程镇球撰写的《谈谈〈周恩来选集〉（上卷）英译本》（1981）和《翻译十二大文件的点滴体会》（1983）。他结合亲身参与《周恩来选集》（上卷）和党的十二大文件英译的经历，辅以大量丰富翔实的案例，论述了译者如何在避免机械翻译与忠实于原文精神间求取平衡。在《政治文章的翻译要讲政治》一文中，程镇球则从四个方面论述了政治文章"讲政治"的翻译原则——"首先，我们必须紧扣原文，不得任意增删"，"其次，政治文章的翻译要仔细衡量用词的政治含义与影响"，"第三，从事政治文章翻译的同志要有政策头脑和政治敏感"，"第四，政治文章的翻译要注意掌握分寸，用词轻重要恰如其分"（程镇球 2003：18-22）。这一翻译原则也得到了其他中央文献翻译专家的呼应。过家鼎（2002，2005）结合自己参与翻译《中英关于香港问题的联合声明》等重要中央文献的经历，强调中央文献翻译中遵守政治原则的重要性，指出译者要注意译文选词的政治考量，为此要具备高度的政治敏锐性和政治责任心；王平兴（2014）

以"中国大陆"的英译为例，详细论证了"中国大陆"不可简单对译为"mainland China"的学理依据（正确译法应为the Chinese mainland或者the mainland of China），指出中央文献翻译切不可为了语言之"雅"而损失政治之"信"，政治考量要高于语言考虑。

王平兴（2008）以亲身参与党的十七大文件英译为案例，认为在政治文献翻译中，译者要准确处理好忠实与通顺的关系，在准确理解原文信息基础上，确保译文符合英文表达习惯，强调译者要重点传达原文的精神实质，而非表面形式，并指出译者要紧跟时代变化，适时对一些重要表述的英文翻译进行优化调整，以解决由于语言发展变化而导致的翻译历史性问题。在《关于汉英翻译"迁移性冗余"的一些思考》一文中，王平兴（2011）再度阐释了对政治文献翻译中"忠实"与"简洁"关系的思考，认为切不可为了译文简洁而牺牲忠实，以辞害意，"'信言不美，美言不信'，如果不得不在'不美的信言'和'不信的美言'两者之间做选择，那么政治文献翻译只能选择前者"（王平兴 2011：83）；刘奎娟（2021）亲历了《习近平谈治国理政》第一至三卷的翻译、定稿、出版过程，从政治敏感性、意识形态、汉英差异、选词、修辞等八个方面探讨了《习近平谈治国理政》英译过程中的翻译原则，还原了译者在翻译实践中的抉择过程，分享了作者翻译实践过程中的亲身体悟和第一手经验，对于中央文献翻译具有一定的借鉴与启示意义。

上述中央文献翻译专家长期处于中央文献翻译实践一线，对中央文献外译实践具有充分的发言权和解释权。这些文章是外界了解中央文献翻译工作的主要途径，也充分证明了翻译的"经验学科"（an empirical discipline）属性，同时也拉开了中央文献翻译研究的序幕并推进研究向纵深化发展，越来越多学者加入中央文献翻译过程的研究队伍。

郭影平（2015）指出政治文献英译具有准确性、适当补充、适当删减三大特点，在分析了大量的政治文献英译例句基层上，归纳总结了现有一些"值得商榷译文"的类型，并基于学理思考提出了改进意见。赵祥云（2017）借鉴弗里德里希·施莱尔马赫（Friedrich Schleiermacher）的"读者向作者靠拢"和"作者向读者靠拢"翻译思想，以《习近平谈治国理政》为例，分析了译者如何使用明晰化、简化等翻译方法，力求做到忠实性和可读性对立统一，指出译者翻译策略受到翻译目的、文本类型和文化自觉的影响。邱大平（2018）指出，政治话语翻译在语言表达层面应遵循目标语导向，在文化政治层面应做到"以我为准"，这两种导向对立统一于政治话语翻译中，对这一对立统一的可能性和必要性进行了学理论证。司显柱、曾剑平（2021）认为政治话语翻译既要服务于对外话语体系构建，又要照顾到目标语受众，同时还要彰显文化自信，因此要遵循释疑解惑、修辞规范、文化自信三大翻译原则，并以《习近平谈治国理政》英译为例，分析了译者采用的翻译策略。窦卫霖（2016a）以"中国关键词"为例，针对受众接受效果开展实证研究，结合对问卷调查结果的归纳分析，总结出提升政治话语翻译传播效果的启示，指出政治话语翻译应遵循"以我为主、重视差异、不断强化、渐被接受"的翻译传播策略。

也有研究超越了对忠实与通顺这一二元对立关系的思考，开始将一些中西译论思想引入中央文献翻译研究并借鉴多元理论视角深入挖掘其原则、策略的内涵。例如，杜丽娟、张健（2019）提出"译有所为"的政治话语翻译原则，分析了译"为"何、译何"为"，译者采取何种翻译策略实现翻译目的，认为这一原则对政治话语翻译具有很强的指导价值；赵祥云（2021）从中国传统译论中汲取营养，分析了从"信达雅"视角考察政治文献英译的适切性，提出政治文献英译"形神兼具""舍形存神""虚实相益"的"信达雅"三原则，是用中国传统译论观照政治文献翻译的有益尝试；张峻峰、庞影平（2022）从机构翻译视角切入，从忠实标准的必要性、忠实原则的相对性、忠实内容的多维性、忠实对象的恒定性四个维度阐释了《习近平谈治国理政》英译的忠实特点，分析了《习近平谈治国理政》英译中忠实特点的具体表征，有望为其他中央文献翻译实践和机构翻译的实践发展提供借鉴和启示；刘亮（2020）指出要跨越技术层面的翻译策略分析，树立大格局的政治文献翻译观，并从三方面对这一观念进行阐发，一是要具备包容开放的胸怀，二是要具备受众意识，三是要深挖"中国话语"特色；史亭玉、张平功（2021）对此观点表示呼应，强调树立和践行新时代正确的中央文献翻译观的重要性，并以《习近平谈治国理政》为案例进行分析，由点及面，指出政治准确是首要原则，在此基础上译者使用归化、异化的翻译策略进行语言转换和文化对接；李晶、任俊桦（2022）从中央文献翻译的特点出发，关注到中央文献翻译策略的多维性质，指出中央文献翻译策略除了有语言策略、文化策略，还有过程策略；乔孟琪、李晶（2023）聚焦《中国共产党简史》的英译策略，基于对翻译策略影响因素的考察分析，从语义、句法、文体、语用四个维度详细阐析了《中国共产党简史》的英译策略，认为译者应在遵循"政治正确、兼顾传播"的基本原则基础上，灵活使用多种翻译策略和方法，以提升翻译传播信度和效度。这些研究标志着中央文献翻译研究开始由经验式总结转向学理性探究。

2.3.1.2 翻译工作模式、项目管理、质量评估研究

除了对翻译原则、策略、方法的探讨，学界亦关注到了中央文献翻译的工作模式、项目管理、质量评估。尹承东（1993，2009）

从项目组织、工作模式、工作程序、翻译保密、译者责任、翻译家精神等方面回顾了亲身参与的《毛泽东选集》翻译工作，尤其强调了中外合作的工作模式和精细的工作程序；就工作模式而言，除中方译者外，每个语组均配备2—3名外国专家；除翻译组外，还设置有注释组，负责中文理解上的答疑工作。而"工作程序竟是精细到如下的程度：初译、改稿、核稿、小组讨论初定稿、外国专家通读改稿进行文字润色、中国定稿员和外国专家讨论解决问题、译文规格统一、集体讨论定稿、定稿员通读、中外专家一起讨论解决疑难问题、最后定稿、打字、校对，总共有十几道工序"（尹承东2009：15）。

张生祥、徐夏莹（2016）深入分析了《毛泽东选集》的合作翻译模式，即这一翻译活动由毛泽东作为最高统帅，下设释疑组，负责指挥翻译组、定稿组、助手组，每一小组有着清晰明确的任务分工，译文先后经历九道工序方能最终面世。该研究还从译者构成多元化、译者协商动态化、译者妥协具体化三个方面阐析了翻译过程中译者商榷与妥协的具体表征，认为合作翻译模式是《毛泽东选集》译介与传播取得成功的重要前提，为之后的中央文献合作翻译模式提供了范本。熊道宏（2018）对党的十九大文件外译答疑工作进行了专题研究，从答疑团队成员的视角回顾了十九大文件外译答疑工作的基本流程，认为答疑工作使译者有机会与文件起草者直接互动。该研究总结了译者在翻译过程中遇到的问题，从译者主观性原因和政治文献语言客观性原因两方面探析了问题成因，并在此基础上从答疑团队组建、译者能力培养两方面反思了政治文献翻译现有工作机制并有针对性地提出优化意见。高彬、吴赟（2023）从译介功能、译介主体、译介策略三个方面阐析了《求是》（英文版）的译介模式，认为这一模式提高了《求是》（英文版）在目标语国家的可接受度，可为国家政治话语体系建设提供范本。该研究基于对译介模式的学理分析，本着进一步提升党和国家政治话语国际传播效果的考量，从译前编辑和翻译策略两个方面针对《求是》（英文版）的现有译介流程提出了改进意见。

陈双双（2022）对中国政治文献外译过程所涉因素进行了全方位审视，将其划分为个体译者思维过程、集体译者沟通协调过程、翻译项目整体管理过程三个方面。尤为可贵的是，该研究对后两个过程深入考察，从译者群体内部、译者与原作者或起草者、译者群体与翻译出版机构三个维度论述了集体译者的协调互动模式，从时间因素和空间因素两个方面阐发了翻译项目整体管理逻辑，对中央文献外译过程所涉因素有了全面认识。乔拓新（2020）基于中央文献翻译质量存在持续不断改进的现实需求，借鉴批评话语分析理论、修辞学理论及朱莉安·豪斯（Juliane House）的翻译质量评估模式，设计了一套我国党和国家领导人对外演讲翻译质量评估模式，从两个母维度和九个子维度全面细致地分析领导人对外演讲翻译，以帮助译者、审稿者及定稿者等翻译活动参与者从不同角度优化译文质量。此研究系学界首次对中央文献翻译质量评估进行的学理性考察。

2.3.2　产品研究

产品导向的翻译研究将翻译视为一种结果，注重对译作进行全面描写。具体而言，中央文献译介与传播的产品研究以某些特定语言现象，如迁移性冗余（武光军 2010；王平兴 2011）、重复（排比）修辞（邓中敏、曾剑平 2020；卢卫中 2022）、隐喻（朱晓敏、曾国秀 2013；陈国兴、菅爱丽 2019；梁娜、陈大亮 2020）、典故（陈大亮、陈婉玉 2019；付佳楠 2022a；冯小宸、朱义华 2022）、术语（刘润泽、魏向清 2015；吕红周 2015；卿学民 2018；苗菊、牛军 2020）或某类特定语域范畴，如外交语域（杨明星 2014；胡开宝、李婵 2018a，2018b；胡开宝、张晨夏 2019）、军事语域（韩子满、赵志敏 2016；黄广哲、韩子满 2023）等为考察对象，试图通过探讨这些特定语言现象或特定语域范畴的翻译，以点带面，进而透视中央文献译介与传播的全貌。

2.3.2.1　特定语言现象翻译研究

"政治文献中的特定语言现象往往是政治体裁的指示性标志，也是作者文体风格的表现形式，往往具有独特的修辞效果和文体意义，是翻译研究不容忽视的领域"（罗屹 2022：13）。具体而言，学者们多关注中央文献中特定语言现象的文体特征、修辞效果及其翻译策略等。

武光军（2010）以2010年《政府工作报告》为个案，结合大量译例从句子和语篇两个层面分析了政治文献英译中的迁移性冗余现象，在对冗余现象深入剖析基础上，呼吁学者充分观察语言现象，基于本土翻译实践，进行译学理论创新，切实解决政治文献英译中可能遇到的困难和挑战。王平兴（2011）就武光军提到的迁移性冗余现象与之进行商榷，强调要对这一现象进行辩证分析，认为武文中的例子并非全部属于迁移性冗余，将其全部删减势必影响原文信息的准确完整传达，指出在《政府工作报告》等政治文献对外翻译中，译者要时刻牢记"忠实"标准高于"简洁"标准，切不可以辞害意。这一商榷也标志着业界和学界开始互相切磋，相互联动。

邓中敏、曾剑平（2020）分析了《习近平谈治国理政》中重复辞格的表现形式和功能，重点聚焦其中同词句重复和异词句同义重复的翻译，辅以译例分析了两类重复辞格英译使用的翻译技巧，认为这些翻译技巧体现了译者采用的以目标语为取向的翻译修辞趋同策略，有助于顺应目标语受众的阅读修辞心理。卢卫中（2022）对这一研究结论予以呼应。他以《习近平谈治国理政》中的排比修辞为研究对象，基于对其中排比结构种类和功能的划分，探析了排比修辞的翻译策略和方法，指出排比结构的翻译策略以趋同策略为主、趋异策略为辅，充分体现出译者对目标语受众阅读期待和思维习惯的观照。

朱晓敏、曾国秀（2013）以1991年至2011年中国政府发布的工作报告（中英双语）为研究对象，通过自建汉英平行语料库，使用Wordsmith和AntConc等工具对汉语政治文本中的隐喻模式进行识别和判定，总结出汉语政治文本中经常使用的旅行隐喻、建筑隐喻、战争隐喻、家庭隐喻和圆圈隐喻等五类概念隐喻模式，并以旅行隐喻为例分析了隐喻的翻译策略，表明国内学界已逐步开始将语料库等定量分析方法运用于中央文献中特定语言现象的翻译研究中。陈国兴、菅爱丽（2019）以《习近平谈治国理政》中文文本和英文文本为语料，通过自建汉英平行语料库，对政治语篇中的科技隐喻进行专题探讨，梳理了科技隐喻在《习近平谈治国理政》中的分布特征及应用特点，分析了科技隐喻的人文性和工作机制，以该著作及其英译本的科技类喻体词为例，探讨了科技隐喻的英译策略。李霞（2019）以2019年《政府工作报告》为考察对象，以"再情景化"五步模式为分析框架，聚焦中央文献英译中政治新奇隐喻的再情景化过程，认为再情景化模式是政治新奇隐喻翻译研究的一个新视角。梁娜、陈大亮（2020）以认知语言学为理论视角，对党的十九大报告中的政治隐喻进行识别、分析和理解，并在此基础上描述其中政治隐喻的翻译策略，指出译者在翻译时基于目标语受众的认知差异、社会文化背景的不同以及意识形态的差别，灵活采用补偿翻译策略，以求得最佳隐喻关联效果。

陈大亮、陈婉玉（2019）聚焦用典翻译的互文维度，论证了用典翻译与互文性的内在契合之处，以习近平总书记在《复兴之路》展览上的用典为语料，从作者的创作方法、译者的翻译方法、批评者的批评方法三个方面分析了互文性具体表现。付佳楠（2022a）以汉斯-格奥尔格·伽达默尔（Hans-Georg Gadamer）的"视域融合"概念观照政治文献中的典故翻译，以习近平用典日文翻译为例，阐析了典故翻译主体间性与视域融合的内在关联，认为典故翻译经历了两次视域融合过程：第一次视域融合，即语内翻译过程，译者明辨典故来源出处、语辞结构和语义内涵；第二次视域融合，即语际翻译过程，译者灵活发挥主观能动性，采用多种补偿手段，使译者视域与读者视域达至融合。冯小宸、朱义华（2022）以《习近平谈治国理政》用典翻译为研究对象，聚焦用典翻译的文学性效果，将其中的用典分为历史智慧型、自然哲理型、劝谕建议型、政治治理型四类，重点关注原文用典的文学性效用及英译文对这一文学性效用的再现，指出《习近平谈治国理政》用典英文翻译在尊重语境差异前提下，利用语言形式与修辞处理准确再现原文用典的文学性，可为政治话语外译及其他文学性语言外译提供借鉴。

刘润泽、魏向清（2015）将概念史研究方法运用于政治术语翻译中，以"中国梦"为案例追溯了这一概念的缘起语境，对现有译法进行对比分析，指出概念史研究方法可为政治术语翻译策略的确定提供启示。吕红周（2015）从符号学视角探究中央文献中的术语翻译，并结合术语俄文翻译实例从词汇、词组、句子三个维度分析了术语俄译的策略。卿学民（2018）以"人民当家作主"日文翻译为例，指出翻译政治文献中的重要术语时，除了要忠实于原文语义，还要如实再现术语的思想理论逻辑。苗菊、牛军（2020）以"一带一路"倡议相关术语体系为例,从建库设计和建库步骤两方面论述了构建政治话语双语术语知识库的谱系法,从而为政治话语对外翻译提供丰富准确的语料来源,为国家对外话语体系建设提供方法论支撑。

此外,还有学者关注到中央文献中俗语(廖峻、汤恬 2021)、熟语(王婀娜、潘智丹 2023)、陌生化语言(张格兰、范武邱 2022)等现象的翻译。

2.3.2.2 特定语域范畴翻译研究

中央文献就其关注内容、关涉领域和具体功能而言,可划分为不同的语域范畴,如外交外事语域、军事国防语域等。这些特定语域范畴的中央文献既具有中央文献的一般特点,同时在修辞特点、语体特征等方面又具备其独特性。近年来,随着新时代中国特色大国外交理念的提出与实践,外交话语翻译研究(杨明星 2008,2014,2016;杨明星、闫达 2012;杨明星、李志丹 2015;杨明星、齐静静 2018;杨明星、赵玉倩 2020;胡开宝、李婵 2018a;胡开宝、韩洋 2020;王晓莉、胡开宝 2021,2023)持续引发学界关注。现有研究既有对外交话语语体特征、话语策略、翻译原则、翻译策略等的微观探讨,也有将外交话语翻译与传播视为翻译学的一个分支领域,系统阐析其研究内容、研究方法和研究意义的宏观体系建构。

近年来,围绕对外交话语的翻译原则、外交话语中的特定语言现象,如外交委婉语、外交幽默语、外交隐喻、外交语块等的翻译,也有了比较全面研究考察。在《论外交语言翻译的"政治等效"》一文中,杨明星(2008)基于对奈达等效理论优劣的分析,结合外交语言的特殊性,提出了"政治等效"论(Political Equivalence,

简称PE）翻译原则，论述了实现"政治等效"的两个翻译原则和六个翻译技巧，将其内涵总结为"外交翻译必须一方面准确、忠实地反映原语和说话者的政治思想和政治语境，另一方面要用接受方所能理解的译入语来表达，使双方得到的政治含义信息等值，使译文起到与原文相同的作用；同时，翻译的等效必须是动态的，译者必须与时俱进，紧贴原语的时代内涵和译入语的最新发展和相关语境"（杨明星 2008：91）。此后，杨明星等多次将"政治等效"论的翻译原则应用于具体的外交话语翻译现象（杨明星、闫达 2012；杨明星、李志丹 2015；杨明星 2016），并在研究过程中不断完善和深化该理论体系。在研究国家领导人外交演讲古诗词翻译问题时，针对外交修辞复合性文本特征，杨明星、齐静静（2018）提出了"政治等效+审美再现"概念（Political Equivalence + Aesthetic Re-presentation，简称PEAR），阐释了该原则指导下的翻译策略及翻译程序，表明其内涵是："在外交语境中，修辞的翻译既要准确传递源语和说话者的政治内涵，又要完美再现源语的风格美和艺术美，即实现源语与目标语之间在政治意义和审美价值两方面的双重等效，达到既要政治达意，又要艺术传神"（杨明星、齐静静 2018：91）。在分析外交隐喻的特殊属性之后，杨明星、赵玉倩（2020）结合认知隐喻学提出了"政治等效+意象再现"概念（Political Equivalence + Image Re-presentation，简称PEIR），为译者处理外交隐喻翻译提供了复合性翻译标准与翻译策略，从而"既能准确传递源语的政治内涵，又能在目标语中生动再现源语意象，有效缓解受喻者的认知负担"（杨明星、赵玉倩 2020：158-159）。

如果说上述对外交话语的翻译研究更多是基于语言学、翻译学、外交学等学科视角对外交话语的语体特征、语言现象、翻译原则、翻译策略等的微观探讨，那么胡开宝等对此领域的研究聚焦于对外交话语翻译实践与理论展开系统性学理探索，可说是一种更为宏观的学科研究体系建构。胡开宝、李婵（2018a，2018b）基于对国内外外交话语研究的全面梳理，指出外交话语翻译研究尚有较大的拓展空间，将外交话语翻译与传播视为翻译学的一个分支领域，认为中国特色大国外交话语翻译研究在理论和应用上均具有较大价值：在理论上可推动外交学、语料库翻译学等学科发展；在应用上可为中国争取国际话语权、构建对外话语体系提供智力支持，进而站在学科建构的高度试图构建中国特色大国外交话语翻译研究体系。为此，该研究从研究内容、研究方法等层面明晰了未来研究可重点发力的方向：研究内容方面，可深入挖掘外交话语翻译文本的语言特征、外交话语翻译与意识形态的互动关系、外交话语的翻译策略与方法以及外交话语双语术语库建设等；研究方法层面，除了传统的比较研究法、定性研究法、个案研究法等，可引入语料库方法，利用语料库技术构建外交话语术语库，建设和应用相关专题语料库等，在此基础上对外交话语翻译的规律性特征进行定量统计与分析，以使研究结果更加客观科学、研究结论更为令人信服。

此外，还有学者关注到军事话语的翻译研究。韩子满、赵志敏（2016）以语料库批评译学为理论框架，以2015年《中国的军事战略》（英文版）为例，基于与英语相关平行语料的对比分析，详细探讨了军事话语中名物化的使用特征、翻译策略以及翻译与意识形态的相互作用。黄广哲、韩子满（2023）聚焦形象塑造的多模态翻译视角，以2016年至2020年《中国军队》故事栏目对我国军人形象的塑造为案例，对比分析了故事栏目汉英图文标题塑造的我国军人形象之异同，在此基础上厘清了形象异同背后的影响因素，并从多模态视角为翻译进一步完善我国军人形象塑造提出建议。

2.3.3　功能研究

功能导向的翻译研究关注焦点从文本转向语境，旨在描写翻译在目标语社会文化语境中的功能，具体关注问题包括：在某一特定时间和地点，哪些文本被翻译或没有被翻译，翻译对目标语社会文化语境产生了哪些影响。

中央文献译介与传播由国家作为赞助人发起，旨在通过对外讲述中国故事和中国共产党故事，增进国际社会对中国和中国共产党的认识和理解、认同与信任，向世界贡献中国智慧、中国经验、中国方案，积极建构良好的国家形象，提升国际传播效能，增强国际话语权。因此，中央文献译介与传播的功能研究多关注中央文献译介与传播在目标语国家的传播与接受（武光军、赵文婧 2013；蒋芳婧 2014；胡开宝、陈超婧 2018；何明星 2020a，2020b；何明星、李佳 2021）以及中央文献译介与传播和建构国家形象（朱伊革 2018；谢莉、王银泉 2018）、增强国际话语权（闫建琪 2014）、提升国际传播效能（汤景泰 2023）、助力对外话语体系建构（郭业洲 2014；朵宸颉 2018）等的内在关联及在这些方面发挥的重要作用。

2.3.3.1　传播与接受研究

中央文献国际传播是通过多种传播渠道将中央文献翻译产品在目标语国家出版发行、宣介推广、流通传播的活动。"翻译是传播的手段，传播是翻译的目的。传播效果既包含接受者对翻译产品的认可程度，也包括对传播者希望通过话语所要传播的内容的认识符合程度"（窦卫霖 2016b：16）。

"受众接受是检验译文质量的重要标准"（蒋芳婧 2014：42）。针对目标语受众的接受度问题，武光军、赵文婧（2013）采用问卷调查法就2011年《政府工作报告》英文版，蒋芳婧（2014）采用访谈法就2013年《政府工作报告》日文版，分别展开了实证调查，均发现译文的受众接受存在可提升空间，进而提出针对译文的优化策略，属于国内较早关注中央文献受众接受的研究，其缺点在于无论是问卷调查，还是受众访谈，都存在样本量较小的缺陷，势必影响研究效度。近年来，胡开宝等学者将语料库等定量分析方法引入受众传播接受研究，克服了之前研究样本量较小的不足，大大提升了受众传播接受的研究效度。胡开宝、陈超婧（2018）通过自建涉华国际新闻语料库，从英美印等国主流媒体对"一带一路"英译文的选用、"一带一路"新闻报道关键词及其索引等方面分析"一带一路"英译文在英美印等国主流媒体的传播和接受，了解英美印等国民众对"一带一路"倡议的态度和认知，并基于批评话语分析理论，对传播与接受的趋势及其特征背后的意识形态进行阐析。此后，同样的研究方法被应用于系统考察相关政治术语，如"中国特色社会主义"（胡开宝、韩洋2020）、"新型大国关系"（王晓莉、胡开宝2021）、"改革开放"（王晓莉、胡开宝2023）等英文翻译在英美等国的传播与接受。

有研究则分析了取得良好传播效果的中央文献国际传播案例，从传播主体、传播受体、传播渠道、传播内容等维度深入探析其译介与传播取得良好成效的原因，以期为其他中央文献国际传播提供借鉴与启发。

李雪梅（2019）聚焦《毛泽东选集》国际传播的历程及其启示，梳理了《毛泽东选集》国际传播的脉络谱系，分析了《毛泽东选集》国际传播的背景原因和深远影响，认为《毛泽东选集》行销海外历程中积累的典型经验对于当下提升中央文献甚至中国理论"走出去"的效果具有十分重要的启示与借鉴意义，包括官方机构和民间组织结合的传播主体、多元融合的传播渠道、适当变通的传播内容、与文化携手的传播方式等。何明星基于其主持的国家社科基金重点项目"毛泽东著作的域外传播研究",结合其国际新闻与传播的专业优势,对毛泽东著作的国际传播展开全面系统探究,先后就毛泽东著作法文版(何明星、俞悦 2019)、日文版(何明星、江蓝 2019)、俄文版(何明星 2019)、西文版(何明星 2020a)、阿文版(何明星 2020b)、伦敦英文版(何明星 2021)、斯瓦希里语版和豪萨语版(何明星、李佳 2021)等针对目标受众的翻译、出版、发行、宣介进行专题考证,对每一语种版本在目标语国家传播的时代背景、传播阶段、传播特点、传播模式等进行系统探析。何明星(2021)基于对《毛泽东选集》伦敦英文版的出版背景、全球传播、发行合作的全面分析,总结出《毛泽东选集》伦敦英文版对当下提升领导人著作及中央文献传播效果的启示,并从国际传播本体论和认识论的高度进行了升华:一是要充分认识国际传播本质及规律,即不论传播的题材、形式、载体如何变化,国际传播都是一种思想、理念、价值观的跨文化传播活动,因而国际传播活动一定要符合跨文化传播规律,以传播思想价值观为核心;二是要树立辩证的跨文化传播效果评估观,充分认识传播目标与传播手段之间的界限,国际传播要发挥政策扶持引导作用,兼顾经济效益与社会效益,统筹短期目标与长期目标。

窦卫霖(2016b)从媒体反馈、受众接受及海外收藏三个方面分析了《习近平谈治国理政》国际传播的成功实践,概括了《习近平谈治国理政》国际传播的特点,即突破中国政治话语表述方式、运用有效政治话语翻译策略、打破传统发行模式,从传播主体、传播内容、传播渠道、传播受众与传播效果五方面总结出《习近平谈治国理政》国际传播取得成功的启示。管永前(2017)对《习近平谈治国理政》国际传播效果进行专题研究，调查了《习近平谈治国理政》海外馆藏的分布情况，并以美国馆藏为例，从学术影响、传播影响、社会影响三个方面分析了馆藏分布与受众人群的特点，总结了《习近平谈治国理政》国际传播成功经验为对外传播带来的重要启示：一是增强文化自信，二是创新话语表达方式，三是增强国际传播能力。周忠良、任东升对《习近平谈治国理政》国际传播取得巨大成功的深层动因进行了挖掘，从翻译、出版、宣介三方面探析了其国际传播的本地化策略，剖析了其对受众本地性的深度考量，进而归纳出对中央文献国际传播事业的启示，"1）加强顶层设计，推动对外传播过程性制度创新。2）强化内容规划，提高对外传播内容与受众需求的匹配度。3）优化整体布局，拓展对外出版新空间。4）创新方法机制，提升对外宣介影响力"（周忠良、任东升 2022：39）。张贝（2023）系统探究了《习近平谈治国理政》在拉美国家的传播与影响，详细分析了《习近平谈治国理政》在拉美传播的背景和原因，梳理了拉美各界对《习近平谈治国理政》的认知与评价，发现《习近平谈治国理政》受到拉美各界人士的高度评价，总结了《习近平谈治国理政》在拉美传播的深远影响，认为这与该著作采用的多元化传播主体、多样化传播渠道和精准化传播叙事的传播模式密不可分。

2.3.3.2 中央文献译介与传播和国家形象塑造、对外话语体系建构研究

中央文献译介与传播关乎我国国家形象的塑造、国际话语权的增强、国际传播效能的提升以及对外话语体系的构建等。其内在关联与作用，在学界多有论述。

朱伊革（2018）详细论述了翻译文本与形象建构之间的内在关

联，认为由国家翻译机构生产的中央文献翻译文本是中国形象面向世界的自我表述，是中国形象"自塑"的重要途径，并以《习近平谈治国理政》英译为例，辅以丰富的案例分析，阐发了译者如何通过文化阐释、文化认同、文化移植等策略再现习近平总书记话语风格，进而建构了亲仁善邻、民主法治及和平发展的国家形象。谢莉、王银泉（2018）基于对政治话语的话语特征、翻译策略和译者抉择的归纳阐析，阐明了政治话语翻译与国家形象塑造的内在耦合，从自塑和他塑两个维度审视了政治话语翻译在建构国家形象和构建国际话语权中发挥的重要作用。马会峰、杨明星（2022）从外交翻译建构中国南海形象何以可能、外交翻译建构了什么样的中国南海形象、外交翻译如何建构中国南海形象三个维度深入剖析了外交翻译与南海形象建构之间的内在联系，认为外交翻译具有某种建构性力量，而中国南海形象具有符号建构性，两者具有理论契合之处，在具体外交翻译过程中，译者借由音译、直译、回译、保留隐喻等翻译方法，通过融合式建构策略、扩充式建构策略、革新式建构策略分别建构了自塑式和交往式两种类型的中国南海形象。

闫建琪（2014）注意到中央文献翻译在增强国际话语权方面的重要作用，强调要充分利用对外话语体系建设目前面临的有利条件，增强国际传播的公信力和感召力。郭业洲（2014）提出为了更好发挥中央文献翻译在对外话语体系建设中的重要支撑作用，重点应从以下三方面发力：一是要建立中央文献创建、翻译、传播全链条的协调机制；二是要找寻中国政治话语与其他国家利益的交汇点；三是要创新方式方法，灵活运用多种模态，增强中国故事的亲和力。朵宸颉（2018）以《毛泽东选集》（阿拉伯文版）为例，分析了其在阿拉伯世界的发行量以及被阿拉伯世界主流媒体宣传报道的情况，指出中央文献阿文版强化了阿拉伯世界民众对中国的良好印象，在提升中国国际话语权方面发挥着重要作用。

总体而言，结合中央文献译介与传播的阶段来看，对中央文献译介与传播的功能研究直到整体推进期，即最近十年才逐渐引发学界关注。相关研究还相对比较薄弱，尤其是中央文献翻译与对外话语体系建构研究多是业界翻译专家和国家翻译机构管理人员基于翻译和管理实践的经验之谈，学理性较为欠缺，相对不成体系，尚存很大探索空间。

2.3.4　理论研究

霍姆斯（Holmes 2004）指出，理论翻译研究旨在基于所描写的翻译结果，借鉴相关领域和学科知识，建构出相应的原则、理论和模型，用以解释和预测翻译现象。中央文献译介与传播的理论研究可分为基于理论应用的研究和基于理论建构的研究。

2.3.4.1　基于理论应用的研究

引介其他学科领域理论剖析中央文献翻译是当前中央文献译介与传播理论研究的主流趋势，这一模式极大地拓展了此领域研究的深度与广度。语言学是与翻译学关系最为紧密的学科，将语言学相关理论应用于中央文献翻译研究的成果数量最多，它们或从微观语言技巧或从宏观语言外因素展开讨论，如应用隐喻理论分析中央文献中不同类型隐喻的翻译原则与策略（田苗 2016；黄进财、罗兹深 2021；孙毅、李明明 2022），引入系统功能语言学讨论情态词等的翻译在传递评价意义和话语态度方面的表现形式与策略（刘春梅 2019，2021；冯正斌、苏攀 2021），采用再情景化理论（陈勇 2017；李霞 2019）、话语分析理论（赵琦 2016；尹佳 2017；刘璇 2019；

陈勇 2022；赵家明 2022）、社会语言学（梁娜 2019；张立庆 2022）、顺应理论（林晓琴 2012）、认知语言学（肖坤学 2013）、社会认知学（张蕾 2021）、关联理论（薛悦 2020a）、语用学（孙晗 2016）等探讨中央文献翻译过程中语境、认知、意识形态、社会、文化等文本外因素对中央文献译者的策略抉择、译文呈现形式等的影响。德国功能主义翻译理论亦是研究中央文献翻译的主要理论依据，如叶小宝、徐志敏（2011）采用功能主义翻译理论指导中央文献英译，探讨译者如何通过删减、增补、转换等译法实现"变形保义"。蒋芳婧、段东海（2016）根据诺德的"功能+忠诚"原则提出《政府工作报告》日文翻译既要实现正确对外宣传的功能，又要忠实于翻译过程中各翻译主体。石蕊（2017）立足文本类型理论，以《十二届全国人大四次会议〈政府工作报告解读〉》为例，探讨了翻译过程中实现表达型文本功能的原则与方法。也有学者（吴昊 2022）借鉴生态翻译学理论研究中央文献翻译，将中央文献翻译视为一个生态系统，系统中各生态要素相互作用，相互适应与选择，从语言维度、文化维度和交际维度讨论《习近平谈治国理政》中典籍名言的阿拉伯文翻译策略，以实现多维度适应与选择，从而保证原文与译文的生态平衡。近年来学界开始重视中央文献的译介效果，传播学相关理念的引入也成为中央文献翻译理论研究的主要特征之一，如朱鹏霄（2020）对比分析了人民网日文版和《朝日新闻》中有关"一带一路"倡议的报道，从报道起点、报道数量、报道峰值以及报道主题方面描写了中日两国媒体在传播学层面存在的共性和差异，指出了双方在报道主题方面存在的明显错位。此外，也有学者将符号生长理论（吕红周 2015）、翻译对应理论（肖德强 2017）、接受美学（孟海霞 2018）、翻译规范（陈勇 2020a，2020b）、形象学（石欣玉、黄立波 2021）、副文本理论（邓海丽 2021）、变译理论（廖峻、汤恬

2021）等应用于中央文献翻译活动不同要素的研究，但研究数量并不多，未成体系。

2.3.4.2 基于理论建构的研究

一些学者已经意识到，当前的中央文献译介与传播理论研究还停留在机械性借用其他学科理论或西方翻译理论对中央文献翻译实践展开描述、阐释与指导，缺少创新性理论建设，倡议为中央文献翻译研究建立新的理论模型与体系。田海龙（2017a）通过回顾中央文献翻译研究的两种主要观点——中央文献翻译忠实观和中央文献翻译灵活观——指出研究者完全可以摆脱这种二元对立的传统模式，转而"向话语研究中汲取一些有用的概念、理念和框架"（田海龙 2017a：1），从超学科的角度与话语研究理论充分对话进而形成新的理论或研究范式。陈双双（2020a：107）呼吁构建一套中国政治文献外译的研究体系，以"理清该研究领域的范畴与边界，扩展现有研究内容，引导未来的研究"，并尝试勾勒出了一个系统的中国政治文献外译研究框架，包含外译目的、外译主体、外译客体、外译过程、外译结果、外译受众、外译效果等七大研究子系统，以期"进一步推动该研究领域的发展和研究实践的进步"（陈双双 2023：92）。这一研究体系也为其他学者开展中国政治文献外译研究提供了清晰的研究路径和明确的研究内容。

龙新元、李秋霞（2020）结合认知翻译观，在杨明星的"政治等效"论基础上创新性地提出了"政治等效+认知趋同"（Political Equivalence + Cognitive Consonance，简称PECC）复合翻译理论，指出"政治等效是回答对不对的问题，认知趋同是追求好不好的问题；政治等效是认知趋同的前提纲要，认知趋同是政治等效的反证之道"（龙新元、李秋霞 2020：118），强调政治文本的特殊性使得其翻译实践必须既要讲政治立场，也要考虑译文受众的认知能力。两位学者从政治文本翻译的认知范畴观、认知隐喻观、认知转喻观、认知识解观分析了政治文本翻译的宏观认知机制和微观翻译策略。这一翻译"四观"指导下的PECC理论框架既是对翻译的认知理据与文本政治属性之间关联的探索，也是对本土的"政治等效"论的创新与拓展。

宫宇航、项成东（2022）从身体认知视角出发，分析了中央文献译文可接受性的共享体认认知基础，认为译文可接受性的前提是译文通过语义和语言符号的表达激活译文受众心智的共享体认。在此结论基础上，该研究构建了中央文献翻译的逆向体认观，即"译者为了满足特定的跨文化交际目的，以源语作者、译者及目标语受众之间的共享体认为基础，在社会文化、政治、意识形态等因素制约下对源语文本作出的逆向体认处理过程"（宫宇航、项成东 2022：24）。在阐释逆向体认操作流程与框架之后，该研究以具体实例论述了以概念隐喻为基础、以理想化认知模型和以意象图式为基础的三种逆向体认翻译路径以加强中央文献译文的可接受性。该理论模式同样是中国学者创新中央文献翻译理论视野的有益尝试。

更多的理论建构探讨体现在研究者们的博士论文研究中。例如，康喆文（2019）借鉴语块理论和认知翻译理论，提出了中央文献核心语块的三层认知翻译模式，并从语言符号认知、逻辑思维认知、主体间性认知、社会文化认知和语境关系认知五个层面对该认知翻译模式进行演绎，为大数据时代的中央文献语块翻译技术提供规范指导。陈勇（2020b）立足西方翻译规范理论和批评话语分析框架，搭建了领导人著作翻译规范话语分析框架，结合微观文本分析、中观影响机制分析和宏观社会背景分析，从重构操作规范、再造社会规范以及分析翻译规范秩序等方面为领导人著作英译规范建设提供了新的研究视角。康宁（2022）从社会叙事视角和译者行为批评理论出发，搭建了中央文献先例叙事译者行为的"求真—务实—合理"多维评价模式，从文本内和文本外两个角度全方位考察叙事译文的建构效果，为保障客观评价译文质量提供合理的评价机制，是对本土译者行为批评理论的开拓性发展。屈扬铭（2022）以话语互动理论为基础，提出了中国特色政治概念翻译历时演变的三维话语互动理论框架和"双层—六步"分析框架，从中国特色政治概念原文和译文的横向、纵向和历时话语互动维度探讨译者主体作用在语言使用层面和社会因素层面的表现形式及其背后作用机制，是中央文献翻译译者主体性的元理论与分析框架创新。张立庆（2022）依据社会语言学的立场研究，尝试构建了中央文献译者能动性理论框架，从文本和社会两个层面以及中央文献译文文本的认知立场意义、人际立场意义和中央文献译者社会互动行为三个维度对中央文献译者的能动性展开分析，是中央文献翻译译者主体性理论又一新的研究视野。罗屹（2022）以修辞性叙事理论为理论视角，以《中国共产党的七十年》中文版及其英译本为研究语料，从叙述可靠性、叙述感知性和叙述投入度三个维度分析中共党史这一非虚构历史语类中翻译叙事建构的表现形式，探析目标语受众的叙事体验，是对中央文献翻译研究语料范畴的拓展，同时丰富了翻译研究的叙事路径。

基于以上的文献梳理与分析可知，中央文献译介与传播研究近年发展迅速，持续引发学界关注，并取得了丰硕成果，研究深度和广度都得到了极大拓展。总体而言，从历时角度，中央文献译介与传播研究呈现出由关注微观语言转换到开始元理论思考、由经验式探讨到学理性探究、由定性研究到定性与定量研究相结合、由侧重译介到译介与传播并重、由受众群体主要面向英语世界到受众群体同时兼顾英语世界与非英语世界的发展趋势。具体而言如下：

第一，研究主题愈发丰富。现有研究既有对中央文献译介与传播的"描写"研究，也不乏对中央文献译介与传播的"理论"探讨，从对翻译原则、翻译策略、翻译方法、翻译工作模式、翻译项目管理、翻译质量评估等的关注，到对中央文献中某些特定语言现象、某类特定语域范畴的文体特点、修辞效果、语体特征、话语策略、翻译策略等的探讨，到关注中央文献对外翻译、传播与接受与国家形象塑造、对外话语体系建构之间的内在关联及中央文献译介与传播在塑造国家形象、建构对外话语体系方面发挥的重要作用，再到借鉴相关学科理论视角阐释、预测中央文献翻译实践与理论现象以及构建中央文献翻译研究体系等元理论思考。作为研究内容的依托和载体，研究语料也愈发多样，从党和国家领导人著述、《政府工作报告》、党代会报告、中共中央全会文件到中共中央机关刊物《求是》、中共党史著作、政府白皮书等均有涉及，但整体而言，语料呈现出非对称、不均衡的特点，现有研究多聚焦党和国家领导人著述、《政府工作报告》、党代会报告等"传统"中央文献，中共党史著作、政府白皮书、中共中央机关刊物《求是》等的译介与传播研究尚未引起学界足够重视，仍有待深入挖掘。

第二，研究视角更为多元。中央文献翻译研究始于业界翻译专家基于亲身参与中央文献翻译项目的过程复盘与经验再现。以此为起点，众多学者借鉴语言学、叙事学、阐释学、形象学、传播学、语料库翻译学等多学科视角对丰富多样的中央文献翻译实践与理论现象进行全方位、立体式透视，展开了系统的学理性阐释分析。

第三，涉及语种更为多样。早期的中央文献译介与传播研究以英译和针对英语世界的传播为主，随着中国特色社会主义进入新时代，"一带一路"和"人类命运共同体"等倡议和理念的相继提出，目前关于中央文献在非英语世界的译介与传播研究发展迅速，所涉语种（如法语、俄语、阿拉伯语、德语、朝鲜语、日语等）的拓展也有助于了解中央文献在相关目标语国家的传播与接受状况，为制定精准化、分众化的传播策略奠定基础，也能为对外话语体系建设提供更多实证素材与研究启示。

与此同时，中央文献译介与传播研究依然存在有待进一步拓展深化的空间。

首先，研究视角重"描写"，轻"理论"。现有研究以描写性、阐释性、应用性研究居多，高质量的开创性、建构性、前沿性研究较少。主要体现为以下两点：第一，多数研究以"套着说""跟着说"为主，"反着说""创着说"的研究相对缺乏，致使有些研究同质化严重，使用相同的理论视角和研究方法，仅仅更新了研究语料，再度阐释某些翻译现象，创新性欠缺，研究价值打了折扣；第二，多数研究简单套用西方理论，未能深入考虑根植于西方语境的理论与本土的中央文献译介与传播实践的适切性，从而使中央文献译介与传播领域成为验证西方理论解释力和有效性的又一块试验田，这同时折射出本土化理论构建明显不足，亟待加强。已有相关研究开始尝试借鉴本土译论（如生态翻译学、国家翻译实践、译者行为批评理论、"政治等效"论等）阐释中央文献翻译现象，这些本土译论的潜力仍有待进一步释放。

其次，研究内容重"译介"，轻"传播"。译介与传播是中央文献对外翻译的"一体两面"，两者构成不可分割的紧密关联整体。然而，在现有研究中，两者比例严重失衡、不相协调。诚然，由于各种主客观因素的限制，"政治话语翻译接受效果的实证评估工作确实较为困难，往往交织着各种权力、利益、需求、心理因素"（刘宏、李明徽 2022：9）。值得注意的是，在现有为数不多的"传播"研究中，就作者身份和学科背景而言，相当一部分学者并非来自翻译学、外国语言文学等学科领域，而是来自传播学、政治学、社会学等学科领域，这或许能给我们带来些许启示，中央文献译介与传播研究需要强化跨学科、超学科研究，为不同学科背景的学者搭建平台，使他们发挥各自学科优势，推动"传播"研究与"译介"研究齐头并进。

再次，研究方法重"定性"，轻"定量"。现有研究以定性研究为主，定量研究相对欠缺。定性研究得出的结论概括性强，但也存在客观性和系统性缺乏的缺点。语料库作为一种定量描写研究工具，能够增强研究结论的客观性和可信度。一些研究已经借助语料库，采用定量分析方法来探讨中央文献的翻译语言特征、翻译风格、受众传播与接受等。然而，与对其他文体的研究相比，语料库研究方法在中央文献译介与传播研究中的应用相对滞后，仍处于初步阶段。未来研究要借助语料库，基于大量真实语料定量分析，为中央文献译介与传播研究提供令人信服的数据支撑。

最后，研究主体重"学界"，轻"业界"。本领域研究就研究人员身份而言，大致分为两类，一类是以高校教师、科研机构人员为代表的学界，一类是以中央党史和文献研究院、外交部、新华社、中国外文局及其下属的外文出版社等国家翻译机构从业者为代表的业界，他们分别代表着中央文献翻译"理论"与"实践"的两极，是中央文献译介与传播研究不可或缺的两个主体，业界的翻译实践经验有助于学界深入了解中央文献译介与传播的全过程，而学界的研究成果应能为业界提供理论参考和学理阐释。然而，现有研究存在学界和业界自说自话，"未能实现'相向而行'"（徐方富 2021：82）。部分原因可能在于，学界研究未能充分考虑翻译实践的复杂性，从某一特定研究视角出发得出的观点、主张、理论等可能有失客观或过于绝对，中央文献翻译专家王平兴曾针对迁移性冗余、词语搭配和语义韵、"政治等效"论等先后与这些文章的作者武光军、唐义均、杨明星等翻译研究学者展开商榷，此类学术争鸣深化了对相关问题的认识，形成了业界与学界相互促进、共同进步的良好局面，未来或可建立常态化机制，搭建沟通交流平台，促进中央文献译介与传播研究不同主体间的相互联动。

针对如上问题，学界或可从以下四方面努力，以建构科学完善、系统全面的研究体系，将中央文献译介与传播研究持续推向深入。

第一，加快构建基于本土译论的学科话语体系。国内现有研究多机械套用国外相关理论框架、概念工具，鲜有对理论本身的批判性思考与探索性创新，本土化理论构建亟待加强。在充分借鉴吸收国外相关理论、研究方法的基础上，国内学者或可尝试从中国传统译论获取灵感，深入挖掘其潜力，基于中央文献翻译实践的国家性、政治性及其独特的方向性，建立基于本土译论的理论分析框架与学科话语体系。

第二，强化跨学科、超学科研究，加强不同学科、专业间的合作对话，建立中央文献译介与传播研究的跨学科理论体系。中央文献译介与传播不是简单的语言文字转换，而是跨越不同民族、语言、符号的跨文化传播实践，更是国家策划和发起的政治话语实践，这就决定了这一领域的跨学科性，需要语言学、翻译学、传播学、政治学、社会学等学科学者发挥各自专业优势，打通学科壁垒，跨越专业界限，共同构筑这一领域牢固的研究基础，推动学科发展。

第三，鼓励开展实证性研究，提升研究科学性、系统性与可信度。现有研究以理论思辨、文本分析等定性研究为主，着眼于具体案例，分析过程较为主观，缺少实证数据支撑，所得结论适用范围有限。未来研究要使用语料库分析、大规模问卷调查、翻译日志、键盘记录、眼球追踪等实证性研究方法，加强开发、建设与应用中央文献多语种平行语料库、专题语料库、术语库等，基于大量真实语料定量分析，以及如实记录和还原翻译过程，为中央文献译介与传播研究提供令人信服的"大数据"支撑。

第四，加强中央文献译介与传播的政产学研一体化，促进不同主体、多个要素全过程协同联动。现有研究存在不同研究主体自说自话、未能相向而行的局面，未来可考虑建立常态化机制，搭建沟通交流平台，促进中央文献译介与传播的多主体协同、多要素联动，以更好发挥中央文献译介与传播在塑造国家形象，增强国际话语权，提升国际传播效能等方面的作用。

2.4　小结

本章从"中央文献"概念界定、中央文献译介与传播实践成果、中央文献译介与传播研究综述三方面对中央文献译介与传播进行全面概述。

首先，界定了何为"中央文献"。本章采用"属加种差"这种常用的内涵定义法完善了现有"中央文献"的定义，将其界定为"由我党和国家领导人、中国共产党中央委员会、中央人民政府或其下属机构、组织等编纂、发表的重要文件、报告、指示、公告、决议、公报等文字材料，旨在传递治国理政思想，表明党和国家立场，主要包括党和国家领导人著述、中国共产党历史著作、党和国家重要会议文件以及其他重要政策文件等"。

其次，梳理了中央文献译介与传播的成果，划分了中央文献译介与传播的不同阶段，将其大体上分为起步期（1921—1949）、第一次高潮（1949—1977）、稳步发展期（1978—2012）、整体推进期（2012年至今）四个时期，不同时期的中央文献译介与传播呈现出不同的历史特点。在起步期，中国共产党主动开展宣传工作，成立了多个专门组织机构，负责中央文献译介与传播，初步呈现出译介与传播机制组织化、制度化的特征。在第一次高潮阶段，中央文献译介与传播的组织模式呈现出新特点，中央文献翻译工作已实现组织化、制度化运行。在稳步发展期，中央文献译介与传播的组织模式制度化、专门化特点更加突出，中央文献译介与传播流程通顺流畅、译介与传播环节衔接紧密、译介与传播成果丰富多彩、译介与传播事业平稳发展。在整体推进期，中央文献译介与传播事业以传播效果为导向，以对外话语体系建构为目标，译介与传播工作模式和方式方法不断优化。

最后，借鉴霍姆斯对纯翻译研究的分类方法，兼顾"描写翻译"研究与"理论翻译"研究两方面，遵循"过程—产品—功能—理论"的逻辑顺序，系统梳理了中央文献译介与传播的研究现状，认为中央文献译介与传播研究发展迅猛，取得丰硕成果。历时来看，中央文献译介与传播研究呈现出由关注微观语言转换到进行元理论思考、由经验式探讨到学理性探究、由定性研究到定性与定量研究相结合、由侧重译介到译介与传播并重、由受众群体主要面向英语世界到受众群体同时兼顾英语世界与非英语世界的发展趋势。然而，中央文献译介与传播研究依然存有一些问题，具体体现为研究视角重"描写"，轻"理论"，研究内容重"译介"，轻"传播"，研究方法重"定性"，轻"定量"，研究主体重"学界"，轻"业界"。未来研究可考虑加快构建基于本土译论的学科话语体系，加强不同学科、专业间合作对话，鼓励开展实证性研究，加强中央文献译介与传播的政产学研一体化。

　　本章通过界定"中央文献"这一核心概念、历时梳理中央文献译介与传播的实践成果、系统回顾中央文献译介与传播的研究现状，对中央文献译介与传播进行了全面概述，从中央文献译介与传播实践和中央文献译介与传播研究两方面切入，旨在探索如何进一步提升中央文献译介与传播质量，优化中央文献译介与传播效果，以更好发挥中央文献译介与传播在塑造国家形象、增强国际话语权、提升国际传播效能、构建对外话语体系等方面的作用。

第三章 中央文献译介研究

中央文献译介旨在向国际社会声明中国立场、发表中国观点、阐释中国政策、分享中国方案、传播中国文化、树立中国形象。"翻译活动是翻译主体在一定的历史条件下和文化背景中通过具体的语言转换而进行的一种目的十分明确的实践活动，它涉及众多内部和外部的因素"（许钧 2014：4）。中央文献翻译不是一项简单机械的语言转换活动，而是"具有政治性、目的性、传播性"（陈双双 2020b：75）的跨语言、跨文化翻译活动。中央文献译介需要进行多维考量，涉及包括句法、语义、风格等语言维度的对等以及参与者、立场、动机、价值、观念、意识形态等社会、文化、历史和政治维度的观照。这些语言内外的要素在中央文献译介中发挥各自作用并相互联动，共同助力中国共产党和国家领导人治国理政思想、理念和方案在世界的阐释、传播与接受，故而备受研究者关注。鉴于此，本章将从译介主体、译介内容、译介过程和译介社会/文化语境四个方面考察中央文献译介研究全貌，以呈现中央文献译介研究态势。

3.1 译介主体研究

随着时代发展，翻译活动内涵和外延不断拓展，人们对翻译主体的认识亦发生了变化：从传统译论中普遍认同的"译者即翻译主体"发展到当代译论中各方争鸣的"翻译主体译者一元化""翻译主体译者—读者二元化"和"翻译主体多元化"。翻译是一种社会实践活动，翻译主体是社会化行为主体和责任主体，作为具体的历史存在，不同语境下的翻译主体有着不同行为、承担不同责任，需要在具体社会环境中、具体对象性关系中考察翻译主体构成（蓝红军2017）。因此，翻译主体的界定及其研究应视翻译活动对象性关系而定。本节对"译介主体"进行界定，在此基础上从"业界专业译者"和"学界研究者"两个不同视角对中央文献译介主体研究展开述评。

3.1.1　译介主体的界定

　　"翻译是通过跨文化交流和跨语信息传播来建构社会的活动，在这种对象性关系中，对象性客体是社会，而主体也是社会，具体而言是所有参与翻译建构社会活动的人与机构"（蓝红军2017：24）。由此推之，中央文献译介作为"跨语际、跨文化的信息传播和交际的社会实践过程"（李晶、任俊桦2022：95），致力于在国际社会上建构中国话语体系和中国形象，其对象性客体应是国际社会，其主体应是所有服务该建构活动的人或机构。中央文献译介主体不是单一的，其构成具有多元性。中央文献译介主要由国家或国家委托相关机构进行，"凡是以国家名义具体实施翻译行为或受国家机构委托的其他翻译机构、组织或个人的翻译行为，均可视为国家翻译实践"（任东升2019：69）。因此，中央文献译介是典型的国家翻译实践。在国家翻译实践中，翻译行为主体不仅包括个体翻译主体、机构翻译主体，还包括以国家为名义的翻译主体（蓝红军2020a）。中央文献译介由党和国家策划并发起，由能够代表国家开展翻译实践的机构及受国家委托的各级翻译机构有计划、有组织、有系统地实施。与一般翻译实践相比，其译介主体构成不仅具有多元性，还具有层级性。

具体而言，根据国家翻译实践中翻译主体的高、中、低三位主体划分形式，中央文献译介主体可以分为高位主体、中位主体和低位主体。其中，党和国家是高位主体，不直接实施翻译行为，而是作为中央文献译介的"名义主体或法律主体"（任东升、高玉霞2015a：92）规划、发起和赞助中央文献译介项目。以国家名义进行中央文献译介活动的翻译机构和受国家委托的机构是中位主体，包括国家翻译机构、国家委托的各级翻译主管机构等，它们作为中央文献译介的"行为主体"（任东升、高玉霞2015a：94）组织、监管中央文献译介项目。国家翻译机构的专职译者及由国家或国家委托机构聘用的个体性或群体性译者是低位主体，他们同样是中央文献译介"行为主体"，但从事更为具体的一线翻译工作，是根据高位主体和中位主体制定的翻译规范与要求完成中央文献译本生产的"制度化译者"（任东升、高玉霞2015b：22）。

中央文献译介的三位主体在其高度集约化的实践活动中担当不同角色并承担相应工作，分工明确又相互联动：高位主体负责顶层设计和总体规划，从宏观上保障中央文献译介政治站位正确并服务国家需求；中位主体以高位主体意志为中心，在选择翻译材料、制定翻译规范、设置翻译要求、管理翻译过程等方面发挥作用，从中观层面满足高位主体需求；低位主体需服从高位主体和中位主体，在翻译策略、翻译方法等方面发挥主观能动性，生成高质量译文。三位主体围绕"国家利益"各司其职，以确保中央文献译介活动立足中国立场，阐释和传播好中国智慧、中国主张和中国方案，切实服务国家发展战略。

诚如学者所言，"翻译活动越是丰富、越是复杂，就越不能忽略翻译主体"（刘云虹、许钧 2020：76）。随着中央文献译介实践与研究日渐丰富，作为译文生产关键一环的译介主体自然成为研究焦点之一。中央文献译介主体的构成具有多元性兼层级性特征，但因译介活动特殊的政治属性，目前鲜有关于高位主体和中位主体的研究，作为低位主体的一线译者则是考察中央文献译介主体的主要切入点，研究路径通常有两种：业界专业译者视角的研究和学界研究者视角的研究。需要指出的是，中央文献的具体译介工作是一项集体作业，通常由多位译者共同完成，因此，无论是采取哪种路径研究，一定程度上都是对中央文献译者群体的研究。

3.1.2　业界专业译者视角的研究

业界专业译者主要指国家翻译机构中的专职译者和国家及其翻译机构的委托译者，是中央文献译介的具体实践者和中央文献译文的直接生产者。这些专业译者基于亲身翻译经验，从参与者角度介绍中央文献译介流程，描述译者认知世界，阐释译者翻译理念。他们的论述是了解中央文献译介主体对翻译所思所想的主要途径，也是感悟中央文献译者翻译思想和翻译精神的重要来源。

3.1.2.1　程镇球及其翻译思想

程镇球是新中国早期中央文献翻译家。他从1956年起开始参加党和国家重要文献翻译实践，参与过包括《毛泽东选集》《周恩来选集》《邓小平文选》以及党代会文件、人代会文件等文献英文版定稿工作。程镇球具有丰富的中央文献翻译经历，并善于总结和提炼对翻译的见解，是最早撰写并发表中央文献翻译论著的业界译者之一。因此，他被认为是"在我国开了政治文献翻译理论研究的先河"（庄绎传 1995：40）。2001年，程镇球被中国译协授予"资深翻译家"称号，他的名字也作为词条收入方梦之主编的《翻译学辞典》。

程镇球对中央文献翻译理论的思考始于20世纪70年代末。其研究基于丰富的译例，归纳、分析和阐释了中央文献中词汇、句法、修辞等语言现象的翻译技巧，折射出他对翻译的认识，即翻译是一门实践性很强的学问，唯有持续操练，方能成就好的译者（程镇球 2002）。程镇球总结的诸多翻译技巧和方法都反映了他对"忠于原文"原则的尊崇。在他看来，翻译不可随心所欲，须忠于原文思想、内容与风格；政治文献翻译是一项严肃的政治任务，准确把握、理解和传递原文的原则性词句和精神实质对于阐释国家政治内涵和维护国家利益至关重要，译者不能完全脱离原文而自由发挥，这种"自由主义"（程镇球 2002：4）要坚决杜绝。他还曾明确表示："翻译标准或翻译原则归纳为从内容到风格都要忠实于原文就够了。"（程镇球 1979：6）由此可见，在程镇球眼中，忠实性原则毋庸置疑是政治文献译者在选择和应用翻译策略时应该遵循的最高原则。

然而，程镇球的忠实性原则并非要求译者亦步亦趋地跟随原作者的脚步而生产出生硬的译文，这在他看来是一种"机械主义"（程镇球 2002：4）。他认为这种束手束脚的机械式翻译并不可取，译者不应囿于原文字面表达，而要充分考虑原文的思想内涵以及双语在语言、文化、社会等方面的差异以灵活对待译文。翻译的灵活性是指"不受原文字面的束缚，为的是更好地传译原文的精神实质"（程镇球 2002：4）。在这个意义上，"忠实于原文"与"灵活处理译文"实际上是一对矛盾体：忠实于原文要求译者紧扣原文，但不等于仅仅实现原文与译文在语言层面的对等，而是要正确理解原文实质内容和内涵思想，以恰当的语言形式再现原文信息；灵活处理译文，不是要完全摆脱原文束缚，片面追求通顺流畅，而是要充分考量原文和译文生成的时空特性、源语和目标语在表达方式与习惯用法、社会规范与文化内涵等方面的差异，从而采取适切措辞忠实地传达原文的精神实质并让译文通俗易懂（程镇球 1981）。

既反对翻译中的"机械主义"，又反对翻译中的"自由主义"，这充分体现了程镇球的翻译辩证思想：翻译"必须从原文的文字着手，不能离开原文字句。这是翻译的唯物论……而翻译必须打破原文字面的约束，从文字通篇精神和上下文着眼，进行一番由此及彼、由表及里的思考，抓住原文的思想实质"（程镇球 2002：4）。简言之，在翻译过程中，译者要透过现象看到本质，并以恰当的现象再现本质。正确对待原文与译文的关系，就是要读透原文语言现象而抓住原文思想本质，再以恰当的译文语言形式表征原文思想本质。

如果说忠实性原则是程镇球翻译思想的核心，那么政治性就是其忠实性原则的根本内涵。程镇球明确指出，在政治文献翻译中，忠实于原文这一点怎么强调都不为过，不准确的翻译有时会产生严重后果（程镇球 2002）。据此，他提出了"政治文章的翻译要讲政治"这一精辟观点，并毕生践行这种理念。程镇球认为，政治文献翻译是要将党和国家的大政方针和行动举措对外宣介、阐释和传播，对国家安全、利益与发展意义重大，因此译者理应一丝不苟地对待翻译，尽最大可能传递原文的政治内涵。具体而言，译者应从四个方面确保译文在政治上对原文的忠实：一是必须紧扣原文，不得任意增删；二是要仔细衡量用词的政治含义与影响；三是要有政策头脑和政治敏锐性；四是要注意掌握分寸，用词轻重要恰如其分（程镇球 2003）。此后，程镇球（2004）又以大量译例补充论述了译者要紧跟形势调整译文，译好原文内关键性词句，正确看待中式英文以做到政治上的忠实。这些观点都进一步丰富了其"政治文章的翻译要讲政治"的翻译观。

程镇球的翻译论著及其参与翻译的中央文献,体现了他通过灵活的目标语语言形式忠实地再现原文政治内涵的翻译思想以及其对这一思想的追求与践行,展现了中央文献翻译家崇高的精神追求。

3.1.2.2 黄友义及其翻译思想

黄友义是当前活跃于中央文献译介实践和研究领域的杰出翻译家。他从20世纪70年代开始投身于对外翻译实践活动,参与完成了党和国家领导人著述以及政府白皮书等中央文献译介工作,积累了丰富的翻译经验,形成了独特的翻译思想,构建了一套"能够回应时代需求的知识体系"(蓝红军 2020b:5)。黄友义的诸多翻译论述呈现了他对"翻译世界"到"翻译中国"转向过程中翻译、出版和传播活动的认识与思考,"反映了作者丰富的实践经验、渊博的知识储备、深厚的专业素养和服务国家翻译事业的拳拳之心"(任东升、周忠良 2023:128),他被誉为"跨越世纪、融会中西的实践者、传播者和思考者"(陶友兰 2023:95)。

结合其耕耘数十年的翻译实践,黄友义系统阐释了其中央文献译介思想。他秉持对外翻译具有国际传播属性的观点,认为翻译作为国际传播中不可或缺的一个环节,要立足中国国际传播的新形势和新特点,充分考虑译文受众的信息需求和思维习惯,对外阐释好中国话语,让译文受众正确解读当代中国。早在2004年,黄友义便提出了外宣翻译"三贴近"原则,即"贴近中国发展的实际,贴近国外受众对中国信息的需求,贴近国外受众的思维习惯"(黄友义 2004:27),强调译者既要深谙中国国情,忠于中国实际,掌握中国语言文化,讲真实的中国故事,也要重视受众的信息需求与表达习惯,了解受众心理思维与审美品位,以受众易于理解和接受的语言生成符合受众需求的译文。自此以后，他在多篇文章中应用和阐释了"三贴近"原则。例如，他基于《习近平谈治国理政》英译体会，结合对该译著的重要性、读者接受情况、翻译工作模式以及具体翻译技巧的讨论，指出译者在翻译实操中要把握好对中文含义的理解，实时增补中国历史文化知识，采用国际通行的表达方式。换而言之，政治意识、语言意识和受众意识是时政类文献译者必须具备的意识（黄友义 2018，2019）。他还以真实案例论证了在中央文献译介实践中把握中西方差异以深刻理解原文、准确传文达意、充分考虑受众、强化传播效果的重要性（黄友义、李晶 2022）。

黄友义也在不同访谈场合从不同角度诠释了"三贴近"原则"既忠于原文又关注受众"的核心观点。例如，从跨文化语境、读者认知心理以及视野融合三个层面阐释《习近平谈治国理政》翻译过程中对受众理解能力与接受效果的重视（尹佳 2016）；强调译者既要对外国受众进行精准分析，也要及时、准确理解中国大政方针，还要有娴熟的外语表达能力，从而做到符合时代需求的精准外宣（谭震、荆江 2019）；提出中国政治话语翻译者既要深刻理解中国的政治话语体系，又要选择适合外国人理解的表达（朱义华 2019）；要求译者努力打造既符合中文意思又能为外国人准确理解且具有国际传播能力的话语体系（高玉霞、黄友义 2021）；建议政治文献译者要了解形势、扩充知识范围、让受众理解译文、重视中外译者合作（秦慈枫、陶李春 2022）等。总之，黄友义的"三贴近"原则就是要以精准翻译中国为目的，以国际通用的表达方式为手段，向译文受众阐释中国主张、中国智慧和中国方案以获取受众理解、认同与接受，翻译就是要"在遣词造句上，尽量使用世界通行的表达方式，力争每一句话都得到世界的正确解读"（黄友义 2022a：236）。据相关学者统计，黄友义最早论述该原则的论文《坚持"外宣三贴近"

原则，处理好外宣翻译中的难点问题》是"当前我国翻译学界最高被引的10篇论文之一"（王少爽 2023：91），对中国话语对外译介实践和研究产生了深刻影响。

此外，黄友义还多次论及了他对政治话语翻译人才培养的见解，认为培养中译外高端翻译人才至关重要。国家翻译机构、国家翻译规划以及应急性国家翻译实践机制在致力于国家建设发展和国家国际形象树立之时，应该强化国家翻译机制和顶层设计，多举措打造一支中外结合、以我为主，多语种、多媒体、多部门、宽领域、各有分工、结构合理的翻译人才队伍（黄友义 2022b）。具体而言，政府、高校和社会组织机构要通力合作，加强政策支持和激励机制以吸引人才，增设翻译博士专业学位以完善人才培养体系，汇聚各方资源，协同培养高端翻译人才，从而建设一支合格的国家翻译队伍，努力完成国际传播任务的"最后一公里"（黄友义、李晶 2022）。

3.1.2.3　其他业界专业译者及其翻译理念

程镇球和黄友义是中央文献译介实践和研究的典型代表，他们在躬身翻译事业的同时不断凝聚实践思考和理论智识而形成了宝贵的翻译思想体系。然而，并非所有探讨过中央文献译介的专业译者都曾系统地阐释了各自的翻译理念，他们当中更多的是根据参与的具体翻译活动来分析具体文本中的语言问题及相应策略。诚如学者所言，"在翻译活动中，策略和方法从来都并非单纯技术层面的选择，而是与译者的主体意识密切相关"（刘云虹、许钧 2020：81）。这些译者对自身翻译实践的讨论亦折射出其翻译观。

贾毓玲是中央文献翻译领域的资深译者，也是《求是》（英文版）定稿专家。她从事中央文献翻译二十余年，积累了大量翻译经验，也对翻译实践活动进行过思考与讨论。她分析了《政府工作报告》中出现中式英语倾向的缘由并提出了应对之策，指出译者不应一味追求保险而照搬原文结构，从而导致译文机械呆板，译者需要具备扎实的语言能力，尤其是英语修养（贾毓玲 2003）。然而，语言功底只是基本要求，中央文献译介因其原文本的特殊政治属性而要求译者在掌握中英语言差异和精通语言表达的同时，更要注重以下三个方面：一要培养政治理论素养，即掌握基本政治常识，关注时事政治，掌握马克思主义基本理论和中国特色社会主义理论基本内容，从而保证中央文献译文的准确性；二要正确理解和把握国家政策，即把握政策的时代特色、内在关系和主要导向，以提高中央文献译文的透彻性；三要扩大知识面，提高中央文献译文的可读性（贾毓玲 2011）。贾毓玲还基于《求是》英文翻译经验多次撰文论述她对中央文献译介的看法。中央文献译文应是准确性与可读性并举，既要在内容上忠实于原文，保留中国特色，又要在形式上使用地道的外语表述，提高译文通透性和受众接受度。译者始终需要运用恰当的翻译策略，在实现准确传达原文精神实质前提下，通过提高译文的适应性、连贯性和可读性来进一步优化译文质量，构建国际社会能听懂、易理解的对外政治话语体系（贾毓玲 2013，2015，2017）。不难发现，贾毓玲结合亲身实践对中央文献译介的论述反映了她对"融通中外"翻译理念的追崇。

此外，还有一批业界专业译者撰文分享了其对中央文献译介的思考，如童孝华（2014）、卿学民（2018，2020）、李运博和卿学民（2021）、熊道宏（2018）、杨望平（2018）、王丽丽（2018）、张琳娜（2018）、季智璇（2018）、修刚等（2018）、刘亮（2020）等。他们结合参与翻译党的十九大报告、《习近平总书记"七一"重要讲话》《论坚持推动构建人类命运共同体》等中央文献的经历，从宏观的翻译工作机制和组织管理或微观的翻译策略等多角度分析了中央文献多语种译介工作，反映了他们对中央文献翻译的思考，也是对程镇球、黄友义等提出的翻译思想的积极回应与肯定。

可见，业界专业译者对中央文献译介的论述是了解中央文献译介工作及译介主体的权威途径，也是研究中央文献译者群体的第一手宝贵材料，它们充分反映了中央文献译者认真、求真的匠人精神（杨雪冬 2016），也展现了其家国天下的使命感和精益求精的工作态度等翻译家精神（方梦之 2021）。关注并研究这一群体及其作品有助于了解中央文献译者的翻译思想，领略中央文献翻译家精神，在学理层面上丰富翻译家研究，凸显翻译家精神的潜在价值。同时，对中央文献翻译家的翻译思想和精神世界的剖析又能激发"广大译者的求真精神与伦理意识"（冯全功 2023：102），引导更多中央文献译者坚定立场、服务国家利益，在实践层面上助力中央文献译介活动。

3.1.3　学界研究者视角的研究

学界研究者视角的研究不同于业界专业译者视角的研究，后者多以亲历者视角描述中央文献译介主体的翻译认知与思想，是一种内省式分析，而前者主要是由高校教师和科研机构人员等学界研究者展开的外察式分析，是从观察者的角度阐释中央文献译介主体及其行为，通常采用史料整理分析研究和文本对比分析研究这两种方式。

史料整理分析研究主要是研究者搜集和整理相关资料，包括译者的译稿、著述、副文本等，然后据此研究中央文献译者的翻译行为和翻译理念。目前，这种研究在中央文献译介主体研究中仍然少见。根据中国知网数据显示，程镇球是被研究最多的中央文献翻译家之一。庄绎传曾师从程镇球，并与程镇球共同完成过多次翻译任务。他认为，程镇球"在漫长的翻译实践的过程中，不断总结经验，使之上升到理论，又用理论来指导翻译实践"，并高度称誉其"在我国开了政治文献翻译理论研究的先河"（庄绎传 1995：40）。庄绎传基于与程镇球学习和共事的经历，结合程镇球的文章，系统介绍了程镇球翻译思想，即始终将译文的政治标准放在首位，并灵活运用唯物辩证法处理翻译问题。王栩是对程镇球研究最多的学者，其硕士学位论文《程镇球政治翻译述评》（王栩 2007a）即以程镇球为研究对象，这也是截止到目前唯一一篇对中央文献翻译家展开研究的学位论文。通过整理和分析程镇球的翻译作品、翻译论述以及他人的评论，结合不同的理论视角，王栩系统评述了程镇球翻译行为、翻译思想、翻译策略等，如从图里（Toury）的翻译规范出发研究程镇球的政治文献翻译标准，提出程镇球的"政治文章的翻译要讲政治"是政治文献译者的起始规范（王栩 2007b）；从文化、语言和文体风格三个视角分析程镇球的忠实原则，指出该原则对当代政治翻译理论与实践具有积极指导意义（王栩 2008）。

文本对比分析研究是研究者普遍采用的方式。比较阅读和剖析中央文献原作与译作有助于洞悉和揭示中央文献译介主体所表现出来的译者主体性、译者立场等。

中央文献译者主体性是中央文献译介低位主体在遵循高位主体和中位主体制定的翻译规范与翻译要求的前提下，为保证和提高译文质量而运用翻译技巧、方法、策略等对指定原文进行适切调整所表现出来的主观能动性。鉴于中央文献高度的政治性、权威性与严肃性，译者不能在译文中加入自己的创作思想、观点以及看法，要尽量在内容信息传达过程中做到"隐身"和"去声"，因此，其主体性发挥空间较受局限。然而，这并不意味着译者主体性发挥是零值；相反，译者正是要在绝对忠于原文思想内涵的同时，充分发挥主观能动性，在解读原文和译文表达方面努力做到译文可读性最大化，从而帮助读者更好地了解、认可和接受中国。尹佳（2017）在分析《习近平谈治国理政》英文翻译过程时指出，译者在理解原文意义、选择译文形式和重构原文意义方面具有发挥主体性的空间，具体体现在译者对原文意识形态的解读与辨别、对原文意义的商榷和选择、运用恰当策略建构译文话语等方面。因此，在翻译过程中需要发挥认知层面的能动意识，最大程度实现原文意识形态与文化负载信息的"可理解性输入"。屈扬铭（2022）立足中国特色政治概念翻译的历史演变探讨中国特色政治话语翻译活动中译者主体作用的发挥。在中国特色政治概念翻译的历史演变过程中，原文话语、译文话语、元话语之间存在着横向、纵向、历时互动，形成一个三维—双层话语互动网络，身处此网络核心的译者在促成原文话语与译文话语的横向互动、译文话语间的历时互动过程中发挥着重要的能动作用。张立庆（2022）从中央文献译者的认识立场意义、人际立场意义及与其他翻译活动要素之间的社会互动关系等维度考察译者能动作用及其动因。他在研究《习近平谈治国理政》（第三卷）英文翻译过程时指出，译者对词汇、句子和段落等语法单位进行了补充或删减处理，这是译者在文本层面的认识立场意义维度和人际立场意义维度发挥的能动性；而在社会层面的译者社会互动维度上，译者又与原文、原作者、译文、译文读者形成四组互动关系，在每组互动关系中都有其受动性和能动性，译者能动性的发挥正是以受动性为基础。

翻译立场是译者对所从事的翻译行为、意义、目标、形式和手段所秉持的态度，是译者在翻译中的自我定位（Berman 1995）。这种自我定位的性质就决定了译者立场具有双重属性：一方面，译者难以保持中立立场，译者立场不可避免地会受到与译者相关因素的影响，如译者所处社会的历史传统、文化思想、价值观念、意识形态、翻译规范和翻译要求以及译者对翻译任务的目的、意义、作用的认知；另一方面，译者立场具有反作用，也会影响译者从事的翻译活动，突出表现在译者翻译态度、翻译策略选择、翻译效果预判等方面。王丽丽（2018：18）指出，中央文献译者应"持有立场"，需要"替中国共产党和中国政府立言发声，传递的是党和国家的大政方针和治国理念，译者不是中立者，不是旁观者，而是传播者、阐释者、劝说者"，故而译者要以"传播者、阐释者、劝说者"的立场既忠实传递原文信息，又采取灵活策略增加译文的说服力，向译文受众阐释好中国特色和中国方案。梁娜（2019）对2018年《政府工作报告》（英文版）中具有指示性特征的人称代词与情态动词的增译现象进行量化统计和定性分析后指出，译者立场从来不是主观、预设、单方和固定的，而是译者在与作者、目标语受众互动实践中共建而成的；中央文献译者立场是由作者、译者、译文受众协商，围绕"以我为主"、以回应国际关切和获得国际社会接受与认同为目的而实现"动态式构建与互动式发展"。陈双双（2019b）认为中央文献译者立场具有动态性、互动性和构建性三个特点，它确立于译者与译文、原文、译文受众、原作者的互动过程中，并随着译者对原作者、受众及其所处环境的社会因素认识的变化而发生动态改变。因此，中央文献译者并非处于静态环境中，而是"需要考虑到原作者和受众，然后寻找平衡，构建出自己的立场"（陈双双2019b：89）。杜帅（2022）对译者立场的特征持相似观点，认为基于译者立场的建构性、动态性和互动性三个特征，中央文献译者能够通过情态意义传递、语气信息弱化等途径彰显译者立场。通过对2021年《政府工作报告》（英文版）语气弱化的立场性省译、立场性换译、立场性增译和立场性反说正译等现象进行统计、梳理与分析，该研究发现译者通常采用三种策略来构建自身立场并塑造党和政府的形象，即"以我为主"，传递真实信息；并蓄兼收，避免语义增殖；面向受众，迎合目标语受众习惯。张夕（2023）认为，中央文献译者立场表现在译者的行为、译者的责任和译者的价值三个方面。从译者行为来看，译者立场表现为宏观层面上译者在不同时期选择译入或译出不同类型的文献著作，中观层面上译者选择不同翻译策略，以及微观层面上译者具体应用翻译策略总结与升华实践经验；从译者责任来看，译者立场体现在译者忠实再现原文的责任和译文符合目标语社会文化规范并满足目标语受众需求的责任；从译者价值来看，译者立场体现在译者行为是一种国家翻译实践行为，赋予中央文献译文以社会文化价值，重塑社会价值体系，这对建构中国对外话语体系至关重要。

需要指出的是，上述译介主体研究主要以中方译者为对象，对国外译者/国外机构如何译介中央文献，中外译者在中央文献译介中是否存在差异，以及存在何种差异等问题进行讨论的研究较少。朱蕾是少数的先行者，其博士论文（朱蕾 2018）很好地佐证了这类研究的重要性与必要性。该研究以我国官方机构先后两次组织翻译的《毛泽东选集》英译本（作者称之为"伦敦版"和"外文社版"）以及美方学术机构组织翻译的《毛泽东选集》英译本（作者称之为"哈佛版"）为研究对象，从翻译过程和翻译产品两大视角对中方机构和美方机构展开对比分析，以考察两机构的翻译差异及其影响因素。该研究在整理和分析两机构《毛泽东选集》英译版的外副文本和内副文本时发现，中方机构的翻译行为政治性较强，美方机构的翻译行为学术性较强，这种差异背后的主要缘由是意识形态的差异。该研究进一步从翻译产品的话语维度、概念维度、人际维度和语篇维度对三个译本进行对比研究后发现，三个译本仅在语言表征方面存在差异，哈佛版并未出现因中美意识形态不同而对原文进行改写的情况，意识形态差异仅对翻译过程和译文篇目及版本等宏观面貌产生较大影响，对具体译文生成几乎没有影响。该研究认为，对中方和美方翻译的中央文献进行对比研究为中央文献更有效地对外译介提供了宝贵的借鉴意见，即中央文献翻译要跳出语言层面的简单解码与编码，更多地关注语言之外的因素；同时，中央文献翻译既需要"专家型译者"，也需要优秀的英语母语译者以保证译文的准确性和可接受性。令人遗憾的是，除此之外，关于中央文献国外译介主体的相关研究成果几乎没有。

3.2 译介内容研究

中央文献一方面具有政治文本的严肃性与庄重性，语言精确而凝练，大量使用术语、缩略语、四字格、数字词等，另一方面因根植于中国土壤而文化内涵深厚，存在丰富的典故、熟语、俚语、谚语等。此外，中央文献还运用比喻、拟人、夸张等修辞技巧，以生动形象的表达形式更好地帮助读者认识中国，理解中国，进而认同中国。正确译介这些语言现象对阐释党和国家领导人治国理政思想和传播中国文化具有重要意义，值得关注。本节重点考察中央文献的术语翻译、用典翻译和隐喻翻译研究，借以管窥中央文献译介内容研究特征。

3.2.1 术语翻译

术语是"用于准确命名专业概念的专门语言的专业词汇称名单位（词或词组）"（格里尼奥夫 2011：31-32）。中央文献中的术语是表征党和国家领导人治国理政思想理念的语言符号，这些术语的对外译介是传播中国声音和中国特色话语的重要途径，是世界人民了解中国的重要窗口。近年来，随着中国深入推进文化"走出去"战略、"一带一路"倡议和"构建国际话语体系"等，中央文献中的术语翻译"对于国家形象的塑造和核心价值观的传播具有重要意义，关系到国家软实力的提升和国际舆论环境的营造"（刘宏伟 2017：2），是中国特色对外话语体系研究的重要议题之一。

中国知网数据显示，毛东辉发表于2004年的《从政治时事术语的翻译看"中国英语"》或属最早讨论中央文献术语翻译的研究，此后每年相关研究成果数量呈螺旋式上升趋势。由此可见，中央文献术语翻译研究起步虽晚但日渐引起重视。在众多研究者中，胡开宝和魏向清最为关注该领域。胡开宝及其团队多次围绕某一政治术语英译在国外传播与接受情况展开了实证调查与分析，魏向清及其团队则从不同学理角度讨论了政治术语翻译理论与实践问题。两位研究者及其团队的相关论文下载量和引用量都位居前列，对中央文献术语翻译研究起到了重要推动作用。

从研究语料来看，有关中央文献术语翻译的研究目前主要聚焦于《习近平谈治国理政》、党的十九大报告、历年《政府工作报告》等文献。《习近平谈治国理政》（一至四卷）收录了多篇习近平总书记的重要著述，多维度呈现了习近平总书记关于治国理政的重要思想及工作部署。该系列著作使用了大量术语，是研究中央文献术语翻译的重要语料。党的十九大报告是"中国政治体系中的'制度性表达'"（修刚等 2018：2），传递习近平新时代中国特色社会主义思想、党和政府的大政方针及措施方案等，其术语翻译是帮助国际社会了解现阶段中国政治纲领的重要途径，亦备受关注。历年《政府工作报告》都是对中国政治、经济、社会、文化、教育、民生等领域上一年的工作回顾和下一年的工作计划，其中的术语蕴含中国国情与政策，便于读者了解中国的最新发展，故也是术语翻译研究的重要文本。此外，多数研究并未聚焦某一具体文献中的术语翻译现象，而是从多个文献中选取术语进行分析。

具体来看，中央文献术语翻译研究的内容较为丰富，涉及的研究主题包括翻译规范、翻译原则、翻译策略、翻译效果等。

（1）翻译规范研究。术语指称概念，浓缩呈现专门领域的专业知识，是"规范性的"，是"可以标准化的"（冯志伟 2011：31）。中央文献术语翻译的规范化既有利于党和国家领导人治国理政思想的理解和传播，也有助于推动中外民族间的政治文化交流。关于中央文献术语翻译规范的研究大致可分两类：一是基于技术实践的讨论，主要从建设中国特色话语对外翻译标准化术语库的实践出发，分析和总结术语规范化和系统化（黄鑫宇、董晓娜 2019；魏向清、杨平 2019）；一是基于案例分析的讨论，通过分析具体译例进而阐释中央文献术语翻译的标准化和规范化，如牛军（2020）基于政治术语形态特征分析提出的外译基本规范：形意并重、以形译形；系统外译、形态统一；立足长效、重在阐释。这些研究从不同角度进行了思辨性论述，有利于中央文献术语翻译标准化和规范化工作的推进。然而，这类研究成果目前仍为数不多，尚不成体系。

（2）翻译原则研究。翻译原则或标准是翻译活动的主要纲领，其确立有助于译者做出恰当抉择，选择正确的翻译策略。陈明明（2019：5）指出，翻译中国政治术语要"使外国人准确了解我们的大政方针，不产生误解。这是方向"。要坚持这个方向，需要遵循一定的翻译原则或标准。不少研究对此展开了分析，或是阐释现有翻译原则在中央文献术语翻译中的应用，包括黄友义的"三贴近原则"（陈芳蓉 2008）、功能主义翻译理论的三原则（龙璐 2017）等，或是提出新的翻译原则，如杨明星（2014）的"政治等效"论原则、李志丹（2018）的"和合"思想指导原则、陈明明（2019）的五个原则等。无论是现有翻译原则的应用还是翻译原则的全新构建，"忠实性"和"政治性"都是最受推崇的原则。忠实性原则是中央文献术语翻译的首要原则之一，中央文献术语翻译是"中国传统文化、马列主义及中国革命与建设经验的综合性表述，是中国语境的特有产物"（谭莲香、辛红娟 2018：76），正确传递中央文献术语的意义与内涵对于世界人民了解、理解和接受中国发挥着重要作用。这就要求译者在处理这些术语时，要吃透原文意思，"必须把中文含义都明确译出，不能为了英文表达而牺牲中文的准确性"（陈明明 2019：5）。虽然不同的学者采用了不同的表述，如"求真""准确性""忠实性""信"等，但最终指向的原则都是以原文为中心，准确传达术语的思想内涵。此外，忠于原文不仅是要"准确性第一位"（陈明明 2019：5），还要重视术语的政治属性。政治术语"代表着一个国家的政治导向、意识形态体系、价值观和思维方式"（万石建 2019：17），"具有很强的政治严肃性、思想导向性、行政权威性和舆论工具性"（黄蔷 2017：120），译者应具备极高的政治觉悟，树立正确的政治立场，不仅要准确传递术语的语义，更要理解其隐含的政治信息和思想，谨慎权衡和选择对应译法。可见，政治性原则与忠实性原则在中央文献术语翻译中居首要地位，两者共同指导译者的翻译活动。然而，这两个原则之间的逻辑关系究竟如何？当它们发生冲突时，应优先考虑哪个原则？对此，当前研究并没有进行充分阐释。此外，"正如术语本身的特点或属性是多元复杂的，其翻译标准也应该是综合考量的结果"（魏向清、赵连振 2012：230）。除了忠实性和政治性，中央文献术语翻译还应考虑语言、读者、情境等，然而这些因素尚未引起足够重视。

（3）翻译策略研究。翻译规范与原则是翻译活动的指导框架，翻译策略则是使翻译活动产出符合规范和原则的成果的具体手段，"系统掌握术语翻译方法，加之译者有意识的实践，可提高术语翻译水平和效率，提升翻译质量"（信娜 2021：18-19）。事实上，翻译策略研究是中央文献术语翻译研究最受关注的话题。相关研究主要从微观层面着手展开，研究方式包括：1）分类例析，即将术语进行分类，进而探讨各类术语的相应译法，如赵琦（2012）、王雪和蔡丽华（2013）等将政治术语分为缩写词、解释性词、新名词和四字组合词，并提出具体译法；修刚等（2018）探讨了党的十九大报告中的特色词汇、数字缩略语和四字成语的译法；李国梁、方慧（2019）专门分析了数字术语的基本译法；司炳月、胡奕桐（2023）讨论了2018年至2021年期间《政府工作报告》中不同类型术语英译版和日译版的翻译策略及其异同。2）个案例析，如聚焦某个术语以分析其翻译策略。这类分析多采用术语考据法，通过对术语进行历史溯源，了解其本身内涵以"正源明译"（段英帅、段逸山 2020：445），如刘润泽、魏向清（2015）、黄卫峰（2020）等考据"中国梦"的英译；卿学民（2018）考察"人民当家作主"的日文翻译；吕艳艳、张南薰（2022）对"温饱"和"小康"进行历时分析以探究其日译策略。3）综合例析，是当前最常见的研究方式，即分析和总结政治术语的通用译法，包括直译、意译、直译加注释、减译、音译、转译、创译等。整体而言，当前研究仍以分析微观语言层面的具体译法居多，较少涉及语言外宏观层面的内容，如译法的应用条件、语境等。正如信娜（2021：19）所指出，"不同学者从不同角度，针对不同术语，借助不同理论，提出自己的术语译法，操作性强，虽看似全面，但内在却无逻辑联系"。中央文献术语翻译策略的重复性研究成果较多，创新性研究尚比较缺乏。

（4）翻译效果研究。研究中央文献术语翻译的效果及受众接受度对正确阐释和传播政治概念具有积极意义。目前，此类研究主要从如下方面展开：1）针对母语为译入语的普通受众对术语的理解和接受情况展开研究，如窦卫霖（2016c）、吴若萌（2019）等选取一定数量的政治术语及其不同译法，对以译入语为母语的人士（留学生、外教等）进行了问卷调查。2）针对外国媒体平台上术语使用和接受情况展开研究。例如，胡开宝分别与陈超婧（2018）、张晨夏（2019）、韩洋（2020）、王晓莉（2023）合作，利用语料库研究"一带一路""中国梦""中国特色社会主义""改革开放"的译文在外国主流媒体上的应用与接受情况；李澜（2023）考察了"中国关键词"英文翻译在国际媒体的使用倾向情况。3）对比分析中外媒体平台上术语使用情况。例如，刘和平等（2017）选取中央文献重要术语，通过建立语料库统计和分析其相应的英、法、日译文在中、英、法、日国家主要媒体的使用情况；周杨美汕、高文成（2018）对四家中国权威媒体和四家外国权威媒体的"三去一降一补"英译文进行统计和分析；陈娜、刘楠（2023）自建"一带一路"术语语料库分析该术语翻译在中西方媒体上的传播情况。这些研究探讨有益于中国"在国际舆论中抢占中国关键词的定义权、阐释权和翻译标准"（窦卫霖 2016c：128），帮助译文受众正确解读中国主张、中国智慧和中国方案。然而，目前对于中央文献术语翻译的受众研究仍是少数，定量研究规模较小，中央文献术语翻译的传播与接受研究的广度和深度均有待加强。

3.2.2 用典翻译

用典，又名"暗用"或"用事"，是一种借用典故来表情达意的修辞手法，能使词意丰富，耐人寻味（王德春 1987）。典故是"诗文中引用的古代故事和有来历出处的词语"（胡裕树 1995：171），它根植于传统文化，承载了古代神话、历史故事、轶闻趣事等信息，形简而意深。中央文献中的典故"具有来源丰富、语用灵活、政治色彩浓厚等特征"（付佳楠 2022a：74），形式上简洁凝练而不失生动形象，内容上言简意赅却富含历史文化底蕴且政治寓意深远。中央文献惯用用典技巧，意在采用以古喻今的叙事方式，引发读者联想，帮助读者更好地理解与接受文中的政治观点与思想。

典故蕴含的历史性与文化性于用典翻译具有双重意义：一方面，对外译介这些典故意义重大，有助于传播中国文化、增进各民族了解、促进世界对中国的政治认同和文化认同；另一方面，因为跨语言、跨文化交际中某些历史文化知识的非共通性，译文受众不能如原文受众一样敏感地捕捉并体悟到典故的暗含意义，如何向缺乏源语文化背景知识的译文受众翻译用典修辞手法成为中央文献翻译研究的又一重要课题。中国知网数据显示，近十年来中央文献用典翻译研究成果数量呈直线上升，且学位论文研究数量占总量三分之一，可见中央文献用典翻译已引起学界广泛而深入的探讨。

从研究语料看，当前中央文献用典翻译研究主要关注习近平和毛泽东两位领导人的相关著作。其中，2017年之前的研究几乎全部聚焦于经典文献《毛泽东选集》中的用典现象，2017年之后的研究视野转向了更具时代特征的习近平著作中的典故援引。不难发现，引经据典是两位领导人的语言风格，他们推崇用典并在著述中大量使用。毛泽东在其诗词作品、各类报告、讲话等著述中运用了大量的典故，"引典入文、入诗，也是毛泽东语言最突出的艺术特色"（李琦 1994：11）。习近平总书记指出，"要把跨越时空、超越国度、富有永恒魅力、具有当代价值的文化精神弘扬起来"。[1]善用典故、旁征博引论述治国理政和立德修身之理是"习式语言"的突出特点。因此，研究中央文献用典翻译往往首选两位领导人的著述。虽有研究分析《政府工作报告》中的用典翻译，但也只是凤毛麟角。可见，当前中央文献用典翻译的研究语料较为单一。事实上，其他中央文献中也存在丰富的用典现象，如习近平总书记早期著作《摆脱贫困》《之江新语》等、中共党史相关著作如《中国共产党简史》《中国共产党的一百年》、政府白皮书等，这些也可成为用典翻译研究丰富的语料来源。

具体而言，当前中央文献用典翻译研究多立足文本层面剖析典故在两种语言之间微观层面的转换问题，主要涉及翻译原则、翻译策略及其效果等的讨论。

（1）翻译原则研究。翻译原则对用典翻译实践具有重要指导作用。曹万忠、白建普（2019）认为译者在英译用典时需遵循"适应—选择"原则，从语言、文化、交际三个维度进行恰当调适；范旭、郭璐璐（2020）论述了翻译目的论中目的原则、忠实原则和连贯原则在用典翻译中的指导逻辑，认为译者在翻译时首要考虑目的原则，需根据翻译目的在忠实性和连贯性中间求得平衡；梁佳宁（2023）立足格赖斯（Grice）的合作原则，结合2018—2022年《政府工作报告》中的用典翻译实例，指出用典翻译需遵循合作原则中的关系准则。围绕中央文献用典翻译原则展开的研究仍为少数，且当前研究多是借用现有理论（如翻译目的论、生态翻译学等）中的相关原则讨论其对用典翻译的指导意义，尚缺乏创新性的学理探讨与建树。

---

1 参见人民网：http://politics.people.com.cn/n/2014/0101/c1001-23994334.html。

（2）翻译策略研究。绝大多数中央文献用典翻译研究都是围绕翻译策略展开，主要有四种分析路径：1）对比同一原文本中的典故在不同译本中的处理方法并讨论译者运用的翻译策略及其异同，如于江霞（2006）、朱雯瑛（2021）等；2）依据某种标准将典故分为若干类别并讨论各类别的翻译策略，如郭璐璐和范旭（2021）、王英（2022）、张丽娟和吕骏汶（2022）等；3）聚焦于某一种翻译策略的分析，如全译法策略（胡光玥 2017）、再语境化策略（李晶 2017；陈大亮、陈婉玉 2019；李梦 2021；史丽雅 2022；宋本超 2023）、修辞性翻译策略（张劼、朱玉雯 2020）等；4）对多种翻译策略的综合性分析。传统的直译法、意译法、加注法是被分析总结最多的翻译方法，但也不乏创新性翻译策略的提出，如"异而化之、融而通之"的翻译理念和"因势而变、因时而新"的翻译策略（祝朝伟 2020）以及巧用"中色"阐明中国、解惑"释译"申明中国、融通"中外"说明中国的"三位一体"式外宣翻译策略（顾世民、肖成笑 2023）。这些研究虽从不同角度讨论用典翻译策略，但都不约而同关注典故蕴含的文化因素，强调翻译策略的运用既要尽可能保留典故中的文化特质，推动中国文化的世界传播，也要融会贯通，考虑译文可读性，促进中国文化的国际接受，其主要缘由就在于用典翻译需致力于"在民族文化自我认同和世界文化全球化并存的今天，克服文化冲突，实现中国经典文化走向世界话语舞台的中心"（佟晓梅 2021：73）。此外，重视语境因素也是用典翻译研究的特色。典故根植、生长和发展于古代中国，但又活用于当代中国语境和世界大环境之中，因此对其翻译不能脱离原典、原文和译文的文本内外语境，译者需要从政治、历史、哲学、文化等多个语境维度进行思考。

（3）翻译效果研究。翻译效果是翻译实践的目标，效果研究是翻译研究中必不可少的环节。曾玉婷（2021）认为翻译策略的使用会影响典故中文化特色与信息内容的传递，她基于自建中日平行语料库，结合数据分析和案例分析，讨论了汉文训读译文译法和现代日语译文译法各自在处理文化特色和信息传达方面的效果。冯小宸、朱义华（2022）提出有效传译典故的文学性维度有助于再现中国历史厚度与中华文化特色，提升中央文献译文的生动性与可读性。该研究借助上海外国语大学《习近平谈治国理政》多语数据库综合平台典故库讨论了历史智慧型用典翻译、自然哲理型用典翻译、劝谕建议型用典翻译以及政治治理型用典翻译的文学性效果实现情况。目前，讨论中央文献用典翻译效果的研究并不多见，而已有研究主要基于文本层面语言表达效果进行主观判断性分析。然而，"对外翻译效果是一个复杂而多维的综合体系，需要参照不同评价目标从多个侧面进行探究"（吴赟、潘柳叶 2023：51），仅仅关注用典翻译文本对等效果而不对译文受众的理解与接受展开调研，不足以全面描述其对外译介效果。从用典翻译的传播性、接受性、影响性等层面剖析用典翻译效果亦不可少。

综上可知，目前中央文献用典翻译主要是以文本分析为立足点、以翻译产品为导向的静态研究，显然还存在更多值得探索的空间。付佳楠（2022a）最先跳出传统的用典翻译研究模式，指出政治文献用典翻译存在的问题主要包括："多集中于典故的翻译策略分析、典故本身的政治概念解读等方面，较少关注具体翻译案例背后的译者的主体性、主体间性及译者的翻译过程"（付佳楠 2022a：74）；"尚未有学者对典故词语的读者接受效果进行全面考察"（付佳楠 2022b：Ⅲ）。因此，她以用典翻译策略为切入点，考察了译者主体性及主体间性的表现形式，据此进一步剖析了制约译者发挥主观能动性的因素。此外，她还自建典故词语数据库并开展实证调查，综合分析了译文受众对典故译文的接受度，"全方位、多视角考察了中央文献的用典翻译情况"（付佳楠 2022b：139），在研究主题、研究视角、研究方法等方面为未来中央文献用典翻译研究提供了启示。

3.2.3　隐喻翻译

从传统修辞学来看，隐喻是一种比喻修辞格，是用一种事物来比作另一种与之相似事物的语言技巧。从认知语言学来看，隐喻是一种思维方式和认知方式，它以人类共同体验为基础，以跨域映射为工作机制，是"从始源域向目标域系统性映射的过程"（孙福庆 2018：53）。莱考夫和约翰逊认为，隐喻"在构建社会现实和政治现实中起着重要作用"（Lakoff & Johnson 1980：159）。中央文献中的隐喻以生动具体的语言，形象地呈现、描述和阐释抽象的政治观点、政治理念、政治思想，既表达使用者的态度、情感、价值观，又诱发接受者联想与想象，激发接受者的感受和感情，进而促进交际双方对政治概念的认识，也增进接受者对政治信息的理解与认可。因此，中央文献隐喻翻译对于传递中国治国理政智慧并引起译文受众的共鸣与认同至关重要。

根据中国知网数据显示，中央文献隐喻翻译研究大约始于2010年，2010年至2018年之间研究成果产出较少，2018年以后研究数量倍增，呈逐年增长趋势。这些研究主要关注习近平总书记在各个场合的演讲文稿和《政府工作报告》中的隐喻使用。善用比拟是习近平总书记又一鲜明的语言风格。他常以受众耳熟能详的日常事物表述抽象政治概念，这种生动活泼的隐喻表达也给翻译带来了挑战，引起了学界重视。每年的《政府工作报告》回顾上一年综合国情并规划未来一年发展，主题深刻且政治性强，报告常使用隐喻帮助受众更好理解报告内容，激发受众情感共鸣，因而成为隐喻翻译研究的主要语料来源。

从研究内容看，该领域研究紧随当前学界隐喻研究，热衷于从认知语言学，尤其是概念隐喻理论视角，来探讨隐喻翻译问题。莱考夫和约翰逊的《我们赖以生存的隐喻》（*Metaphors We Live By*，1980）"开创了从认知的角度来解释隐喻的新时代"（孙毅、李玲2019：7），因而认知语言学成为隐喻翻译研究的主要路径。认知语言学认为，隐喻既是一种认知方式，也是一种概念现象，而人的概念系统和思维过程则通过隐喻进行表达和传递。具体而言，从概念隐喻理论来看，隐喻是源域向目标域的一种映射，即用源域中具体、普通的事物来认识和理解目标域中抽象、复杂的事物；"隐喻是基于我们经验的对应"（Lakoff 1993：245）来帮助人们以熟悉的事物解释陌生的事物。中央文献中的隐喻翻译不只是译文文本和源语文本在语言层面上的对等，还涉及人类思维模式、认知心理等因素的转换；不仅要考虑语言因素，隐喻背后的文化思维、意识形态、政治内涵等更需关注。译者应采取何种策略协调和翻译这些隐喻引起了研究者的兴趣。多数研究立足概念隐喻理论，根据常见的源域将隐喻划分为不同类型（如旅行隐喻、工程隐喻、建筑隐喻、疾病隐喻、战争隐喻等），并据此分析相应的翻译策略，包括保留隐喻、调整隐喻、解释隐喻、替换隐喻、删除隐喻、添加隐喻等（王季芸2018；梁娜、陈大亮2020；张鸽2021；冯新仪2022；邱槿2023）。也有研究根据地域对隐喻进行分类，然后讨论相应的翻译策略，如杨明星、赵玉倩（2020）将隐喻分为共享隐喻和非共享隐喻，认为翻译共享隐喻时可采用意象保留译法，翻译非共享隐喻时则可采用意象转换、意向舍弃和意象增补三种译法。任东升、季秀妹（2021）将隐喻分为中西共享隐喻和中西非共享隐喻两大类。对于前者，译者可以采取保留隐喻和转换隐喻的翻译策略，对于后者，译者应保留隐喻，并在必要时添加解释性文字。还有研究讨论了传统策略在概念隐喻翻译中的应用，如直译、意译、混译、替译、增译、省译、借译、迁移、转译等（田苗 2016；卫明高等 2018；袁卓喜、唐舒航 2019；刘雅丽、郑景婷 2020；赵晶、何中清 2021）。无论是普遍适用的隐喻翻译策略，还是针对某一类型隐喻的翻译策略，译者的选择依据主要是看概念域映射匹配度，即隐喻在源语文化和目标语文化中是否存在相应的概念域，是否能够实现相似的认知映射。译者从而采用相应翻译策略来保留、解释、转换、舍弃喻体，努力帮助译文受众正确理解隐喻表达形式蕴含的丰富政治内涵意义。也有少数学者从关联理论（黄婷惠 2014；金保青 2022）、顺应论（胡仁青 2019）、接受理论（修茸岑 2023）等视角分析不同中央文献中隐喻的翻译策略。综合来看，中央文献隐喻翻译策略研究跳出了传统修辞研究模式，不再囿于语言层面的对等，而将认知、文化、政治、语境、语用等因素纳入考量范围，有助于阐释中国治国理政方案、传播中国文化以及提升中国国际话语权。

翻译策略虽是中央文献隐喻翻译研究的焦点主题，但仍有学者对隐喻翻译原则进行了研究。李霞（2019）在对2019年《政府工作报告》中的新奇隐喻翻译展开讨论后，提出制度化翻译应遵循自利和政治优先原则，认为译文需要在忠实伦理基础上，坚持政治上维护国家利益，文化上利于对外塑造国家形象。辛红娟、严文钏（2022）基于《抗击新冠肺炎疫情的中国行动》白皮书中的隐喻翻译分析表明，力求最大语境效果、关照共同语境假设以及聚焦最佳交际目的是进行隐喻翻译的重要考量准则。韩英（2022）指出为在译文中重建"关联"，让译文受众付出较少的认知努力而获得最佳理解效果，政治文献中特色隐喻翻译应遵循四个原则：译文需符合目标语认知语境以实现文化关联；译文应以最佳关联为标准传达源语信息；译文应按照"明示—推理"原则彰显中国元素；译文应以传达交际意图为目标传递原作者的情感态度。项成东、韩思华（2023）立足中央文献中的文化隐喻，分析了文化隐喻翻译在理解层和表达层视域融合的主要路径，进而提出中央文献译者在处理文化隐喻时应遵循的立场性、求同性、可及性和宣传性四个视域融合原则。此外，也有少数研究借鉴已有理论原则分析中央文献隐喻翻译现象，如杨明星、赵玉倩（2020），任东升、季秀妹（2021）等从"政治等效"论出发分析外交隐喻跨域翻译现象；宫宇航（2020）讨论了主体自洽原则如何帮助中央文献译者对原文隐喻进行合理解读并构建译文。

鉴于中央文献翻译的实践属性，隐喻翻译研究仍以翻译原则和翻译策略分析为主，成果产出颇丰，具有切实指导意义。然而，目前对隐喻翻译策略的应用效果、译文的可读性、译文的可接受性等方面进行的研究还比较少，中央文献隐喻翻译的效果研究亟待加强。

3.3　译介过程研究

中央文献译介过程研究聚焦翻译工作组织模式、翻译原则和策略方法。根据相关译者的翻译经历和学者的研究总结，本节从宏观层面展现中央文献翻译工作全景模式，在中观层面对翻译过程中的决策依据进行学理性总结，并从微观层面分析各种翻译策略和技巧的具体操作。

3.3.1　译介的宏观过程

中央文献译介采取制度化翻译模式，在专业机构的带领下，以科学的翻译项目管理流程、规范化的译者行为要求和逐步完善的质量评估体系保证翻译效率和译文质量。

3.3.1.1　翻译工作组织模式

新中国成立后，为满足国家对翻译的政治需求，我国加强和完善了翻译的政府组织管理。有学者借用斯科特（Scott）的"制度"三要素，即规制性要素、规范性要素和文化认知性要素来观照我国制度化的翻译模式，指出我国集体翻译模式具有以下特征：机构专业化、流程科学化和行为规范化（詹成、张晗 2023）。

（1）机构专业化。新中国成立后，我国完成的第一项国家层面重大翻译任务是毛泽东著作的对外译介。1961年，毛泽东著作翻译室成立，统一制订方针政策和工作计划，开启了我国政府有组织大规模翻译活动（潘卫民、董维山 2015）。众多语料记录了这段历史时期珍贵的集体翻译经验。1953年，有关《毛泽东选集》的《翻译方针总结》手稿中记载："集体工作也提高了大家的政治认识和写作能力，这些因素加起来就无形中在一定程度上防止了自由主义和机械主义——主要是自由主义——的泛滥，保证了译文质量的提高"（潘卫民、董维山 2015：64）。组织性和纪律性对保证译文质量和防止自由主义起到了重要作用。这一翻译工作为我国制度化翻译模式奠定了基础。目前，我国拥有三个国家级专门翻译机构，即中共中央编译局（现中央党史和文献研究院第六研究部）、中国外文出版发行事业局和中国民族语文翻译局。2014年7月29日，中国翻译研究院正式成立，兼具翻译实践和理论研究的功能（任东升、高玉霞 2015a）。我国外交翻译工作最初由外交部办公厅秘书处下设的编译科完成，外交部于1955年设立了专业的翻译部门，于1964年设立了翻译处，标志着我国外交翻译形成专业独立的职能部门（詹成、张晗 2023）。我国国防白皮书翻译则在军事科学院的统一组织下，由军事科学专家带领译者完成（季压西、许宏 2016）。这些机构满足了国家对翻译的政治需求，为规范翻译流程、培养专业译者、保证译文质量提供了组织保障。

（2）流程科学化。自《毛泽东选集》英文翻译工作起，我国就采用中外译者合作模式进行中央文献对外译介。在党中央直接领导下，从全国调集优秀外语人才组建翻译团队，分为翻译和定稿两个组。先由中国译者经初译、改稿、核稿和小组讨论确定初稿，再由外国专家修改润色，最后中外译者共同解决翻译中的问题，集体讨论定稿。翻译团队中的每个译者具有不同的优势，如熟悉稿件情况、政治水平高、文字功底深厚等，这种分工合作可以在翻译中人尽其才（潘卫民、董维山 2015）。目前，中央文献翻译多采用"中国专家翻译、外国专家润色、中国专家定稿"的中外合作模式：先由中国专家翻译，保证准确理解原文，传递原文政治内涵，但从母语译入外语会遇到语言方面的问题，外国专家的润色可以使译文更加符合目标语表达习惯，使译文通顺自然，最后再由中国专家定稿，确保最终译文忠实性（李晶、任俊桦 2022）。

中国外文局外文出版社资深英文审校大卫·弗格森（David Ferguson）在分享他从事党政文献外译的审校经验时提到：

> 我们有一个具体的流程，即汉语原文首先由外文出版社的优秀译者翻译成英语，然后由我来审校这些译文。……我修改完的稿子被送到定稿人手中，由他们继续审校，他们要确保我修改后的译文不会改变汉语原文的意思。如果定稿人觉得我的某些修改有问题，我们会继续讨论，继续修改。

（许勉君、大卫·弗格森 2023：2）

此流程保证由外国专家修改后的译文不会偏离原文，很好地平衡了准确性和可接受性。

中央文献著作的撰写者也多参与到翻译过程中。毛泽东同志就亲自参与了《毛泽东选集》翻译的选稿、审稿和注释编写等工作（孙宁 2021）。在政府白皮书的翻译过程中，译者也可以随时联系到编写者，向他们就原文理解问题进行咨询，沟通原文中出现的事实、逻辑等问题，白皮书的编写者也会参考译者的建议对原文修改，提升译文的外宣效果（季压西、许宏 2016）。杨雪冬等（2018）亲自参与党的十九大文件对外翻译工作的译者回顾了翻译组与文件起草组的紧密合作：翻译组会将原文理解中的问题提交给文件起草组，起草组耐心解答，帮助译者领会文件内涵，以形成准确的翻译方案。参与党的二十大报告翻译的译者韩清月（2023）提到，文件中有一个概念为"大食物观"，译者因对概念理解有限，向中文答疑组寻求背景信息，当得到答疑组详细回复后，译者加深了对此概念的认知，给出了理想的译文an all-encompassing approach to food。译者团队和答疑组的默契配合充分展现了翻译流程的科学性。

（3）行为规范化。翻译走向制度化后，译者身份也呈现"制度化"特征（任东升、高玉霞 2015b）。"中国政治文献的译者大多数是隶属于政府翻译机构的员工，也有一部分译者是从其他单位抽调，比如新华社、外交部或部分高校"（陈双双 2020c：123）。党和政府作为翻译的发起者，不仅直接决定相关机构和翻译流程的设置，也会就译者的行为、惯例和意识形态要求给出相应的规定。起初专门为《毛泽东选集》翻译工作起草的《英译室翻译工作条例（草案）》手稿明确了对翻译人员的政治要求，即翻译工作人员必须具备鲜明的立场，并不断提高自己的理论水平和思想政治水平（潘卫民、董维山 2015）。译者需要具有共同的价值追求、强烈的使命感和较高的集体意识，将国家意志与翻译价值结合在一起，践行国家至上的道德规范。

3.3.1.2 翻译项目管理

由于中央文献翻译工作往往涉及庞大的翻译团队，翻译项目管理起到了至关重要的作用。以党的十九大报告文件翻译为例，可将团队译者的翻译流程分为"前期准备—过程管理—后期收尾"三个步骤。

（1）前期准备。当时的中共中央编译局在中央的指示下做了周密的准备工作，包括翻译业务、保障工作等，保证工作顺利进行。来自中共中央编译局、外交部、新华社、中国外文局、中国国际广播电台以及高校的译者组成了翻译团队，由中共中央编译局各语种负责人牵头组织翻译工作（卿学民 2020）。除了人员准备外，中共中央编译局在大会举行半年前开始进行资料准备工作。党的十九大报告的翻译工作首次使用了翻译辅助技术，季智璇（2018）详细描述了保密环境下CAT技术在党的十九大文件翻译上的应用。由于大会文件翻译工作高度保密，大会使用的电脑也处于单机状态，无法查询网络资源。为快速检索中外文对译资料，相关工作人员建立了符合安全保密要求的翻译记忆库检索项目和术语库检索项目，大大提升了检索效率，保障了关键表述上的一致性（季智璇 2018）。同时，为了更好地传达政治内涵，保证译文的忠实性，译者会在相关机构的安排下深入了解原文。党的十九大秘书处安排大会报告起草组人员在翻译工作开始前为译者作报告辅导，传达文件精神，介绍基本内容，讲解最新表述，促进译者对文件重难点的认识和把握（杨雪冬等 2018）。

（2）过程管理。杨雪冬等（2018）描述了党的十九大报告外文翻译过程中的几大挑战。首先是要在短时间内实现高质量的翻译。会议文件常要修改，留给译者的时间十分有限，保障译文质量一方面依赖于译者的经验和能力，另一方面依赖于高效的翻译流程。外文翻译组是一个人员多、部门多、工序多的庞大系统，建立一个连接不同部门的沟通渠道十分重要。各翻译小组之间建立了高效的业务研讨机制，各语种负责人是整个翻译流程的管理者，其职责是确保每个译者将个人才能融入集体工作之中，坚持翻译的目标原则统一、译文的概念风格统一，避免出现自由主义和译者中心论。其次，针对译者在翻译过程中提出的有关中文理解的问题，大会还组建了答疑小组，"答疑工作基本流程可概括为整理问题、搜集材料、解答问题"（熊道宏 2018：50）。在党的十九大报告外文翻译过程中，翻译团队共提交中文理解性问题200多个，译者需要彻底理解中文，弄清字词背后的深层逻辑和政治内涵，从答疑团队获取文本的知识性解答和背后的文化历史知识。另外，翻译团队内部在遇到翻译策略、理解方式不一致情况时可以借助团队外部的解答统一译文（熊道宏 2018）。外籍专家队伍在翻译工作中也起到了重要作用，他们参与了党的十九大报告译文润色，提升了译文在目标语中的接受程度和传播效果（杨雪冬等 2018）。

（3）后期收尾。大会结束后，中共中央编译局负责后续工作的收尾，包括将各语言组参照大会修订后的正式文件进行修改并归档，对翻译工作的成功经验进行总结，将相关语料录入翻译记忆库（卿学民 2020）。这些工作在优化组织管理、完善翻译技术、提升翻译效率、保证译文质量等方面为中央文献翻译积累了宝贵经验。

3.3.1.3　翻译质量评估

译文是否符合目标语的表达规范是翻译质量评估的重要因素。

以目标语为参照的质量评估利用平行或类比语料库分析方法，聚焦原文本特征及跨语言表达规范性，使得相关翻译质量分析更加客观。张威、杨嘉欣（2023）以《习近平谈治国理政》（第三卷）为例，选择美国国情咨文为目标语参照，分析了中国政治话语"隐含叙事"的翻译规范。在叙事风格上，中美两国政治话语存在类似特征：通过人称词建构叙事主体与受众交际关系，使用衔接词明确叙事事件的逻辑，强调叙事中国家地位和权力及叙事主体的权威性，强化交际主体的共同利益。该研究认为，话语叙事普遍性特征应在译文中得以保持，以便于目标语受众理解，也有利于中国政治话语在国际社会的接受；但两国的话语特征也存在差异，如隐含叙事就是中国政治话语的一种典型叙事类型，译者选择了补充逻辑主语、添加形式主语或使用被动语态等策略来处理原文中隐藏或省略主语的语言风格，这些翻译策略使译文符合目标语政治话语叙事的特点（张威、杨嘉欣 2023）。同时，该研究认为蕴含中国文化和语言风格的核心概念彰显了中国智慧，虽然无法在目标语中找到对应的表达或译文不符合目标语的表达习惯，但也体现了中国话语体系的独特性。该研究从平行文本中发现了中美叙事话语的差异，并针对这一差异提出相应翻译策略，以弥合两种语言在风格和规范方面的差距（张威、杨嘉欣 2023）。以目标语为取向的翻译质量评估注重翻译语言与目标语语言的一致性，加强了评估标准的规范性，可促进目标语受众理解和接受译文。

以翻译过程为导向的质量评估模式致力于建构机构内部决策过程的质量控制系统。乔拓新（2020）从批评话语分析视角建构了我党和国家领导人对外演讲翻译质量评估模式。针对我国政府翻译机构的特点和现实状况，该研究尝试建立一套可具操作性的系统性评估模式，以辅助译文评价者或审稿人发现译文问题，提升领导人对外演讲的英文翻译质量。以翻译过程为导向的质量评估聚焦译者对翻译问题优先级的排序，即取舍译文选项的依据。该研究所建构的质量评估模式维度基于亚里士多德的修辞学，即人格（ethos）、逻辑（logos）、情感（pathos）：从人格维度上看，审校者要审视译文是否能和原文展现的领导人形象保持一致；从逻辑维度上看，要核查译文在对原文进行打乱重组时是否为了语言的流畅而牺牲了话语的效力；从情感维度上看，要关注演讲者为调动受众情感而采取的设计是否可以跨越语言障碍在译文中准确体现。此评估模式还充分考虑到中国话语的关键表述、文化典故、俗语谚语等语言现象的特殊性，并从社交态度、主述位、衔接与连贯等维度提出具体翻译规范。以过程为导向的质量评估聚焦中央文献翻译工作模式和翻译目标的特殊性，从社会历史角度对译者决策过程中要考虑的因素进行全面考察评估，有助于发现译文质量问题。

3.3.2　译介的中观过程

中央文献翻译既是国际社会了解中国的窗口，又是构建中国对外话语体系、传播中华文化的重要组成部分。译者在翻译过程中既要兼顾和对接国际话语体系，确保译文能被目标语受众理解，又要保留鲜明的中国特色，建构中国叙事体系。因此，中央文献翻译要坚持的总原则可概括为"以我为主，兼收并蓄"（杨望平 2018：26）。在实际操作层面，译者面临的问题则是如何确定属于"我"的范畴，即应忠实再现的部分，以及如何区分不属于"我"的范畴，即兼顾目标语规范灵活调整的部分（陈双双 2020c）。

（1）坚守文本的中国立场。中央文献翻译中的"信"，区别于其他翻译活动的"信"，其"忠实"的标准更加严格，对涉及国家大政方针和基本政策内容的翻译，译者要仔细衡量用词的政治含义和影响（程镇球 2003）。例如，2023年10月5日，王毅在第三届中国西藏"环喜马拉雅"国际合作论坛开幕式上发表致辞，外交部的官方翻译将"西藏"译为Xizang。这一举措既符合1978年国务院批准的《关于改用汉语拼音方案作为我国人名地名罗马字母拼法的统一规范的报告》，也是在新的国际舆论环境下，提升中国涉藏话语权、构建对外话语体系的重要尝试[1]。译者在翻译过程中要保持高度政治敏锐性，在涉及国家安全、利益等问题上坚守中国政治立场，抵制外媒在话语上的政治对抗（舒娜、余炫朴 2017）。

（2）传递原文政治和文化内涵。中央文献的"忠实"是政治上的忠实、历史上的忠实，也是现实中的忠实，要求译者有敏锐的政治领悟力和判断力，熟悉我国大政方针及其发展脉络，并使译文与客观实际相符（王丽丽 2023）。政治文献的"每一句话、每一个词均有准确定义，译文必须确切无误地反映原文。不能偏离原意，更不能曲解原意"（王弄笙 2004：56）。这也就意味着翻译要突破形式的藩篱，忠实传递原文的含义。"中国特色政治话语体现了我们的政治诉求，是中国特定的政治基因密码，这种密码只能在中国政治文化背景下去诠释和解密"（司显柱、曾剑平 2021：20）。很多中国特有的政治概念在英语世界中找不到对应的表达，如"五位一体""四个全面"等，译者希望通过翻译将中国独创的政治理念为更多国外受众了解并接受，使其顺利进入目标语语境，因此译者多采用解释性翻译，必要时要添加注释以介绍背景，为目标语受众补充必要的认知语境（尹佳 2016）。译者要及时关注时事政治，掌握中国特色社会主义理论的基本内容，精准把握大政方针的内涵，以免误译。

1　参见"统战新语"公众号：https://mp.weixin.qq.com/s/JYk_lJDE1drfCHzt_677wA。

为此，陈明明提出了"拔钉子"的原则，即"在翻译核心政治理念时，秉持与时俱进的精神，淘汰一些不准确的、过时的甚至还可能引起负面作用的译法"（周忠良 2020：93），以保证译文准确传递原文内涵。同时，面对重要概念翻译时要沿用既定表述，确保政治概念译名的"历史一致性"（周忠良 2020：94）。在党的二十大报告中，"习近平新时代中国特色社会主义思想""中华民族伟大复兴""四项基本原则""'五位一体'总体布局"等重要思想理念都沿用了党的十九大报告中已经确定下来的译法（韩清月 2023）。国外受众对中国了解的局限不仅体现在政治领域，不同国家的文化图式也有很大差别，这就要求译者要有跨文化传播意识。《习近平谈治国理政》中蕴含了大量典故，这些典故不仅反映了深厚的中华文化底蕴，也体现出中华优秀传统文化对新时代国家治理的重要作用。目标语受众在面对这类文本时可能会遭遇到文化缺省，为了让读者理解文化词汇背后隐藏的信息，有必要对缺省的文化概念进行语义补偿（司显柱、曾剑平 2021）。

（3）再现原文语言风格。"忠实"的标准还要求译者精准传递原作的精神气质并力求在语言风格上贴近原作（王丽丽 2023）。根据纽马克（Newmark 2001）的文本类型理论，文本分为信息型文本、表达型文本和呼唤型文本。中央文献兼具传递信息、表达思想和情感以及呼唤移情等功能，属于复合型文本，因此其翻译既要忠实于原文内容又要忠实于原文语言风格。例如，党的十九大报告作为一份鼓舞人心的报告，不仅具有权威性、严肃性，也体现出言说者对自己国家和文化的认同感。报告用形象生动、朴实亲切的话语贴近百姓生活，带有习近平总书记一贯的语言风格。这些"接地气"的日常语言体现出中国领导人独特的执政理念和话语魅力，属于表达型文本，译者在翻译时不仅要传递原文的内容也要再现原文本的语言风格和领导人有亲和力的语气（杨望平 2018）。有学者指出，人称代词可以发挥"以言行事"的交际功能，在党的十九大报告的原文中，"我们"和"我们的"共使用了67次，而在英译本中，we使用了573次，us使用了27次，our使用了262次，拉近了讲话人和受众的心理距离，使报告更有感染力（周忠良 2020）。

（4）兼顾目标语表达习惯。"翻译工作的成效很大程度上应该是反映在外宣翻译的效果上"（黄友义 2005：31），即要充分考虑目标语受众对译文的接受程度。汉英两种语言在语言特点、修辞手段和审美标准上差异很大，中文政治话语讲究对仗工整、含蓄凝练、引经据典，而英文话语倾向于简洁具体；中文重意合，长句和平行句式较多，英文重形合，多使用连接词来强调句子间的逻辑关系，若照搬原文的表达方式，会让英文读者感到费解。因此，译者在翻译时需要思考"同样的故事、同样的话，中文讲起来很好听，翻译成外文是否能够达到和达到了同样的效果"（楚树龙 2015：40）。译者在把握正确政治方向的基础上，要善于发现中外文化和语言的差异，熟练地驾驭两种语言，对原文表达方式进行必要的改写，真正做到"融通中外"，用世界语言讲好中国故事。

（5）兼顾受众认知语境。"翻译的目的不仅仅是实现语言的转化，终极目的是思想、价值的转化和传播"（杨望平 2018：31）。因此，译者在考虑汉英语言差异之余，还要考虑受众心理思维模式和文化差异。例如，中文中的军事化隐喻，若在译文中对类似"攻坚战""决战"这样的表达进行直译，会误导目标语受众，不利于中国构建和平友好的国际形象（黄友义 2004）。受众会带着先入为主的看法阅读译文，如"刮骨疗毒""凿壁偷光"等成语背后虽蕴含着丰富的文化内涵，但若只翻译字面含义，不仅不会再现原文的文化精神，反而会强化受众对中国的刻板印象。

3.3.3　译介的微观过程

基于中央文献翻译"以我为主，兼收并蓄"的总原则，译者的任务就是要在忠实于原作和兼顾目标语受众期待之间寻求平衡，有学者将中央文献翻译的策略总结为"异化为主，多元互补"（赵祥云2018：118）。

（1）异化为主。与目标语文化价值观有距离的异化翻译策略很好地展现了政治文献中中国文化的独特性，"对于英语受众增加对汉语的了解、传递语言平等的理念也是有益的"（朱蕾2018：106）。在异化策略的指导下，选择直译或直译加注的翻译方法可以使译文做到形神兼具，既忠实于原文的语义，又保留了原文的形式。

（2）多元互补。1）显化。参与《求是》（英文版）翻译的贾毓玲（2017：96）提到中国特色政治话语在翻译成英文时常常面临"逻辑缺失、主语缺失、时态缺失、语境缺失、概念分析缺失"等问题。由于目标语受众缺乏对中国的了解，这些缺失的语言单位和语义关联会妨碍读者解码信息，因此必须在翻译过程中将缺失的信息进行补充和建构。通过补充英语关联词，将句子的关系还原清楚，显化原文的逻辑。中文的句式展现出松散的主谓关系，甚至经常出现"无主语"句，翻译时要"设法寻找或者造一个主语出来"（贾毓玲2017：99）。中国文化属于高语境文化，中文的动词即使没有明确的时态和语态变化形式，读者也可以通过语境来推测一件事情是发生了、正在发生还是将要发生，选择对应的时态（贾毓玲2017）。2）简化。中文中的四字格语言凝练又蕴含丰富的内涵，如党的二十大报告中的"踔厉奋发"翻译为forge ahead，"增强忧患意识，坚持底线思维，做到居安思危、未雨绸缪"翻译为We must therefore be more mindful of potential dangers, be prepared to deal with

worst-case scenarios，译文对原文中重复的语义进行了删减，既传递出表达的重点，又照顾到了英文简洁的行文特点（韩清月 2023）。
3）释译。面对翻译中国特色政治词语的难题，有研究认为，"理想状态下，最好避免直接翻译概念性的文件。要吃透原文的精神，用英文思维、写作，用英语直接与受众沟通"（陈明明 2019：5）。林榕、林大津（2016）认为，释译是补偿文化差异的有效手段，如"在形式主义方面，主要是知行不一、不求实效、文山会海、花拳绣腿、贪图虚名、弄虚作假"一句中，译者将"文山会海"译为hiding behind piles of documents and immersing oneself in meetings，略去"山海"隐喻，直接译出本义，从华丽语言外壳中提取出语义实质，忠实地传达了原文语义。又如，译者将"发展是硬道理"译为only development will make a difference，强调了"发展"对于中国改革开放的重要性（林榕、林大津 2016：239）。4）转换。"英语不喜欢重复，汉译英时要想方设法避免重复，主要手段有用代词代替、缩短或去掉修饰成分、使用概括性名词和变换用词"（贾毓玲 2003：27）。为此，贾毓玲（2003）分析了自己参与翻译《政府工作报告》和全国人大会议文件过程中遇到的相关范例，强调译者要熟悉英语的词法及句法特征和审美观念，不要将中文搭配强加于英文，避免中式英语；中文多并列的短句，转换成英文时要突出孰主孰从的并列关系。例如，"面对严峻的国际经济环境，我们积极应对，趋利避害，变挑战为机遇，开创了对外开放的新局面"一句中有多个动词并列，隐藏了并列句间的逻辑关系，译文处理为Despite the grim international economic environment, we have created a new situation in our opening up by responding positively, striving to seek advantages and avoid disadvantages, and turning challenges into opportunities，仅保留了一个谓语动词create，剩下的动词转换为介词短语，突出语义层次，使译文的逻辑关系更加清晰。5）拆分与重组。党的二十大报告中的大段落和长句子比较多，译者要根据英文的行文特点，对原文进行适当调整。韩清月（2023：144）对此提出了处理策略：

> （1）将大段落根据意群分成小段落，将长句子根据关联断成短句子，使行文清晰、逻辑明了，便于受众阅读和理解；必要时，还要调整语序和句子结构。（2）找到符合逻辑的主语。（3）找到正确的逻辑，找出句子之间的关系，使语篇连贯；如果上下句各讲一事、毫无关联，译文也要尽量在格式上体现统一。（4）根据情况，补充必要的信息：或在行文中插入介绍，或增加脚注。

党的二十大报告原文中有一段对过去五年的回顾，全段865个字，段内共七个句号，句中分述不同的事情，译文根据英文的行文习惯，将这一个段落分成了七个小段落，分别讲述不同的事件，使译文结构和逻辑更加清晰（韩清月 2023）。除了对段落进行拆分重组，对长句的断句处理也很重要，汉英句式长度的差别决定了译者要对长句进行断句，必要时添加过渡成分和关联词，体现出英文的层次感，再现原文各成分间的内在联系。贾毓玲（2013：111）提出的断句方法之一为"先扒开枝叶抓住主干单独成句，然后在下一句再解决剩下的枝叶，从而通过断句变纷乱为清晰"。

3.4　译介社会/文化语境研究

本节将视角从文本内部延伸到文本以外的社会文化语境，探究中央文献翻译过程中的社会、历史和文化制约因素。

3.4.1　译介的社会因素

不同时期中央文献翻译行为的起始规范既存在共性，也因时代特征的不同而存在差别。陈勇（2022：158）在探索中央文献翻译过程中政治性的作用机制时引入了"元话语"的概念，称"它是被权力关系和意识形态所控制的一套行为规范或话语方式，它通过控制和塑造说话者所处的历史语境，引导、约束、塑造或纠正说话者的言说内容和言说形式，使之贯彻这种规范或话语方式"。元话语体现了时代语境，领导人著作翻译规范会随着元话语的变迁发生变化。赵祥云（2018）为研究《毛泽东选集》《邓小平文选》和《习近平谈治国理政》等领导人著作的英译规范特征，选取了标题文本、口语化文本、修辞话语文本、政治话语文本和文化负载项文本等五种文本的英译文作为研究对象，并随机抽取一定数量的翻译实例，分析中央文献英译策略的变化。研究结果表明，《毛泽东选集》英文版的异化策略在90%以上。一方面，新中国成立以后，毛泽东在国家政治生活中拥有崇高的个人威望，其思想结晶《毛泽东选集》也被赋予至高无上的地位，因此在翻译规范上更强调翻译的充分性和原文的权威性；另一方面，这段时期中国仍然受到西方资本主义的威胁，《毛泽东选集》英译本是我们进行政治斗争、争夺话语权、塑造国家形象的武器。在这样的时代背景下，《毛泽东选集》的英文翻译倾向于选择忠实再现原文本语义和句法特征的异化策略（赵祥云 2018）。相比之下，《邓小平文选》的异化策略仍占主体，但所占比例下降，而增译法、意译法等归化的翻译策略和方法增多。党的十一届三中全会打破了"文革"中的个人崇拜思想禁锢，提出"解放思想、实事求是"的方针。改革开放后,中国与西方在经济、文化等领域进行了深入交流和广泛合作,思想解放成为社会主流话题。这种社会语境有利于译者主体性的发挥,虽未改变"以我为主"的原则,但译文更加注重可接受性,呈现出对话性和交际性的特征(赵祥云 2018)。对《习近平谈治国理政》英译本的分析表明,异化依然是主要的翻译策略,但呈现出了各种翻译策略"多元互补"的方式,用显化、简化和信息重组等策略更好地达到了译文的交际效果(赵祥云 2018)。随着全球化发展,各种文化交流越来越密切,同时,中国的话语权逐渐提升,国际社会开始主动了解中国,这也给"翻译中国"提供了更多有利条件。在这种情况下,译文不再对原文亦步亦趋,而是作为"讲好中国故事,传播中国声音"的桥梁,更加注重通顺流畅、简洁易懂。政治文本翻译被赋予了政治属性和政治使命,对其翻译策略和翻译规范的描写也应突破语言的范畴,进入社会语境,结合翻译行为所处的时代特征,充分认识到意识形态带来的影响。

受众群体的改变是影响译者做翻译决策的一个重要因素。十年前,中文书籍的英文译本目标对象主要是少数对中国问题感兴趣的国外学者,他们对中国的政治、文化、社会有一定了解,因此译者在翻译时采用更加注重译文充分性的策略,也不影响这些已经熟悉中国话语体系的专家读者对译文的理解(尹佳 2016)。随着中国的影响力提升,关注中国的外国人越来越多,译文有着更广泛的受众,"现在关注中国的外国人大多不是中国问题专家,对中国的文化、历史、制度可能完全不了解,他可能是博士生,是大学教授,是成功的商人,是政府或政党官员,但是他对中国的了解是一张白纸,我们的话语体系他完全不熟悉"(高玉霞、黄友义 2021:84),因此译文要更符合目标语受众的语言习惯,注重可接受度。

译介效果也是影响译者决策的一个重要因素。李婧萍、张威（2022）根据译本出现的大致时序，将"绿水青山就是金山银山"的译文分成三种类型，分析社会语境对译文规范的影响。第一阶段的代表性译文有Nature is our invaluable asset及Clean rivers and green mountains are gold and silver mines in real sense等。此阶段"以目标语受众熟悉的方式传递中国话语"，说明该阶段这一生态治理思想尚处于对外宣传的初期，首要考虑的是读者的接受程度。第二阶段的译文采取适度异化策略，如Lucid waters and lush mountains are priceless assets，平衡了译文的接受度和原文的充分性，说明这一阶段的语场处于"均势"境况。第三阶段的译文以异化为主，如Clear waters and green mountains are mountains of gold and silver，更注重再现原文的风格与修辞，这种"以我为主"的翻译规范说明此特色话语"既已初步'走出去'，进而关注如何更好地'走进去'"，受外宣效果的影响，上述三种翻译规范的更迭表现出大致的先后顺序（李婧萍、张威 2022：18）。同时，在外媒新闻报道中，这一环保理念的表述逐渐呈现出概念化的趋势，如GREEN IS GOLD或TWO MOUNTAINS THEORY，使其从一个日常语句演化成一个政治主张，充分说明"绿水青山"生态治理思想的国际影响力在逐渐提升（李婧萍、张威 2022）。

政治文献翻译不仅是简单的语码转换，还会受到主流意识形态等社会因素的影响。胡芳毅（2014）从操纵理论的视角探讨了意识形态对政治文本翻译的影响，如西方世界将"台独"译为Taiwan independence，而independence一词是用来指"殖民地国家摆脱殖民地统治而获得政治独立"。对此，译者要有高度的政治敏锐性，警惕西方和"台独"分子分裂中国的险恶用心，应将其译为Taiwan secession attempt，避免政治错误（胡芳毅 2014）。

3.4.2　译介的历史因素

翻译既有相对稳定性，又会随着社会存在的变化而变化。正如陈明明（2019：5）提出的政治文献翻译的原则："保持重大概念翻译的历史一致性""一定要与时俱进，摒弃过时、不准确的翻译用法"。例如，"'四个全面'战略布局"在党的十九大报告中已有定译，其中第一个"全面"指的是"全面建成小康社会"，到2020年，我国如期全面建成小康社会，于2022年召开党的二十大时，第一个"全面"的含义为"全面建设社会主义现代化国家"。基于此，党的二十大报告英文版保留了党的十九大报告中的简写版译法，并修改了注脚中对此概念的解释（韩清月 2023）。又如，为避免译文重复，growth和development这两个词经常作为同义词使用，自从党的十七大报告中将"转变经济增长方式"的提法改为"转变经济发展方式"，我们对经济发展也从关注"增长"转到关注"发展"，这就要求译者在英文中区分growth和development的使用，在"聚精会神搞建设，一心一意谋发展"一句的翻译中，译者没有将"建设"和"发展"分别译为growth和development，鉴于"We will concentrate on growth"有违科学发展观的主旋律，最终译文处理为"We will concentrate on development"，同义反复的部分选择了省译（贾毓玲 2011）。

对译文的分析受制于特殊的历史语境，随着历史语境的变化，译文也会出现变化。前文中，我们提到要给误译"拔钉子"，淘汰一些不准确的、过时的和引起负面作用的译法（周忠良 2020）。例如，受到苏联时代英语的影响，"干部"和"宣传"两个词分别译为cadre和propaganda，它们在俄语里并无贬义，但是从苏联移植过来的翻译话语已经不符合新的社会政治语境。党的十八大和十九大报告英译本对这两个词的译法进行了修改，"干部"改译为officials，"宣传"改译为dissemination、publicity或communication（陈勇 2022）。
同样地，"群众"一词曾译为masses。在英语语境中，masses指教育
程度较低的普通人，这与20世纪上半叶中国百姓的状态相符，但新
中国成立后，中国人民的文化水平普遍提升，"群众"后来改译为
people、the public等词（陈勇 2022）。

3.4.3　译介的文化因素

　　译者应考虑中英思维方式的差异。中文属于高语境文化语言，
在交流中依赖语境来限定词语的含义，英文属于低语境文化语言，
有具体翔实的特点。"中文的语言是笼统、概括性的语言……而外
国人写的一定要具体，这是两种语言的差别"（尹佳 2016：79）。译
者要在翻译过程中将高度概括性的中文表述的内在含义准确表达出
来。例如，党的十九大报告中经常出现的"全面"一词，在不同的
语境中对应的内在含义有着差异。"全面实施市场准入负面清单制
度"中的"全面"指的是"全国范围内的"，因此译为nationwide，
"展现真实、立体、全面的中国"中的"全面"指的是"全景式的、
全方位的"，因此译为a panoramic view of，"坚持全面从严治党"中
的"全面"形容"政策执行力度的彻底"，因此译为full and rigorous
（周忠良 2020）。由于中文是意合型语言，文章的逻辑和关联就隐
藏在看似独立存在的短句间，具有"形散而神不散"的特点，译者
需要找到原文中字里行间的逻辑，显化关联词，重新组织句子，以
符合英文作为形合型语言的特征。党的二十大报告中有这样一个句
子："万事万物是相互联系、相互依存的。只有用普遍联系的、全
面系统的、发展变化的观点观察事物，才能把握事物发展规律。"
结合原文的上下文，就会发现"普遍联系的、全面系统的、发展变

化的"三个形容词修饰的名词为"万事万物"而非"观点",在理顺原文短句间的逻辑后,译文处理为All things are interconnected and interdependent. We must view them with the understanding that they are universally connected, part of a complete system, and constantly evolving if we are to grasp the laws governing their development (韩清月 2023)。

文化负载词是翻译中的重点和难点。有些中文词语在英语世界中存在对等词,但词语的内涵和感情色彩却大相径庭,翻译时要区分词语内涵的差别。例如,"个人主义"多年来都被译为individualism,中文语境中的"个人主义"指的是将个人利益凌驾于集体利益之上的自私思想和行为,而英文中的individualism指的是发挥个性,维护个人权利,尊重个人选择,两个词在感情色彩上是完全相反的,因此党的十九大报告英文版中将"个人主义"译为self-centered behavior (陈明明 2019)。同样具有相反感情色彩的一组词为"自由主义"和liberalism,英文中的liberalism并无贬义,但中文政治语境中的"自由主义"是集体主义的对立面,是被反对的思想,译文应体现出其负面的含义,党的十九大报告英文版将其译为behavior in disregard of the rules (陈明明 2019)。此外,我国领导人善于在讲话中引经据典。这些表述生动形象,具有文化独特性,在翻译时要保留原文的文化内涵。例如,习近平总书记引用了"甘瓜抱苦蒂,美枣生荆棘"这一诗句来说明经济全球化的两面性,译文采用"以诗译诗"的方式保留了原文的形式,译为Honey melons hang on bitter vines; Sweet dates grow on thistles and thorn,并在诗句前添加提示语as quoted in an old Chinese poem,方便目标语受众追溯诗句渊源,同时再现了中国文化的博大精深和中国领导人深厚的文化底蕴 (周忠良 2020)。然而,有些形象化表述,如果直译,不仅不能展现中国文化,还会引起英文读者理解困难,甚至带有负面的含义。例如，习近平主席在世界经济论坛2017年年会开幕式上的主旨演讲中讲道："中国人民深知实现国家繁荣富强的艰辛，对各国人民取得的发展成就都点赞，都为他们祝福，都希望他们的日子越过越好，不会犯'红眼病'，不会抱怨他人从中国发展中得到了巨大机遇和丰厚回报。"[1]其中，"红眼病"的隐喻用法在英语世界并不存在，直译则不符合英语语言表达习惯，因此译文放弃隐喻的修辞，直接传递原文的含义We are not jealous of others' success（周忠良 2020）。

中外文化的审美观念也有着很大差异，在不影响原文内容的前提下，译者应尽量使表达满足目标语的修辞和结构。例如，"获得感"这一概念，结构简单，语义丰富，一出现就迅速流行起来，英文译文就参考了目标语中既有的固定表述sense of xx，将其译为sense of gain，与sense of humor和sense of superiority的构词形式相同，更有利于受众的接受（杨红燕、姚克勤 2017）。有学者发现，《习近平谈治国理政》英文版中的篇章名与中文版相比要简短很多，原句的多处动宾结构翻译为了名词短语，且译者为了传播效果，去掉了原句中的很多副词和形容词，以满足英语简洁的修辞习惯。对此，黄友义解释道："中译英，在这个问题上我们主要做的是减法。比如，'伟大复兴'翻译为rejuvenation，……所以要去掉great，但是毫不影响外国读者的理解效果"（尹佳 2016：77）。

3.5　小结

中央文献译介是一项复杂的系统工程，但它本质上仍是一种符

1　参见人民网：http://cpc.people.com.cn/n1/2017/0118/c64094-29032027.html。

号转换活动（冯全功 2022）。因此，谁来转换、转换什么、如何转换、转换条件等基本问题必然引起广泛思考与讨论。关于"谁来转换"，业界资深翻译家基于自身翻译经验做出了解释，并借此提炼了理论智识，而学界研究者则通过文本对比分析对译者主体性、译者立场等展开了深入剖析，来自不同视域的两种回答丰富了中央文献译介主体研究；关于"转换什么"，研究者以术语、典故、隐喻等为切入点，多视角、多维度、多方位地讨论了中央文献中典型语言现象的翻译问题，拓展了中央文献译介内容研究；关于"如何转换"，研究者从翻译管理与质量评估的宏观过程、翻译原则与翻译规范的中观过程以及翻译策略与翻译技巧的微观过程进行了系统考察，呈现了中央文献译介全貌；关于"转换条件"，研究者从社会、历史、文化等视角论述了语言外因素对中央文献译介的制约，深化了中央文献译介影响因素研究。

中央文献译介研究取得了长足的进步和喜人的成果，但应认识到，研究的广度和深度仍有很大发展空间。首先，理论研究可逐步摆脱"机械套用"模式而走"创新建构"道路，减少照搬西方理论，更多聚焦本土理论创新和跨学科融合。其次，研究语料应不限于《习近平谈治国理政》等党和国家领导人著述以及《政府工作报告》等少数文献，可将范围拓宽至党史文献、政府白皮书等更多领域，从而获得更丰富、更全面的数据支撑研究结论。再次，研究主题应避免重复，要另辟蹊径，挖掘新的领域。毋庸置疑，翻译策略分析从来都是对翻译实践属性的积极回应，中央文献翻译策略研究具有切实的应用价值，但目前此类研究成果尚无重大突破。在语言现象、翻译策略、理论建设等方面进行创新性研究，或在译介主体、译介效果、译介模式和译介影响因素等方面进行深入探索应大有可为。

第四章 中央文献传播研究

2021年5月31日，习近平总书记在十九届中央政治局第三十次集体学习时指出，"要全面提升国际传播效能，建强适应新时代国际传播需要的专门人才队伍。要加强国际传播的理论研究，掌握国际传播的规律，构建对外话语体系，提高传播艺术"[1]。中央文献翻译在对外宣介中国主张、中国智慧、中国方案等方面价值重大，将这种潜在价值转化为现实价值，要经过一个复杂、多维的信息传递过程，同时这也是中央文献传播效果得以实现的过程。传播学所提倡的5W模式将传播过程显化为链条，包括传播主体、传播内容、传播渠道、传播受众和传播效果等五种要素（Lasswell 1948），各要素之间不是静态孤立的，而是动态互动的，它们相互联动并形成合力，共同影响着传播效果的达成。本章从传播主体研究、传播渠道研究、传播受众研究以及传播效果研究四个方面着手，梳理中央文献国际传播及研究现状，并提出优化中央文献国际传播效果的若干建议。

---

1 参见人民网：http://theory.people.com.cn/n1/2022/1027/c40531-32552719.html。

4.1　传播主体研究

在传播过程中，传播主体（传播者）是"传播活动的发起者，控制整个过程并且影响传播效果"（尹飞舟、余承法 2020：173）。中央文献国际翻译主体是传播活动的责任主体，不仅决定着传播信息的选择、呈现形式的商榷、翻译活动的组织，还规约着译者的原则和立场、策略与方法，在传播媒介择取、传播渠道拓展等维度影响着传播效果的达成。学界关于中央文献国际传播主体的研究相对较少，尚未有学者将其作为明确的研究主题进行探讨，相关论述散见于对《习近平谈治国理政》等党和国家领导人著述在国际传播的模式与策略、影响与效果研究中。例如，有学者曾指出"政府机构、出版社和民间个体都是推广《习近平谈治国理政》的重要主体"（夏江义 2017：18），呈现出一种"传播主体多维化"的传播态势。本节对中央文献国际传播主体的三维结构及其主要特征进行阐释。

4.1.1　传播主体的三维结构

中央文献国际传播作为一种高度集约化传播活动，其传播主体具有广义性。中央文献译本的生产与出版是政府推动下的翻译与传播实践，不仅在字里行间彰显国家意志，还以不同的媒介方式再现原文所建构的党和国家形象，体现出传播主体在翻译与传播链条中的重要作用。根据第三章相关界定，党和国家、翻译机构及具体译者构成了中央文献译介的高位主体、中位主体和低位主体。由于翻译和传播在本质上强调信息传递的相似性（Wilss 1982；吕俊 1997；张生祥 2013），中央文献的翻译与传播不可分割。中央文献国际传播实践作为一种国家行为，其传播主体呈现层级化，指涉发起传播行为的"高位主体"、主导传播行为的"中位主体"以及实施传播行为的"低位主体"。

4.1.1.1　高位主体：国家

受"主体+行为"模式启发，任东升、高玉霞（2022）提出将国家作为翻译行为的主体，并认为国家翻译实践是一种融国家行为、话语实践、传播行为于一体的三维实践活动，国家行为指向国家战略利益的维护，话语实践指向国家话语体系和国家话语权力的构建，传播行为指向国家形象的塑造。"任何国家的对外宣传和翻译工作实际上都是坚持本国所持政治立场与方向，服务本国利益与形象建构的政治表现行为与意识形态传播活动"（朱义华 2012：96）。在操作层面，以国家名义实施的对外宣传或受国家机构委托的其他传播组织、机构或个人的国际传播行为，均可视为国家国际传播实践。中央文献国际传播由国家主体发起，在国家行为的适用权限之内，具有高度政治性、主权性和国家自利性，是一种符合国家利益规范的对外政治话语实践。

国家通过对外政治话语实践构建和维护党和国家形象。新中国成立后，中国共产党"开始有计划、成规模地进行毛泽东著作的翻译出版和对外发行工作"（李雪梅 2019：40），将对外出版发行《毛泽东选集》作为对外宣传事业的重要工作。1966年，毛泽东著作发行领导小组成立。虽然当时国家财力有限，但仍然对毛泽东著作的国际出版发行给予了大力支持，由政府专项财政提供补贴，列入国家财政预算计划。20世纪50年代至80年代，毛泽东著作向国际传播了30年，塑造了新中国大国形象，在世界上培养了一大批熟悉中国文化的读者、朋友和伙伴[1]。

党的十八大以来，中央文献译介一直是国家国际传播实践的重点，该领域成果极为丰硕。将中央文献翻译成多语种进行国际传播，"已成为中国政治话语体系建设的重要组成部分和塑造中国国际话语权的重要举措"（李铁军 2018：8）。例如，习近平总书记《在庆祝中国共产党成立100周年大会上的讲话》以英、俄、法、西、阿、日、德七个语种单行本对外发行；习近平总书记《在纪念辛亥革命110周年大会上的讲话》以英文单行本出版；习近平总书记《论坚持推动构建人类命运共同体》以英、法、日、俄、阿、德、西等多种语言翻译出版。这些中央文献的全球发行有助于国外受众了解中国共产党辉煌的革命史和国家建设史，了解中国共产党百年奋斗所取得的伟大成就，从而提升中国理念、中国经验、中国道路、中国方案在全球治理中的话语权。

"国家兼具国家翻译项目发起者和管理者身份"（任东升 2022：56），中央文献的国际传播是国家通过制度化、体系化手段综合运用各种资源出版发行的结果，可助力中央文献在国际社会的普及化、经典化。《习近平谈治国理政》等中央文献在全球发行成功，"是国家层面政治资源、外交资源、语言资源、编辑资源、出版发行资源、市场渠道资源、对外传播资源等系统整合的结果"（任东升 2022：57）。中央文献的国际传播旨在讲好中国故事，传播好中国声音，不仅是国家作为名义主体发起的极具现实意义的传播活动，也是政府机构在对外宣介中国思想、中国文化过程中义不容辞的责任。

1　参见何明星《天下谁人不识君——毛泽东著作的海外传播》，《光明日报》2011年7月5日版。

4.1.1.2 中位主体：传播机构

中央文献国际传播实践以主权国家名义进行，但国家并不直接实施传播行为，而是委托相关国家组织机构实现。在中国的国际传播格局中，对外传播活动以中央党史和文献研究院与中国外文局为主要支撑，两大机构深耕不辍、互动合作，严格落实党中央的政策以实现"上传下达"，可被视为中央文献对外传播的"中位主体"。

中央党史和文献研究院是党的历史和理论研究专门机构，是党中央直属事业单位。自成立以来，中央党史和文献研究院以多种语种翻译了《毛泽东选集》《周恩来选集》《邓小平文选》《江泽民文选》《中国共产党简史》《中国共产党的一百年》等；同时圆满完成了中国共产党全国代表大会、全国人民代表大会、中国人民政治协商会议以及其他重要会议文件的翻译任务。这些党和国家重要文献的对外翻译出版，在宣传中国共产党的创新理论、展示中国良好形象、增进国际认同等方面发挥着服务国际传播大局、构建中国话语和中国叙事体系的作用。

中国外文局也是承担党和国家对外宣介任务的重要机构。2019年9月4日，习近平总书记致信祝贺中国外文局成立70周年，肯定了中国外文局70年来为中国国际传播事业所作贡献，提出了"建设世界一流、具有强大综合实力的国际传播机构"的目标要求[1]。中国外文局先后翻译出版了《习近平谈治国理政》《摆脱贫困》《之江新语》等一大批党和国家重要文献。党的十八大以来，《习近平谈治国理政》（一至四卷）陆续出版发行，目前已推出41个语种、发行覆盖180个国家和地区，成为改革开放以来翻译出版语种最多、发行量最大、覆盖面最广的领导人著作，成为国际社会了解习近平新时代中国特

---

1 参见中国政府网：https://www.gov.cn/xinwen/2019-09/04/content_5427223.htm。

色社会主义思想的首选读本。

4.1.1.3　低位主体：传播行为者

中央文献的国际传播活动由包括译者在内的国际传播群体负责，这些具体的行为者须具有相应的政治、语言和跨文化沟通等能力。其中，译者作为翻译主体，兼具"信息把关人""文化摆渡人"及"形象建构者"等多元身份，除了具备语言文化翻译和传播能力外，还需将其翻译行为置于传播链条中，使其翻译话语符合传播逻辑，与其他传播者共同织就中央文献国际传播的行为主体网络。

习近平总书记在中共中央政治局第三十次集体学习时强调，"必须加强顶层设计和研究布局，构建具有鲜明中国特色的战略传播体系，着力提高国际传播影响力、中华文化感召力、中国形象亲和力、中国话语说服力、国际舆论引导力"[1]。这一论述为新时代中央文献的国际传播人才培养指明了方向。一般来说，国际传播从业者以外交学、国际关系学、翻译学、新闻传播学等学科为专业背景。曾祥敏、杨丽萍（2023）认为新时期国际传播人才培养需要三种能力：政治能力、语言能力、跨文化沟通能力。同理，中央文献的国际传播工作亦要选择具有政治能力、语言能力和跨文化沟通能力的国际传播人才来完成。

首先，政治能力是根本。在国际形势变幻莫测、国际关系错综复杂的舆论场上，传播者的一切传播活动和交际行为都要以国家利益为根本遵循，坚守国家立场和政治忠诚。中央文献译介与传播从业者必须具备可靠的政治素养、爱国情怀和理想信念。其次，语言能力是基础。中央文献通过译本出版、媒体推广、交流活动等方式

1　参见人民网：http://theory.people.cn/n1/2022/1027/c40531-32552719.html。

使中国话语直达国际受众，传播者需要具备相应的语言技能，双语水平直接影响其对中央文献译本的国别化、区域化推介，最终影响其传播效果。最后，跨文化沟通能力是关键。传播者的一言一行都代表着国家形象，特别是在传播方式多模态、沟通手段多样化的今天，传播者只有以综合的传播策略提升中央文献的传播效度，才能将中国声音立体展现于世界舞台，做好国家形象"代言人"。

传播学家卢因认为，在群体传播过程中存在"把关人"(gatekeeper)，只有那些符合群体利益规范或把关人标准的讯息才能够进入传播渠道（Lewin 1947）。把关人在传播过程中起着信息过滤、筛选的功用。胡正荣等（2008）认为，传播者的把关过程包括搜集信息、过滤信息、加工信息、传播信息。对外翻译的"把关"机制是保障信息在跨语言、跨文化传播后仍能真实、客观的前提条件。中央文献国际传播的选材须保证意识形态安全性，这是对传播信息的首次把关。当进入翻译环节时，译者对信息进行解码、过滤、加工和编码，以生产出既能忠实于原文思想内涵、政治意涵，又符合受众阅读习惯和形象认知的话语。从译文接受的角度来看，读者接触的是译者加工后的内容，其对信息的理解与字里行间意义的解读取决于译者对原文信息的再现及表达。因此，译者在中央文献国际传播的过程中不可避免地扮演"信息把关人"的角色。

在国际受众对中国存在误读与误解时，译者应积极、充分、恰当地发挥把关人作用，让译文增信释疑，避免被歪曲误解。由于国际传播必定涉及语言和文化转换问题，译者在传播过程中的主体性能够在文本的字里行间得以彰显。中央文献的译者服务于国际传播的国家战略，其翻译行为与传播机制挂钩，需要秉持形象传播的国家意识，对原作文本类型、语言风格及其功能进行分析，规避信息传播过程中的信号失真。译者在传播过程中具备"翻译者"和"传播者"的双重身份，与其他传播主体之间形成不可分割的关系。

4.1.2　传播主体的主要特征

作为高位主体的国家以及中位主体的传播机构，在中央文献翻译内容选材、传播渠道及策略择取等方面享有充分的话语权，体现出传播主体的权威性以及对核心传播信息的主导性。译者作为翻译话语的生产者，与其他传播要素之间相互联动，共同作用于中央文献的国际传播，使传播主体呈现出一定的主体间性。

4.1.2.1　权威性

不管是居于高位的国家，还是位于中位的传播机构，或是从事具体传播活动的传播者和译者，都体现着其作为传播主体的权威性，尤其是对意识形态安全的敏感性。中央文献国际传播的功能首先体现在政治价值的实现，国家对意识形态安全问题十分注重，会在具体的国际传播项目中形成"项目监理"和"项目验收"（任东升2022）等机制。项目监理中的产品质量监理体系包括产品安全评价和产品价值评价等，与意识形态安全密切相关；项目验收中的安全验收重在考察项目成果在政治、主权、文化等层面的安全性。由于意识形态问题涉及面广，所涉因素错综复杂，国际传播的总原则是要坚持马克思主义，拥护中国共产党的方针政策路线，传播中华民族传统文化思想。

意识形态安全性无疑是评价中央文献国际传播效度的第一要素。传播主体通过专门的译审机制保障翻译和传播的意识形态安全性。以《习近平谈治国理政》译介为例，中国外文局"严选翻译团队，从源头上'扣好扣子'"（周忠良、任东升2022：36）。英译本初稿译者均是来自外交部、外文出版社等国家翻译机构的"业务精英";改稿由具有多年在华从事国际传播工作经验的英美籍专家负责;资深翻译家黄友义、王明杰、徐明强等组成定稿小组确定最终译本。在改稿定稿过程中,中外专家分工明确,外籍专家确保外语表达地道、自然,中方专家关注中国政治概念翻译的准确性,确保译文的意识形态安全性。中外专家分工合作的译审机制亦凸显了传播主体的权威性。

4.1.2.2　主导性

中央文献的传播主体对传播信息具有主导性。传播信息是"由一组有意义的符号所组成的信息组合……对应于传播学研究中的内容分析"(董璐 2008:23)。中央文献国际传播的内容主要以外文形式呈现,信息经由传播主体选择和译者认知解码、编码后进入传播渠道,有显性与隐性之分:显性传播信息指直接传播的中央文献文本的语言层面,而隐性传播信息则指在文本表象之下深居字里行间的理论思想、文化价值与精神谱系等,承载着特定行为主体的身份特征与形象。中央文献的传播主体通过具体的翻译与传播模式实现其对核心信息的主导性和独占性。

中国共产党建党百年之际,《中国共产党简史》及其英文译本(*A Concise History of the Communist Party of China*)相继问世,英文版本创新性地采用了"自译"和"他译"互补的双轨翻译与传播模式。经中央批准,中共中央宣传部统筹指导,中央党史和文献研究院组织翻译,该书英文版由中央编译出版社于2021年6月出版发行。另一译本 *The Communist Party of China: A Concise History* 由中共中央宣传部组织发起,母语为英语(其中四位为外籍专家)和母语为汉语(其中两位为中籍专家)的译者合作翻译完成,于2021年7月由英国查思出版社与我国人民出版社联合出版。两个版本均体现出传播主体对传播信息的主导性：人民出版社"自译"版本的译者站在国家立场上，忠实精准地再现原作的深层历史信息，以确保中国共产党形象"源像"之客观真实；而查思出版社"他译"版本虽有母语为英语的译者参与翻译，但其高位主体仍是中国国家和政府，须在内容上与中文版保持高度一致，体现了传播主体对核心信息源的主导性。国内外出版社联合发行可扩大传播信息的受众面，实现形象"自我建构"与"主体间建构"和谐统一。

4.1.2.3　主体间性

中央文献翻译与传播由国家作为赞助人策划和实施，相较于一般的传播行为，其传播主体的层级构成更为多元，互动更为复杂。中央文献译者服务于国际传播的国家战略，通过翻译实践构建自己的身份并重现原文中特定行为主体的形象，体现出其与传播主体和传播受体之间互联互动、动态平衡的主体间性，保证了传播效果。

（1）译者与传播主体

中央文献译本的产生是政府的推动行为，体现国家的意志，其源语文本的选择由政府组织发起，译者只能在忠实原作的基础上选择合适的翻译策略或进行翻译方法变通。例如，在中央党史和文献研究院组织发起的《中国共产党简史》英译这一政治话语国际传播项目中，国家和政府处于传播主体链条顶端，负责指导翻译与传播项目的顶层设计；中央党史和文献研究院及中央编译出版社作为国家翻译、出版机构居于传播主体链条中端，是项目的组织机构和传播媒介；国家翻译机构的译者及其委托译者、传播者等制度化传播群体居于传播主体链条底端。从事中央文献传播实践的制度化译者和传播者在选择翻译材料、确定翻译与传播策略方面具有受动性，必须严格遵守赞助人制定的翻译规范及委托人提供的翻译要求。因此，中央文献译者在翻译中主动施为的同时，也受到其他传播主体的制约，其立场要与国家意识形态保持高度一致。

由于翻译与传播活动绕不开译者的参与，译者在中央文献国际传播实践中的作用可概括为"充分互动、克服障碍和构建形象"（尹飞舟、余承法 2020：174），此时译者群体的主观能动性得以彰显。其一，译者秉持国际传播理念，将翻译行为同传播要素有机结合，在话语符号及文化意涵层面"传言达意"，以构筑正面形象。译者可以预设传播情景、验证传播效果并调整翻译策略，将那些有碍于传播的话语信息和因素反馈给其他国际传播从业者，向传播主体"献计献策"，从而促进翻译、传播与形象建构之间形成良性循环。其二，翻译不仅仅是两种语言之间的文字转换，"也是译者参与社会活动、体现其意志、实现其目的的一种方式"（田海龙 2017b：62），中央文献译者的能动性也因翻译与传播的社会实践属性得以凸显。译者还可同传播主体一道考察传播受众的消费需求和阅读喜好等指标，收集并分析传播各环节数据以了解真实传播效果，进而探讨中央文献传播所应扫除的障碍，所得结论亦可运用于调整翻译策略及传播方式。

（2）译者与传播受众

"传播受众"是信息的接收者，以个体或者群体方式存在，其中传播活动的群体性接收者称为"受众"（董璐 2008）。同一语言文化情景中的传播不涉及语言转换问题，而跨语言传播的受众则呈现出多元复杂性。中央文献国际传播的受众主要是对象国的国家政要、社会精英、学术科研从业者等特殊人群，其中不仅有外交人员、各国驻华使领馆人员、中国领导人出访时外方的接待人员，还包括关注中国的汉学家、政治学家、历史学家等学术研究人员。此外，在国内各高校讲学留学的外籍师生以及到中国进行政务洽谈、商旅培训等活动群体，也应成为中央文献对外传播的对象。值得一提的是，中央文献译者既是原文信息的接受者，又是译文信息的传递者。翻译团队中吸收了熟悉中国政策的外文专家，他们作为译本国际发行前的传播受众，能够对翻译文本的"精雕细琢"起到反哺作用。

受众个体的学习兴趣和认知动因能够在一定程度上推动中央文献传播。夏江义（2017：19）在探析《习近平谈治国理政》国际传播范式时认为，"民间的很多传播主体同时又是传播的受众，传播者和接受者的一体化程度逐渐加强，促进了该书和中国政治话语的互动式传播"。接受者是决定翻译目的与传播效果的重要因素（Nord 2001），译文只有被目标语接受者理解，才能产生意义。中央文献译者在翻译过程中充分考虑传播受众的接受习惯，预设其形象认知以实现信息传播价值，这在翻译的灵活处理中得以体现。正如原作者要考虑原文读者那样，译者必须考虑译文传播受众的知识范围、语言习惯和认知模式，使用目标语受众喜闻乐见的形式进行语言表达。例如，使用"译+释"的方法为受众提供相关的背景知识，使原文意涵明晰化，不但能够提高原文信息在传播过程中的信号清晰度，而且契合传播受众的认知语境，能为目标语受众扫除理解障碍，从而提高信息传播的效度，改善形象塑造效果。

4.2 传播渠道研究

"'渠道'是信息传递所必须经过的中介或借助的物质载体"（孙

利、林宗豪 2016：70）。传播渠道与宣介方式的选择以及动态优化是提升中央文献国际传播效果的关键因素，传播渠道数量决定受众接触信息频率，而媒介传播方式则影响着受众对信息理解的广度和深度。拓宽传播渠道可采用立体化、综合化传播媒介，以有效提升中央文献国际传播效果。本节探讨中央文献国际传播渠道的现状，并总结优化国际传播渠道的策略。

4.2.1 传播渠道的现状

在国家作为名义主体的中央文献对外译介与传播中，相关传播机构在不断总结以往对外传播经验，借鉴优秀国际传播范例以及融合新时代传播技术的基础上，采取多元化、融合化传播渠道，探索中央文献国际传播新模式，助力中央文献的多语种、分众化国际传播。通过整合国内外权威出版机构、各类图书的出版推介活动以及国际书展等大型活动，中央文献的国际传播渠道逐渐丰富，受众面日益扩大。

4.2.1.1 国内外权威出版机构

中央编译出版社和外文出版社是我国对外出版发行中央文献的权威机构。中央编译出版社隶属于中央党史和文献研究院，借助国内外专家学者等智库力量，多年来对外翻译出版发行了众多党和国家重要文献以及党史研究成果，如多语版《论坚持推动构建人类命运共同体》《习近平关于全面依法治国论述摘编》《习近平关于党风廉政建设和反腐败斗争论述摘编》以及《中华人民共和国大事记（1949年10月—2019年9月）》（英文版）、《中共中央关于制定国民经济和社会发展第十三个五年规划的建议》（英文版）、《中国抗日战争史简明读本》（英文版）、《中国共产党简史》（英文版）、《中国共产党的一百年》（英文版）等。2023年7月，《中国共产党简史》俄文、法文、德文、西班牙文、阿拉伯文、意大利文等版本也同步出版发行。

外文出版社隶属于中国外文局，是我国最早开始国际版权贸易和对外合作的外向型国际出版机构。70余年来，外文出版社一直承担着党和国家对外宣传出版任务，以多语种翻译出版党和国家领导人著述、政府白皮书等重要中央文献以及全面准确反映中国基本情况、发展理念和发展成就的图书等。由外文出版社出版的《习近平谈治国理政》（一至四卷）是全面系统反映习近平新时代中国特色社会主义思想的权威著作，截至2024年3月，已以41个语种翻译出版，海外发行覆盖180个国家和地区。此外，中国外文局还与目标语国家出版机构共建出版编辑部，以项目化运营模式在对象国当地出版中国主题图书。目前，已有西班牙大众出版社、黎巴嫩阿拉伯科学出版社等多家知名出版社与其开展合作。

国外出版机构的发行或国内外出版机构联合发行亦是中央文献国际传播不可或缺的渠道。例如，意大利文版《中国共产党简史》由意大利二十一世纪马克思出版社参照该书英文版组织翻译并于2023年出版发行；美国圣智学习集团先后发行了《中国特色社会主义理论体系读本》（2016年）、《习近平新时代中国特色社会主义经济思想研究》（2022年）、《中国共产党如何改变中国》（2022年）等重要文献译本。对象国本土权威出版社发行可扩大中央文献国际受众面，而采用国内外出版社联合发行模式则可在确保翻译出版安全前提下提升其国际传播接受度。例如，韩文版《习近平谈治国理政》由我国外文出版社与韩国未来恩出版集团合作翻译出版，乌克兰文版则由我国外文出版社和乌克兰弗里欧出版社共同翻译出版；

英国查思出版社与我国人民出版社于2021年7月出版了《中国共产党简史》的另一译本，名为 *The Communist Party of China: A Concise History*。这种中外合作翻译、共同出版的国际传播模式体现了中央文献国际传播的渠道创新，可有效助力中央文献世界化和经典化。

4.2.1.2　各类图书的出版推介活动

　　鉴于不同语言和文化之间存在的差异性，中央文献的国际传播应逐渐实现分众化，以精准满足不同受众的阅读需求。在中共中央宣传部指导下，作为向中国共产党成立102周年的献礼，《中国共产党简史》俄文、法文、西班牙文、德文、阿拉伯文、意大利文版由中央编译出版社出版，并于2023年7月1日在北京图书大厦举行首发仪式[1]。参与翻译的专家学者精益求精、字斟句酌，为外国读者客观了解中国共产党提供了权威文献资料，也是中央文献分众化传播的一次重大实践活动。

　　除出版社外，中央文献还可在国务院新闻办公室、驻外大使馆等有关部门的协作联动下，面向传播对象国举办各个语种版本图书首发式、读者座谈会、推介研讨会和新闻发布会，广邀各国政要、专家学者、新闻媒体参会，主动答疑解惑，使其得以"精英借言"和有效推广。《习近平谈治国理政》在2014年法兰克福国际书展首发时，德国前总理施罗德等政经、文化、外交人士出席并讲话（黄友义 2018）。后来，尼泊尔总统班达里、泰国立法议会主席蓬贝、柬埔寨首相洪森也分别出席了该书在本国的首发式（黄友义 2018），高度评价该书并呼吁本国民众关注、阅读。

　　图书出版活动是扩大中央文献国际影响力和传播力的重要路

1　参见新华网：http://www.xinhuanet.com/politics/2023-07/03/c_1212240319.htm。

径，特别是在对象国举办的新书发布会、出版座谈会等，能够回应当地受众需求有的放矢地进行宣传，以"本土资源"促进传播之效。例如，《中国共产党简史》（意大利文版）由意大利二十一世纪马克思出版社参照该书英文版翻译出版发行，并于2023年9月13日在意大利首都罗马召开了出版座谈会[1]。该出版社社长卡托内介绍了该书出版情况，赞誉该书是意大利出版界令人瞩目的成就，表示中意两国相关机构和人员在该书意大利文版的翻译和审稿过程中均做出了卓越贡献。这种本土化出版发行模式以及在对象国举办出版座谈会的宣传方式，填补了对象国国内系统全面介绍中国共产党历史书籍的空白，也以一种"本土化宣介"渠道扩展了中央文献国际受众面。

4.2.1.3　国际书展等其他推广渠道

中央文献国际传播可借助在各国主要城市开展大型国际书展的契机，以及在国内举办的各类大型国际活动，持续扩大其国际影响和传播范围，也可采取主动赠书方式，增加海外馆藏数量并提升其学术影响力。

其一，通过大型国际书展对中央文献进行推广宣介。《习近平谈治国理政》多语种版曾参加美国纽约、英国伦敦、德国法兰克福、厄瓜多尔基多等地举办的大型国际书展，以及在波兰华沙、埃及开罗、南非约翰内斯堡等地举办的"中国主题图书展销周""中国主题图书展销月"等国际大型图书活动，"利用中国主宾国地位进行专项专柜展示"（周忠良、任东升 2022：38）。例如，在2024年伦敦国际书展上，中国外文局以"阅读中国"（Reading China）为主题，展示

1　参见中国政府网：https://www.gov.cn/govweb/yaowen/liebiao/202309/content_6903952.htm。

了《习近平著作选读》(第一卷、第二卷)多语种版、《习近平谈治国理政》(一至四卷)多语种版以及《习近平谈"一带一路"》多语种版等图书,其展台设计精美、活动丰富多样,备受出版社和读者瞩目[1]。中央文献在对象国大型书展上"亮相",能够吸引更多的国际受众关注,促使其购买阅读,进而扩大影响力。

其二,"在国内举办的各种重大国际活动中开设赠阅区"(周忠良 2019:53),可提高中央文献曝光率。以在中国进行学术研究的人员为主要目标群体,兼顾国内各高校外籍教师和留学生,也可关注在中国参加政务洽谈、商旅学习等活动的其他群体。在国内举办的国际活动上诚邀上述人群参与其中并赠送中央文献读本,亦可扩大其受众数量,提升其国际传播力。例如,在2014年北京APEC会议、2015年大连达沃斯年会、2017年中国共产党与世界政党高层对话会、2018年广交会、2020年第三届中国国际进口博览会等大型国际政治、经济活动期间,相关部门都安排了该书多语种版进驻专区专柜巡展(周忠良、任东升 2022),吸引了众多在中国工作、访学的外籍人士和游客。

其三,主动向传播对象国捐赠图书出版物,可丰富海外馆藏,提升中央文献国际学术影响力。《习近平谈治国理政》(第一、二卷)"已捐赠古巴国会图书馆、缅甸议会图书馆、德国国家图书馆等多家国家级图书馆,捐赠葡萄牙、柬埔寨、阿富汗等国的孔子学院以及波兰、泰国、尼泊尔等国的中国图书中心,极大地增加了该书的国外馆藏量并提升了学术影响力"(周忠良 2019:53)。《中国共产党简史》等其他中央文献海外馆藏量仍然较少,未来可对海外图书馆捐赠党史文献,以增强党史著作国际影响力,吸引更多国外汉学

---

1 参见中国外文局网站:http://www.cicg.org.cn/2024-03/14/content_42724995.htm。

家、历史学家阅读兼具政治性、历史性的中央党史文献，从整体上拓宽中央文献国际传播路径。

4.2.2　传播渠道的优化策略

在中央文献译介传播方面，需进一步拓展传播渠道，综合运用多种传播策略，开展多元化、立体式宣传推介，形成对外传播合力，以多种传播样态扩大受众范围，并以本土化、分众化策略提升中央文献国际传播效度。

4.2.2.1　传播样态多样化，受众范围扩大化

在中央文献的对外出版发行方面，既要在实体书店和电商平台上联合发行纸质版，又要充分利用数字化出版技术发行电子版，以丰富中央文献传播样态。首先，实行线下与线上相结合的纸质版发行机制。除了在实体书店发行销售之外，出版社亦可在相关部门支持与帮助下，采取多样化发行渠道，联合传统图书营销渠道，通过电商平台线上发行，以扩大中央文献的发行面。特别是在电商平台日益发达的今天，高效、快捷的电商购物更易激发消费者购阅欲望。其次，除发行纸质版图书外，中央文献还可通过电子图书形式线上发行。相对于纸质版，电子版具有方便获取、易于存储、阅读便捷等优势。根据中国网新闻中心提供的信息，《习近平谈治国理政》电子书（中文繁体、英文版）分别在苹果阅读器（Apple iBooks）和爱读书（iRead）上架销售。其中，苹果阅读器主要面向美国、澳大利亚、比利时、加拿大等51个国家和地区的用户，而爱读书平台则面向4.8亿客户端用户开放（夏江义 2017）。电子书形式快捷高效、易于获取，有利于打破地理空间的制约，拓展中央文献

的阅读群体。因此，中央文献的国际传播可以充分利用现代网络信息技术，"形成'互联''物联'机制，使信息传播不受物理空间限制，达到信息传播自由和信息利用自由"（周忠良、任东升 2022：37）。

在中央文献的对外宣传推广方面，可采取实体宣传与网络推广相结合的方式，既通过推介会、图书展、研讨会等进行宣传，也利用网络、国内外报刊及杂志社、电视台、广播等广泛报道。首先，以实际的图书出版交流活动助力中央文献多地区、高级别宣介推广。国内外举办的图书国际出版交流活动，能够为中央文献的对外宣介与传播带来契机。可以在海外举办中央文献国际书展和研讨会等，诚邀外国政要参与，激发民众购阅热情。其次，还可充分利用以国内外电视台、报刊和广播为代表的传统媒体及网络社交媒体、新媒体客户端等进行广泛宣传，不断提升中央文献的国际知名度，推动中国政治话语传播。例如，墨西哥《改革报》在其网站重点推送了《习近平谈治国理政》（第三卷）发行消息；埃及中东通讯社等主流媒体也进行了广泛报道，并对阿拉伯文版的出版进行预热宣传。再次，中央文献国际传播应根据实际情况丰富其传播样态，或以多种模态提升中央文献对国际受众的吸引力。例如，对外发行中央文献译本的要点解读版、插图漫画版等多元化产品，提纲挈领、图文并茂，可有效激发读者兴趣，扩大传播面。最后，充分运用融媒体时代数字传媒技术，与时俱进、以点带面，增强中央文献国际传播的广度和效度。例如，中央党史和文献研究院通过"中央文献翻译"微信公众号打造中央文献与重要术语多语种译文权威发布平台，发布中央文献核心术语多语种译文、重要文献译文节选等，有效统一内外宣传口径，扩大了中央文献译介的传播样态，开创了中央文献融媒体技术传播的先河。

此外，在信息化媒体技术推动下，中央文献的国际传播亦可构建新型传播平台，通过云端图书馆、读书会等移动互联交流方式顺应国际普通受众接受需求和阅读习惯，促进中央文献在世界范围广泛传播。2020年，受新冠肺炎疫情影响，一些重要的国际性图书展相继取消或延期，国际图书发行业不可避免地遭受了沉重打击，全球出版合作面临严峻挑战。在这种形势下，7月24日，由中国外文局主办的"中国国际云展馆"正式开通，是国内首个拥有海量图书的3D虚拟"云展馆"，真实还原线下展馆场景，全球有24个国家和地区出版机构参与，使《习近平谈治国理政》（第三卷）得以顺利展出；新华社于8月7日举办了一场"云上读书会"，邀请德国柏林普鲁士协会名誉主席福尔克尔·恰普克、意大利前经济发展部副部长迈克·杰拉奇、埃及新闻总署政治院研究员侯赛因·伊斯梅尔等多国读者在线分享读书体会（董雁、马杰 2021）。

4.2.2.2　传播渠道本土化，传播策略分众化

中央文献传播对象国出版社最了解适合当地的传播渠道、营销方式、潜在读者群和受众阅读习惯等。《习近平谈治国理政》等党和国家领导人著述国际传播的成功案例充分证明了本土化运作方式是使文本直接到达受众端的有效途径。传播渠道本土化能够针对不同受众人群最实际、最现实的阅读需求，有的放矢地进行出版、推广、营销，是出版物克服文化壁垒、融入和植根于目标市场的重要途径。国内出版社（机构）应将海外本土化发展纳入其国际化发展战略，在海外创建专业化的出版营销机构，实施本土化运营，实现从"走出去"到"走进去"。与国际主流传播渠道合作，"利用其本土化成熟的销售平台和运输、物流等方面存在的优势进行销售，并且借助在地性的配送以及销售网络进入使用世界主要语言国家的主流市场，可以此来打破中国出版以异文化身份进入本土市场的陌生

局面"（张岩 2023：43）。

为满足不同读者群体实际需求，中央文献可采取本地化翻译与出版策略，充分利用对象国当地语言和出版资源，依托其权威出版社翻译出版。《习近平谈治国理政》（第一、二卷）采取了本地化出版发行策略，这种合作模式扩大了该书的发行地域，拓宽了其国际传播空间（周忠良 2019）。对于英文、法文、西班牙文等目标语受众较多的多语种版本，译本由中国外文局下属涉外图书公司负责发行，而"对于泰文、柬埔寨文、波兰文、塔吉克文、阿富汗达利文……等语种版本，则充分利用对象国的语言和出版资源，将翻译出版业务委托给本地知名出版社"（周忠良、任东升 2022：36），以本地化策略出版非通用语种译本，使该书影响力触及"小众"语言群体。2017年年底，中国外文局与乌克兰、塔吉克斯坦、孟加拉国、柬埔寨等多国知名出版机构签署翻译出版备忘录，合作翻译出版该书上述国家语种版本。2021年初，中国外文局与波兰、罗马尼亚、白俄罗斯等17个国家知名出版社签署该书第三卷合作出版协议（周忠良、任东升 2022）。这种本地化出版发行策略能够满足不同语种受众的阅读需求，以"反塑"的形式弥合原著作者和译文读者之间的距离，能够扩大中央文献的受众面。

除了传播渠道本土化外，中央文献国际传播还需要采取分众化策略，根据对象国语言文化特征，提供不同译本。例如，《习近平谈治国理政》在一些国家采取"一国两版"的发行模式（周忠良、任东升 2022）：在巴基斯坦同时发行英文版和乌尔都文版；在新加坡同时发行中文版和英文版；在乌兹别克斯坦、吉尔吉斯斯坦等则采用"本国官语版+俄语版"；在美、英、加、澳等多元文化移民国家，发行中、英、法、西、阿等多语种版本。中央文献在海外分众化发行策略照顾了不同语言消费者的差异性，"这种向不同受众群体提供的定制式服务，有利于最大化提高译本的域外接受度"（周忠良、任东升 2022：36）。

综上，为助力中央文献国际传播，可采取各种形式的国际合作交流项目，充分发挥意见领袖"代言"作用，并善于利用国际友人和外籍人才队伍。第一，持续深化国际传播合作。基于海外中国主题图书编辑部、中国图书中心等平台，持续拓展媒体传播、本土出版、智库交流等领域合作，加强本土化、分众化传播，推动中央文献和中国文化更好走向世界。第二，善用精英代言，不断增进国际人文交流。以外国政要、媒体和学界精英人士以及国际汉学家为重点，加强文化沟通与交流互鉴，推动中央文献世界化、经典化。第三，充分发挥国际友人和外籍队伍作用。有效拓展国际人脉资源，建强优质外籍人才队伍，在充分确保意识形态安全性前提下，参考借鉴国外人士用本国语言进行叙事的方式，充分发挥外国专家作用，发掘和凝聚更多翻译家、汉学家参与中国主题图书对外译介工作，以深化中外文明交流互鉴、提升中央文献翻译与传播效果，推动中华文化走向世界。

4.3　　传播受众研究

随着全球化迅速发展，中国成为世界第二大经济体，对世界的影响与日俱增，欲了解中国的国际受众群体大幅拓展（黄友义 2018）。在传播学中，受众指的是传播活动的接受者。他们不仅是信息最终到达的目的地，在传播过程中也扮演着反馈源的角色。在20世纪初期至30年代末期，传播研究以"皮下注射论"和"魔弹论"为理论核心，认为传播媒介具有势不可挡的强大作用，受众接收到它们所传递的信息时感觉身上就像被药剂注入皮肤，躯体被子弹击中一样，可以导致迅速且直接的反应。这一阶段的传播研究认为受众接受传播信息内容的方式是被动的。20世纪40年代开始，"有限效果论"开始挑战"皮下注射论"和"魔弹论"，突出大众传播效果的有限性和影响的微弱性，强调受众对信息的接收并非完全被动，而是自主有选择地接受。20世纪60年代到70年代初，"强大效果论"和"适度效果理论"开始崭露头角，使得传播研究开始以"受众为中心"，摆脱"传者中心论"，探究媒介长期的、潜在的影响。因此，传播研究由受众如何受传播者影响，逐渐转变为考虑在传播过程中将受众的主动性纳入考量范围。学者们也逐渐达成共识，认为在传播过程中受传者和传播者都是积极主动的主体。要在国际传播中获得良好的传播效果，作为传播主体的政府，就必须考量传播对象国受众既有的政治倾向、意识形态、现实需求等因素，精准施策才能促进国际社会理解中国形象，消除误解和偏见，实现中央文献译介和传播的最佳效果。本节从英语世界和非英语世界两个维度分析中央文献的受众传播。

4.3.1　英语世界的受众传播

长期以来，为增进国际社会对新时代中国特色社会主义理论的认知和理解，中央文献译介与传播担负起塑造国家形象、提升软实力与话语权的使命，成为中国加强与国际社会互动，打破国际社会受众对于中国固有认知、文化想象的主要路径之一。就《习近平谈治国理政》英文译本在英语世界的传播而言，管永前（2015）借助联机计算机图书馆中心（Online Computer Library Center，简称OCLC）数据库，从世界各地10,000多家图书馆的文献资源中搜索分析《习近平谈治国理政》馆藏数量及其分布情况后发现，在海外153家收藏该书英文版的图书馆中，美国的份额达到70%，澳大利亚占10%，英国、加拿大、新西兰次之。从英语世界各国政要、学者等的受众评价来看，《习近平谈治国理政》在帮助国际社会更好地认识中国、了解中国改革和发展以及增进国际社会，特别是西方媒体对中国政策方针的了解方面具有重要的作用（侯敏 2019）。虽然只是从"高层"的角度反映了中央文献"走出去"的阅读和接受情况，但《习近平谈治国理政》的译介与传播在一定程度上破除了中央文献向英语世界传播的壁垒，架起了同对象国文化交流的桥梁，以英语世界受众所能接受的话语方式进行传播，因而该著作深受国际读者的欢迎。总体而言，中央文献面向英语世界传播要取得良好的效果，就需考量与受众相关的心理预设和意识形态差异。

4.3.1.1 心理预设

根据传播学对制约受众理解因素的分析，人们在理解活动开始之前，都是基于个人的生活经验预先在头脑中设定了理解对象的应有面貌，因而带有某种心理期待。这种心理期待常常把理解的方向盘转向理解者所期待的方向，因而会扭曲事实（李彬 2003）。换言之，由于心理预设因素的干扰，人们对客观现实的认识常常难以做到实事求是。

在现代社会，对于英语世界的普通受众来说，了解中国的主要渠道是媒体，尤其是自己国家的媒体。长久以来，西方人眼中的中国形象的历史演进表明，中国形象更多的是"他塑"而非"自塑"，塑造中国形象的主体是西方人而非中国人。为了改变西方受众对中国国际形象的成见，塑造真实、立体、全面的中国国际形象，增进西方受众对中国国际形象的认同，中国亟待改变"他塑"的被动局面。中国话语在传播中国文化、文学、思维方式差异，建构中国国际形象方面扮演着举足轻重的作用，西方国家正是通过中国话语才能客观认识中国。中央文献作为向国际社会介绍中国道路、理论体系、政治制度的权威且有影响力的政治话语，其传播策略的制定也理应成为致力于打破西方受众对中国国家形象既有心理预设和误解的重要途径。就《习近平谈治国理政》面向欧洲、美国、澳大利亚等英语世界地区和国家传播而言，一是媒体报道要重点突出该书主张的中国和平发展道路、大国外交理念、"一带一路"倡议等主题内容，以回应西方国家对中国发展战略、道路和方向的关切，用精准的宣传引起受众的共鸣。二是采用灵活的传播方式，如要综合采用座谈会、新闻媒体和学术期刊这三种主要渠道和形式，在不同的目标群体中形成良性舆论导向，提高该书在英语世界的影响力。例如，中国政府借助美国当地政府资源主动积极与相关机构展开合作举办座谈会，对《习近平谈治国理政》[1]一书进行高规格宣传推介，邀请美国政要出席座谈会并发表其对该书的看法与见解，以政治精英引领政治舆论。以美国前国务卿亨利·基辛格为代表的美国政界人士一致认为，《习近平谈治国理政》一书的发行推广"以透明的方式"使得国际受众能够从多个维度了解中国领导人的思维方式以及博大精深的政治哲学（徐步 2016），可见该书能有效提高中国领导人在美国各界的知名度、关注度和认可度，也为中国国家软实力、国际地位、国际话语权的提升提供了更多可能。信息技术飞速发展使得新闻媒体成为影响力最大的话语传播媒介。《习近平谈治国理政》

1　2014年外文出版社出版发行了《习近平谈治国理政》，2018年再版时更名为《习近平谈治国理政》（第一卷）。

一书出版后，西方主流媒体《华盛顿邮报》《纽约时报》《洛杉矶时报》刊发了数百篇报道对该书进行推介评论，整体呈现出积极的报道基调，表明美国社会精英对该书的肯定和赞扬（张生祥、张苗群 2018）。可以推测，通过社会精英的客观报道，《习近平谈治国理政》一书正面地传递了中国声音，给美国普通民众留下了积极的中国印象，奠定了中国提升国际话语权良好的受众基础。同时，英美学术界对当代中国政治、经济和法律也投以关注和研究，特别是中国改革开放以来，从学术维度上解读中国已成为国际社会学术研究的热点课题之一。为了适应这种学术需求，英美出版界除出版相关大学研究机构成果之外，还尤其关注中国政界、学界最新研究观点和成果（何明星 2015）。《习近平谈治国理政》一书自发行以来就受到《外交政策》《外交》《国家利益》等国际学术期刊的关注。从声誉地位上来看，这些外交学、国际政治学知名期刊在相当程度上反映了美国学术界对中国相关的国际事务的态度。相较于新闻报道，学术期刊更具权威性、专业性和代表性，体现了美国学术精英对待《习近平谈治国理政》及中国的立场：中性为主、褒贬皆有。美国学术界的解读趋于客观，多位学术精英还表示，希望通过阅读习近平著作和浏览其他关于他的文章向中国领导人学习治理模式和发展理念等。

综上所述，三种主要途径，即座谈会、新闻媒体和学术期刊，为《习近平谈治国理政》一书在美国广泛传播奠定了坚实基础，政治精英、社会精英和学术精英的多重评论解读和宣传推广引导了美国大众关于该书及中国的政治舆论、社会舆论与学术舆论，在无形中有效提升了中国的形象，让世界更了解中国，更深层次拓展了中国国际话语权的空间，改善了中国的国际形象。

4.3.1.2　意识形态差异

从根本上来看，对于英语世界受众来说，意识形态差异是影响其理解中央文献政治术语的重要因素。中国和英语国家的不同政治制度和意识形态使母语为英语的受众很难完全理解中央文献译文所承载的中国发展理念。例如，窦卫霖（2018）曾对英语为母语的大学生和留学生进行的一次问卷调查显示，被调查者说不了解什么是"科学发展观"和"中国特色社会主义"等。被调查者对前者的联想多为与科学发展有关的进展，而不会想到是社会经济和谐发展，对后者的理解多认为是与马克思主义相关的传统意义上的社会主义，而未能理解其以民为本、公平公正、共同富裕、民主政治的内涵意义。他们在做选择时，常常带有自己的意识形态和价值观。例如，被调查者在对"生态文明"和"有权不可任性"等词汇的翻译做选择时，大都是受西方媒体对中国人权、腐败、环境污染等负面夸大报道的影响，发表自己认为中国应该如何应对的观点（窦卫霖2018）。因此，要改变英语世界受众因意识形态差异产生的误读和误解，不断提升中央文献传播国际影响力、话语影响力，一是可以加强在英语世界主流媒体的引导和宣传，同时加强中国的对外媒体平台建设，提高媒体的国际影响力，推进中国理念为世界认可。除了汲取西方媒体新闻报道的智慧与经验，实现日常报道的科学化、专业化，形成完善的重大国际事件综合协调报道能力，还可以主动与英语世界主流媒体交换电视台播出时间以及新闻报纸版面，借助西方世界主流媒介全面及时地播出中国有关的信息，也可以积极参加国外媒体举办的相关节目，通过这些节目有效传递中国立场、中国观点、中国看法。二是主动参与设置全球议程。中国可以通过主动设置舆论议程提升国际话语权和影响力。在设置过程中，一方面要选择有利于积极塑造我国国家形象的内容，将中国故事、中国声音传递给国际社会，另一方面要分析西方受众的需求，设置国际社会感兴趣的议题，使国际各界对我国保持较高关注度。2014年，《习近平谈治国理政》的出版发行与传播是中国政府第一次大胆尝试设置全球议程，通过选择与界定议题、动员和协调相关利益方，中国政府成功将中国议题纳入国际议程。

4.3.2　非英语世界的受众传播

中国历来重视与周边国家以及拉美各国的交流往来，并一直将其列为对外交往的重要地区。就发展过程和任务而言，作为最大的发展中国家，中国和大部分周边国家和拉美国家有着更多相似之处，因此存在更加广泛的合作基础（张贝 2023）。中央文献在周边国家和拉美国家的受众传播，是作为传播主体的中国政府将本国的经验与目标国的受众进行分享的过程，旨在消除目标国受众误解，帮助其客观认知传播主体，从而有助于形成对传播主体正面的评价和态度。例如，《习近平谈治国理政》（韩文版）首发式于2015年10月在首尔举办，此书以适应韩国读者的阅读需求为宗旨，由我国外文出版社与韩国未来恩出版集团合作完成翻译，是《习近平谈治国理政》首次在周边国家出版发行，为此书在周边其他国家合作出版提供了良好的经验借鉴。2015年11月，《习近平谈治国理政》（越南文版）在越南正式出版发行。2017年11月，中国外文局外文出版社与周边国家的16个知名出版机构在北京就越南语、柬埔寨语和蒙古语等多语种版《习近平谈治国理政》（第二卷）的合作出版签署备忘录。党的十八大以来，中国和拉美各国在政治、经济、文化等诸多领域的交流合作成效显著，中拉关系蒸蒸日上。伴随中拉关系迈上新台阶，"人类命运共同体""一带一路"等中国理念获得许多拉美国家的广泛认同和积极响应。截至2023年2月，中国已与拉美地区22个国家签署共建"一带一路"合作文件。《习近平谈治国理政》多语种版自出版发行以来，在中拉关系持续深化基础上，受到拉美各界人士的高度关注。当前，《习近平谈治国理政》已出版41个语种，在全世界180个国家和地区发行并传播，在周边国家的发行量最大，影响也最深远。

长期以来，中国将中央文献对外译介与传播的重心放在以欧美为中心的西方世界，忽略了具有特殊地缘价值的周边国家和良好合作关系的拉美国家，这就造成某些原本与中国友善的周边国家和拉美国家时常会误读或误解中国的崛起。因此，面向周边国家和拉美国家传播应该有所选择、有所侧重，从而巩固和提高在周边国家和拉美国家传播的针对性和有效性。要增强彼此之间的信任，就必须与周边国家和拉美国家增强交流和合作，提升对外影响力，同时还应依据传播受众不同的特点来实行不同的传播策略，而非片面地追求扩大传播覆盖规模。总体而言，中央文献面向非英语世界的受众传播应观照读者需求以及阅读喜好和接受心理等维度。

4.3.2.1 读者需求

中国是一个拥有14多亿人口的发展中国家，在不断应对经济发展、环境保护等诸多发展挑战，解决诸如医疗、住房、人口就业等社会民生问题的过程中，综合国力日渐强盛，经济社会一直平稳发展。鉴于中国在治理模式方面与其他国家截然不同，周边国家和拉美世界国家希望能从中国成功的经验中获得启示。许多外国友人读过《习近平谈治国理政》一书后，表示收获很大。吉尔吉斯斯坦议会外交委员会主席伊马纳利耶夫表示，《习近平谈治国理政》一书是一把"密钥"，能帮助周边国家解读当代中国模式，认识和了解中国领导人治国理政的思想理念、进行社会改革的整体规划。对于吉尔吉斯斯坦这样的周边国家而言，中国的这些经验为其发展提供了重要的参考和借鉴[1]。印度总统府新闻秘书拉贾莫尼也表示，《习近平谈治国理政》为印度正确认识中国社会提供了有效途径，尤其是书中对中国改革开放以来经济社会发展遇到的问题做了具体且系统的阐述，很好地满足了周边国家各级领导人、学者以及普通民众了解中国社会的需求，而书中所提及的反腐倡廉等话题，也是周边国家所需要共同应对的困难，并不属于中国社会特有的现象，周边国家可以参考和借鉴中国的治理经验和解决方案（张贺 2016）。墨西哥革命制度党国际书记索菲娅·卡瓦哈尔坦言，在阅读《习近平谈治国理政》后找到了中国人民在中国共产党带领下取得巨大成就的原因。她认为，中国共产党始终实事求是、不断创新的精神值得学习借鉴。墨西哥政府要持续获得人民的拥护，应该向中国共产党学习，不断根据人民的需求调整工作重心[2]。总之，《习近平谈治国理政》在周边国家和拉美国家的出版发行传播，帮助周边国家和拉美国家受众更好地认识和了解了中国的发展模式，较好地回应了他们的关切，成为解读中国发展模式的宝藏书籍（张贝 2023）。

4.3.2.2　阅读喜好和接受心理

中央文献在非英语世界的传播也需实现话语的创新，以更好地贴近受众的阅读喜好和接受心理。一般而言，面向周边国家和拉美国家受众的文化出版与传播，往往会受到语言、文化和思维差异等影响，因此要准确了解、把握和充分尊重这些国家受众的阅读喜

1　参见中国政府网：https://www.gov.cn/xinwen/2014-12/23/content_2795623.htm。

2　参见新华网：http://www.xinhuanet.com/2021-05/20/c_1127468310.htm。

好、接受心理，以当地受众能够理解的语言表达或乐于接受的方式进行传播。与以往中国领导人著作的编辑方式不同，《习近平谈治国理政》（一至四卷）中外文版本具有如下创新特点：一是以读者需求为导向，以专题形式呈现内容，服务周边国家和拉美国家读者"菜单式"阅读需求；二是设计精美且图文并茂；三是增加索引，在便于读者查阅的同时提升该书的学术价值；四是每篇文章后都添加相应的补充注释，帮助读者了解中国历史典故和中国传统文化背景信息，加深对中国形象深层次理解。总体而言，该系列著作文风朴实生动，语言贴近社会现实，且运用典籍中丰富的经典名句来阐述问题和事实，既生动形象地体现出党和国家领导人的治国理念，又精准地传播了中国的优秀传统文化，有效地吸引了周边国家和拉美国家受众的兴趣和注意力，拉近了他们与中国话语的心理距离。

《习近平谈治国理政》在周边国家和拉美国家的出版和成功传播，一方面表明中国的经验和主张可以传播得更远，中华文化可以更深入影响周边国家和拉美国家的普通民众，另一方面也反映出中国国际地位日益提升和综合国力的不断增强。如果仅基于主观臆测来进行版权输出，中央文献则很难顺利地进入周边国家和拉美国家主流社会或普通受众的视野，也不可能获得周边国家或拉美国家的市场和受众的认可。因此，从接受心理角度以受众为导向来考虑中央文献在周边国家和拉美国家的传播，传播模式和路径亦需结合受众的接受心理进行创新，以更好地满足周边国家和拉美国家的受众需求。

首先要注重周边国家和拉美国家官方与民间相结合的精细化、分众化传播。中央文献的国际传播在强化官方媒体传播为主的同时，也要扎根周边国家和拉美国家，根据目标受众接受心理特点，实施柔性化、定制化、精准化传播。相比于宏观的国家推广和宣介方式，柔性的个人宣传更接地气，更符合周边国家和拉美国家普通受众的接受心理。与以往中央文献对外传播的权威性与严肃性不同，从微观层面普通民众视角出发的交流传播活动能够为中央文献在周边国家和拉美国家的传播营造轻松的氛围，起到"润物细无声"的传播效果。如以周边国家和拉美国家的普通读者作为视频主角，采用小切口、小故事的平民化叙事视角，向观众娓娓讲述《习近平谈治国理政》中的中国传统文化、精准扶贫、污染防治、改革发展等的故事，推动中央文献的柔性国际传播。这种推介模式可以一改中央文献以往国际传播中意识形态性强、过于脸谱化以及泛符号化的传播方式，从而提升中央文献在周边国家和拉美国家的传播效用。其次，中央文献在周边国家和拉美国家传播的过程中应该充分发挥网络意见领袖的作用。从信息传播的路径上来看，信息要素总是先流向意见领袖，然后再传播给下一级的普通受众（蒋晓丽、侯雄飞 2013）。在当前现代媒体成为信息传播与互动的主要形式的环境下，意见领袖的作用已经超越了传统意义上的具有物理界限的人际传播，在虚拟网络上通过突破时空界限产生了更广泛的影响。中央文献在周边国家和拉美国家的传播可以通过加强对拥有较强话语权群体的价值引导，利用受众熟知和信任的媒体或人物给出的观点和评价，对普通受众对于中央文献的理解与接受起到正向引领的作用。同时，在立足本土出版多语种译本，使传播影响力触及"小众"语言群体，满足不同语言群体读者需要的基础上，传播议题的设置也应遵循"入乡随俗"的原则，把握周边国家和拉美国家的社会差异、思维习惯和习俗，充分发掘中央文献与周边国家和拉美国家政治现实和国情的互文性，寻求政治话语、文化价值观的对接和共鸣，巧妙设置传播主题以及内容，灵活运用周边国家和拉美国家喜闻乐见的表达方式对中央文献进行解说和宣传，在生动贴切地呈现中央文献主要内容的同时，营造共情语境，赢得周边国家和拉美国家受众的认同与支持。

中央文献在英语世界和非英语世界的传播在内容上是中国化的，应具有中国特色，彰显文化自信，传播中国声音，反映中国立场；在形式上应是全球化的，应符合异域受众的认知心理与现实需求。由此，在国际传播过程中需采用贴近受众的"精准传播"方式实施"全球化""区域化""分众化"传播方式。在英语世界，通过回应受众的关切、引起共鸣，实现传播方式灵活化，加强在西方主流媒体中的引导和宣传，推进全球议程设置，打破受众心理预设和意识形态差异带来的先入为主的固有印象和认知误差，以实现最佳外译话语传播效果。在非英语世界，重视读者需求、阅读喜好和接受心理等因素，形成多元化推介和传播方式，破解、消除对华认知疑虑和成见，增强彼此信任。

4.4　传播效果研究

"传播效果"作为传播学中的核心概念，最早在1948年由拉斯韦尔（Lasswell）在其5W传播模式中提出。在其构建的线性传播框架之中，"传播效果"被定义为"信息传播对接收者的影响"（Lasswell 1948：216），包括其态度、行为、观点、情绪，以及尝试说服受众采纳某种观点、态度的能力。传播效果反映了传播目的的实现情况，是判断传播活动成败的关键指标。传播效果具有多维性，可以从受众认知、态度、行为等方面进行测量。对传播学而言，传播效果研究有助于评估大众传播在改变受众立场和观点方面的实际成效，并为提高传播效率、实现传播目标提供支持。中央文献对外译介，作为国际传播的关键一环，发挥着信息转换、文化互通的关键作用，其传播效果直接影响到国家文化软实力和国际形象建构，关系到我国国际话语权的提升，以及世界对中国的了解与认同。"如果传播者发出信息想达到某种意图，但不为受众所接受，效果不佳甚至适得其反，那就等于失去了传播的意义"（张健 2022：125），可以说传播效果是评判中央文献翻译质量的重要标准。"做好国际传播，提升国际传播能力是当前国家发展的战略需求"（吴赟、蒋庆胜 2022：1），这更加凸显了国际传播视域之下中央文献传播效果研究的紧迫性。

随着翻译学界"对外宣传""外宣翻译""翻译与传播"等概念的提出以及国际传播上升到国家战略，"外向型"翻译越发受到关注。"外宣翻译"最早由马育珍（1991）、梁良兴（1997）、爱泼斯坦等（2000）、李欣（2001）等提出，可谓关注"外向型"翻译的滥觞。自此，众多学者开始关注此种翻译类型及其传播效果、受众评价等，如黄友义（2004，2005）、袁晓宁（2005，2010，2013）、李崇月和张健（2009）、张健（2013）、卢小军（2012，2013）、胡芳毅和贾文波（2010）、胡芳毅（2014）、朱义华（2013，2019）、吕和发和邹彦群（2014）、尹佳（2016）等。张健（2013）曾对"外宣翻译"给出定义，认为"外宣翻译"是以"外宣"为方式和手段，发挥翻译的政治、经济、文化和科技功能，从而实现翻译目的。中央文献译介与传播作为广义"外宣翻译"的一种类型，同样需要考量其翻译目的，发挥传达党和国家大政方针的功能。张健（2022：84）将"外宣翻译"翻译为Chinese-English translation for global/international communication，提出"重视最终的实际效果，讲求最终的传播效果，是做好对外宣传必须依据的原则与准绳"。陈小慰（2007）更是将外宣翻译的传播效果提升到新的高度，从修辞学视角出发，提出外宣翻译不能仅停留在传播信息的这一层面，更需要从情感维度引发读者"认同"。尹佳（2016）从读者接受的角度，通过访谈外宣翻译专家黄友义与徐明强，对《习近平谈治国理政》（英文版）读者反应进行研究，并着重对如何提高传播效果进行讨论。通过对中国知网的相关文献计量分析发现，学界对外宣翻译的讨论始于2001年，在2013年达到高峰。而随着"国际传播"上升为国家战略，学界将研究重点从外宣翻译策略研究着重向国际传播效果转向，开始树立一种"大翻译观"，将翻译视为整个国际传播链条的关键一环。我们将文献计量分析的关键词更换为"国际传播""翻译"就可以发现，国际传播与翻译相关研究起始于2004年。例如，赵心树（2004）将"中国共产党"的英文翻译放到广阔的国际传播视域之下进行考量，并在美国实地组织田野实验和问卷调查，从读者接受的角度尝试给出"中国共产党"这一核心概念更好的译文。可以说，翻译与国际传播研究的数量从最早的个位数到2019年100余篇，再到2022年的200余篇，充分体现了学界对翻译与传播的广泛关注以及对国家重大战略的积极回应。"外宣翻译"因其本身的"宣"字宣介色彩过于浓重的弊端而停留在单向的线性交流。国际传播本身是一个双向、动态、多模态的信息交流模式，早已跳脱文本形式的宣介。从外宣翻译到国际传播，代表着翻译愈发成为国际传播的关键一环，评价体系从仅仅考察语言层面的转换到考察翻译文本的传播效果，代表着一种大局观、整体观、全面观。

如前所述，对译介传播效果的研究由来已久。外宣翻译相关研究试图通过关注传播效果，以提高翻译质量，强化读者接受。张雯、卢志宏（2012）试图从修辞传统角度阐释外宣翻译中如何通过译前编辑等翻译策略和翻译手段的使用与调整，强化修辞效果和读者接受。李轶豪（2021）通过《习近平谈治国理政》（第二卷）英译本与日译本的文本精读，分析其体现的翻译考量及翻译策略，尝试提出优化外宣翻译传播效果的途径。蒋超群（2023）从接受美学角度出发，通过对2019—2021年《政府工作报告》中英文版对比分析，探讨出现的语言表达、语篇衔接等问题并给出优化路径，进而从接受美学角度提高翻译传播效果。但通过以上文献阅读分析我们不难发现，众多从外宣翻译角度对传播效果的分析仅仅停留在翻译策略、翻译方法等层面，并未采取实证研究手段，以数据量表的方式说明传播效果。

随着国际传播观念的不断深入，围绕中央文献传播效果进行的相关研究不断完善，学界尝试借鉴传播学、新闻学、社会学、管理学等不同学科概念，采用定量与定性结合的研究方法，以更加科学的方式对传播效果进行探究。现阶段，对中央文献传播效果研究主要分为三类，分别关注媒体传播效果、馆藏传播效果、读者传播效果三个方面，尝试反映中央文献译介传播现状，评估中央文献翻译质量，解析传播困境，确定提效方案，为中央文献译介与传播提供借鉴。本节从媒体传播效果、馆藏传播效果、读者传播效果三个维度展开，对中央文献国际传播效果进行探讨。

4.4.1 媒体传播效果

媒体传播效果主要指媒体对个人、群体、组织或社区的认知效果、情感效果、态度效果和行为效果等维度所产生的影响（周葆华2005）。但在中央文献国际传播研究中，现阶段学界对以上维度的探究较少，已有研究主要集中在对一些政治核心概念的媒体使用现状、媒体接受现状等的分析。这些研究通过语料库、数据抓取工具等，基于话语分析等研究方法对国际主流媒体报道中与中国相关的核心概念用法以及用词情感态度进行研究，尝试反映中央文献核心概念译法的接受情况或传播效果。

此类研究最具代表性的学者为胡开宝，其团队曾对"一带一路""中国梦""中国特色社会主义""改革开放"等中央文献中的核心概念在国外主流媒体的使用与接受情况进行探索，以揭示政治术语翻译存在的问题，并对如何提高接受效果给出相应建议。例如，胡开宝、陈超婧（2018）基于2013年我国提出的"一带一路"倡议，重点探讨了这一中国特色大国外交理念英文译法the Belt and Road Initiative在国际英语主流媒体的使用和接受情况。通过自建语料库，该研究使用WordSmith等软件就英、美、印三国主流媒体对"一带一路"英译的接受与传播趋势进行分析，发现中国官方翻译的接受度在逐渐提升，证实了这一术语英文译法修改的合理性与必要性。胡开宝、张晨夏（2019）对"中国梦"这一具有强烈中国特色的政治术语的两种英译版本Chinese Dream和China Dream及其在英美两国媒体的接受情况进行探究。该研究考察了律商联讯（LexisNexis）新闻数据库，通过对搭配实词等重点指标的分析，阐释了英美主流媒体对"中国梦"这一概念的误读及其原因，并基于对使用频率更高的Chinese Dream进行批评话语分析，提出进一步提升中国话语权的路径。胡开宝、韩洋（2020）使用类似的研究方法对"中国特色社会主义"这一政治核心概念英文译法的接受情况与传播效果进行研究。该研究同样以英、美、印三国主流媒体对"中国特色社会主义"这一关键概念英文译法的使用进行分析，借鉴了批评话语分析理论，对这一概念在三国主流媒体中的使用情况进行历时与共时研究。研究发现，英、美、印三国主流媒体对此概念英文译法的使用皆呈上升趋势，表明中国话语体系建构初见成效。该研究还通过关键词统计，对这一概念在三国媒体上的接受情况进行情感维度分析。研结果表明，印度比英国、美国更能理解中国走社会主义道路的必要性。这也说明了当下以中央文献译介为重点的国际传播要采取更加精准的传播策略，面向不同国家、不同受众的心理认知特点，采取更加行之有效的传播方略。王晓莉、胡开宝（2021）使用语料库分析工具，对英美主流媒体"新型大国关系"中的"大国"一词的英译进行研究后发现，英美媒体使用更多的是major/great power这一带有意识形态因素考量的译法。这也表明，中央文献国际传播困难重重，需要更多的国际传播人才以更加有效的传播手段，提升中国的国际话语权。王晓莉、胡开宝（2023）在前期研究基础上也对此类研究进行了深化与提高，借鉴费尔克拉夫（Fairclough）的三维话语分析模型，通过对语料的定量统计分析，探讨了"改革开放"这一核心概念英文译法在国际主流英文媒体中的使用与接受情况。该研究通过语料库数据分析发现，英美媒体虽然对"改革开放"的实质性内涵存在一些认识差异，但总体来说情感态度积极。韩洋、胡开宝（2023）进一步完善了此类研究的分析框架，在前期研究基础上使用批评译学作为分析框架来探索中国外交话语体系中核心术语的传播效果。此研究将中央文献汉英平行语料库与美国当代英语语料库和网络新闻语料库进行对比分析，选取当代中国外交话语中核心关键词如"新型大国关系""一带一路""命运共同体"等，对其相关英文译法的媒体使用情况进行了历时分析，并借助批评译学深入挖掘，以探究其内在动因。研究发现，我国外交话语关键词国际传播效果仍有一定提升空间，需进一步从统一用词、规范表达等维度来提升政治核心术语的接受度与传播效果。

　　除上述研究外，也有其他学者采用类似研究思路，对中央文献的一些核心术语外译传播效果进行研究。秦洪武、孔蕾（2019）运用大数据、数字人文等分析工具，重点描写分析了NOW（Newspapers on the Web）语料库中2010—2018年中国政治话语英文翻译在国际媒体的传播情况。研究发现，我国政治话语传播效果呈现片面性、不平衡性特点，仍有一定的提升空间，而且不同区域的国际媒体对中国政治术语英译的接受效果也不尽相同。例如，亚非国家的英文媒体主要关注经济发展，关注的领域相对较宽，而西方国家媒体关注较为片面，而所使用词汇的情感态度较为负面。这也再次印证中央文献的国际传播与接受需要采取更加精准化的传播策略，突出重点，针对不同国家的接受情况提高国际传播效果。值得注意的是，相关学者对中央文献传播效果的研究并非局限于英文媒体或英语世界的接受情况。例如，鞠雪霞、秦洪武（2020）基于真实的语言数据，考察了"一带一路"倡议法文译文在法国媒体的传播效果。通过检索、建库、分析，该研究发现法国媒体密切关注"一带一路"发展，并对其内在文化和价值理念进行了现代性诠释。尹春荣等（2020）也对"中国梦"这一概念在法语国家的传播效果进行了探索，并同样基于批评话语分析理论，对"中国梦"相关法语译文在法文媒体中的使用与接受进行分析后发现，法语媒体大多对"中国梦"这一概念密切关注，但是态度较为消极。为此，该研究提出需要加强对"中国梦"这一概念的内在文化价值观的叙述，通过寻找共同之处，弥合差异，消解偏见，从而增强"中国梦"这一概念的吸引力。

当前，中央文献国际传播效果的研究大多围绕海外新闻媒体等传播媒介展开，但网络时代的传播不仅仅局限于新闻报道。随着社交媒体的快速发展，更多的海外民众使用社交媒体获取信息、表达观点。因此，中央文献媒体传播效果的研究也绝不能停留在传统媒体上，亟须拓展到脸书、抖音国际版等社交平台上。胡开宝、杜祥涛（2023）认为，可以通过搜集国外社交媒体中对于中国外交举措或核心概念的看法，借助语料库等分析工具，了解普通民众对中央文献的接受以及认知态度。可以说，无论是提高中央文献的传播效果，还是增进国外民众对中国的了解、引导其对中国的态度及认知，都需要进一步发挥社交媒体的巨大作用。通过精准传播中央文献核心内容，正确宣传政策导向以及有效传递文化价值，可以进一步在国外民众心中树立良好的中国形象。

4.4.2　馆藏传播效果

中央文献国际传播效果研究的第二种条径主要关注以《习近平谈治国理政》为代表的中央文献在海外图书馆的馆藏和借阅情况。通过对馆藏、借阅情况的研究，可以在一定程度上了解中央文献的传播效果与接受情况。毕竟，"图书馆的馆藏对于图书的文化影响、思想价值的衡量是严格的，也是检验出版机构知名度、知识生产能力等诸项要素最好的一个标尺"（何明星 2012：120）。

就此维度，管永前（2015，2017）借助OCLC数据库对2015—2017年海外收藏《习近平谈治国理政》多语种版本的馆藏数量和分布状况进行了全方位检索，并重点介绍了该书英文版和中文版的海外馆藏分布情况，尤其是详尽展现了《习近平谈治国理政》多语种版本在美国大学图书馆和美国各州图书馆收藏的情况。根据对馆藏数据的分析，该研究进一步考察了《习近平谈治国理政》多语种版本受到广泛关注的原因，即该系列著作阐述了中国领导人的治国理政理念，传递了合作共赢信号，展示了党和国家领导人的独特魅力，超越了传统的国际传播模式。卢小军等（2020）根据OCLC数据库收集的全球图书馆收藏数据进行分析，以此考察《习近平谈治国理政》13个语种译本在全球图书馆的分布情况。研究发现，收藏该书英文版的图书馆为345家、中文版165家、德文版24家、法文版20家、阿拉伯文版

11家、泰文版5家、波兰文版5家、西班牙文版7家、意大利文版1家、俄文版1家、韩文版4家、葡萄牙文版1家、日文版1家。并基于此数据，尝试绘制了《习近平谈治国理政》全球传播地图。除此之外，何明星（2019，2020a，2020b，2021）对毛泽东著作的俄文版、法文版、日文版、阿拉伯文版、西班牙文版、伦敦英文版及非洲民族语言等不同语种、不同版本的翻译、出版与发行情况进行了全面系统的探索。其系列论文为进一步探究毛泽东相关著作的传播与接受效果，也对其馆藏量进行了全面梳理。研究发现包含法文版在内的众多翻译版本都与20世纪50—70年代第三世界国家寻求民族独立的潮流密不可分，这也充分证明了中国道路、中国智慧与中国方案在国际传播的可行性。夏江义（2017）曾对《习近平谈治国理政》多语种版的发行数量与馆藏量进行历时分析，发现两者皆表现出增长趋势。一方面说明了《习近平谈治国理政》的强大影响，可以称得上是国际受众理解当代中国的"钥匙"，可以为他国发展提供经验借鉴，另一方面，也说明该著作实现成功对外译介与传播，不但传达了丰富的中国传统文化，展现了越发强大的中国自信，而且真实再现了中国风格、中国特色与中国气派，可以很好地助力向全球讲述中国故事。除此之外，胡伊伊、陶友兰（2022）在对《习近平谈治国理政》国际传播效果研究中也对英文版本馆藏现状进行了分析，发现世界各地图书馆收藏广泛，但不同地区关注点各有不同，这可能与当地经济发展水平有关。但无论何地，多语种版本馆藏量均表现出增长态势，全球收藏多语种版本的图书馆数量从2017年9月的493家增长到2019年2月的590家。研究建议针对当下国际传播地区不平衡的情况，可以进一步优化面向第三世界国家的传播效果，可以举办读书会、书展等相关活动。未来仍需不断增加以《习近平谈治国理政》为代表的中央文献海外馆藏量，以提高中央文献译介与传播的接受度与传播效果。

通过文献梳理可以发现，当下对于中央文献国际馆藏效果的相关研究大多集中在馆藏数量这一单一指标上。虽然该指标可在一定程度上反映某一著作的权威性或者代表性，但是不能完全反映读者接受效果与接受程度。为了进一步完善中央文献海外馆藏效果研究，可以通过挖掘借阅量、借阅频次、读者阅读评价等不同指标对中央文献国际传播效果进行深入探索，还可以实地走访具有代表性的世界各地高校图书馆等，实地考察中央文献译本的借阅情况与反馈效果，以更加真实全面的数据与指标体系反映中央文献国际传播效果现状，以期更好地推动中央文献的译介与传播。

4.4.3   读者传播效果

读者传播效果主要指对外译介与传播中受众对于译文的接受、反馈、评价等，与翻译研究中的读者反应密切相关。这些话题在翻译研究中并不陌生，从奈达（Nida）提出的功能对等/动态对等到纽马克（Newmark）的交际翻译，从科勒（Koller）的等效关系再到格特（Gutt）的关联翻译理论，无不体现着众多翻译从业者和研究者对于读者反应的关注，期待原文与译文能够在此岸与彼岸的受众认知中产生相同或相似的反应效果。对中央文献译介与传播来说，读者传播效果研究即读者接受或读者反应研究，可以帮助国家翻译机构更加全面地评价翻译工作是否达到了预期目标，是否能够在不同文化和语境下准确传递原文的意图和情感，以及是否能够在国际社会中引起共鸣，从而不断调整译介与传播策略，达到最佳传播效果。

现阶段中央文献读者传播效果的研究主要对读者网络评价、读书网站点评、购物网站评论等进行数据挖掘统计或通过调查问卷、访谈等定性定量研究方法对读者接受与读者反馈进行深入讨论。周忠良（2019）对亚马逊购物网站中《习近平谈治国理政》多语种版本的读者评价进行收集、建库、统计、分析，发现不同读者群体大都对该著作做出了积极评价，认为可以通过阅读该书了解中国社会治理与社会发展的不同经验。除此之外，该研究还对大众媒体、社交媒体中对该著作的相关评价进行了收集分析，发现该书的传播效果较好，全面展现了中国特色社会主义的"发展策略、实现路径、未来愿景"（周忠良 2019：52）。胡伊伊、陶友兰（2022）不仅对《习近平谈治国理政》英文版的馆藏现状进行了探索，还从外国代表性政治人物评论、国外读者和译者评论、亚马逊网站读者评论三个维度对读者评论进行了深入分析，认为《习近平谈治国理政》的国际评价较好，可以有效展示真实、立体、全面的中国。张贝（2023）对《习近平谈治国理政》在拉美地区的读者评价进行了深入探究，介绍了来自高校与智库的23位巴西当地学者对该著作的评价。研究发现，该著作在拉美地区接受情况良好，其翻译、出版、宣介都充分考量了读者的语言习惯、审美特点，而且采取了精准传播模式，在拉美地区就有中文版、英文版、西班牙文版、葡萄牙文版、秘鲁版等多个版本的宣介与传播。

当下读者接受与读者反馈相关研究也愈发多样，更加追求研究方法的科学性，试图通过读者接受与反馈为当下中央文献译介与传播建立反馈评价机制。毕竟，受众才是"对外翻译活动的接受者与评价者，也是跨文化意义的再阐释与再生产者"（吴赟、孙萌 2023：63）。为此，不同学者或通过问卷调查或通过访谈对话对中央文献译文读者接受效果进行不同角度的探索与研究。武光军、赵文婧（2013）通过设计基于2011年《政府工作报告》英文翻译的五级量表问卷调查，从词汇、句子、语篇三个维度对其英译的接受与反馈进行研究，发现2011年《政府工作报告》英文翻译可读性较高，基本符合读者审美以及阅读习惯，但是在语篇维度仍有提升空间。蒋芳婧（2014）对2013年《政府工作报告》日译本进行了受众接受调查，对八名日本本土读者通过网络电话进行个别访谈，发现中央文献日文翻译总体质量较高，但是在译文用词与句式把握方面仍有提升余地。李钰婧（2017）、米原千秋（2017）、崔亚蕾（2019）、关永皓（2020）、薛悦（2020b）、修茸岑（2022）、付佳楠（2022b）也曾多次前往日本或通过网络对日本读者组织问卷调查与读者访谈，充分调查以《习近平谈治国理政》为代表的中央文献日文翻译的读者接受情况。这些研究发现，中央文献日文翻译依然存在搭配不当、行文冗余等问题，在一定程度上影响了中央文献的国际传播效果，并基于阐释学、跨文化交际、视域融合等相关理论对提升中央文献国际传播效果给出相关建议。

通过文献梳理不难发现，中央文献国际传播效果的研究呈现出数量逐年增多、研究方法不断完善的态势，相关研究为中央文献对外译介提供了重要参照，对于提升中央文献的国际影响力与传播力发挥着不可忽视的作用。但从传播学视角来看，仍有较大提升空间，毕竟传播效果不仅要考量对某些传播内容的接受，还关注传播对象接收传播内容前后的态度、认知、情感等发生的根本变化。同时，不同受众接受反馈可能千差万别，今后对中央文献国际传播效果的研究还需进一步加强分类定点研究，助力中央文献的国际精准传播，为不同环境不同受众量身定制传播策略，助力实施中国国际传播战略。此外，还可以通过构建中央文献译介与传播效果评估指标体系，对传播效果进行多维度、多角度、多方面的测评与分析，建立循环导向机制，不断提升中央文献国际传播效果的解释力，从而改善当下面临的国际传播困境。

4.5　小结

　　本章探讨了中央文献国际传播的主体、渠道、受众和效果。中央文献的传播主体可分别指涉高位主体的国家、中位主体的传播机构和低位主体的具体传播者，形成一种"高—中—低"三维结构。中央文献目前已形成立体化、融合化的国际传播渠道，呈现出线下出版与线上发行并举、传统宣传与新型推介并重等特征，其传播渠道要进一步实现本土化及分众化，以多元传播样态和多种传播技术拓宽受众范围。在传播受众的研究中，主要从英语世界的受众传播及非英语世界的受众传播入手，基于不同受众在心理预设、意识形态等方面的差异，关注中央文献国际传播要重视读者的需求和关注点，并以动态化国际传播创新话语表达，助力话语体系建设。在传播效果方面，从媒体传播效果、馆藏传播效果及读者传播效果三个维度梳理了当前中央文献国际传播的影响和成效，认为下一阶段还需加强分类定点研究，运用分众化策略并制定效果评估体系，为中央文献的国际精准传播添砖加瓦。

第五章 中央文献译介与传播个案研究

　　本书第二章界定了"中央文献"概念，采用"属加种差"的内涵定义法，将"中央文献"界定为"由我党和国家领导人、中国共产党中央委员会、中央人民政府或其下属机构、组织等编纂、发表的重要文件、报告、指示、公告、决议、公报等文字材料，旨在传递治国理政思想，表明党和国家立场，主要包括党和国家领导人著述、中国共产党历史著作、党和国家重要会议文件以及其他重要政策文件等"。同时，亦历时梳理了中央文献译介与传播成果，发现中央文献译介与传播主要经历了四个时期，即起步期（1921—1949）、第一次高潮（1949—1977）、稳步发展期（1978—2012）和整体推进期（2012年至今）。上述研究表明，中央文献文本多元、内涵丰富且译介与传播历史悠久，最早可追溯至一百多年前的建党初期。本章选取了《习近平谈治国理政》《中国共产党简史》和《政府工作报告》三个典型的中央文献文本为具体分析语料，从语言的微观层面如原文中的用典、隐喻和中国特色语汇等方面切入，尝试从宏观层面，如中国共产党形象塑造等，思考中央文献译介与传播。实际上，上述分析语料分别代表了中央文献中的三大类，即党和国家领导人著述、中国共产党历史著作及党和国家重要会议文件。因此，本章以典型语料为具体分析对象，形成中央文献个案研究矩阵，以勾画一幅中央文献译介与传播的立体图。

5.1 《习近平谈治国理政》的用典英译

自2014年以来，中共中央宣传部会同中央文献研究室（2018年更名为中央党史和文献研究院）和中国外文局负责编辑、外文出版社负责出版发行了《习近平谈治国理政》（一至四卷）[1]。该系列著作收录了习近平总书记于2012年11月15日至2022年5月10日期间发表的讲话、谈话、演讲、报告、致辞、答问、批示、贺信等共379篇。由此可见，《习近平谈治国理政》（一至四卷）集中反映了习近平新时代中国特色社会主义思想的发展脉络和主要内容。因此，《习近平谈治国理政》（一至四卷）的外文翻译出版有助于世界了解中国发展，理解中国之治。截至2024年3月，一至四卷已以41个语种在180个国家和地区出版发行，深受国际政要和专家学者好评[2]。

《习近平谈治国理政》（一至四卷）英文版与中文版由外文出版社出版发行。担任英文翻译工作的人员均为来自外交部、国务院新闻办公室、中央党史和文献研究院、中国外文局的资深翻译家。"中外合作+编译融合"的翻译模式（吴斐2023：152）使《习近平谈治国理政》（一至四卷）英文版在国外"圈粉"无数，译界学者亦给予了高度评价（高玉霞、黄友义2021）。由于用典是习近平话语风格的一个显著特点（凌继尧2015），一至四卷均含有大量用典。研读《习近平谈治国理政》（一至四卷），梳理并统计各卷中的用典频次可知，第一卷用典142次，第二卷128次，第三卷101次，第四卷90次。这说明习近平总书记在阐述治国理政思想时，善于引经据典以古证今。可见，习近平用典英译是《习近平谈治国理政》（一至四卷）英

---

1 《习近平谈治国理政》第一卷是2014年出版发行的《习近平谈治国理政》修订版，由中宣部会同中央文献研究室和中国外文局负责修订，2018年1月再版发行。

2 参见新华网：http://www.news.cn/2022-10/24/c_1129078039.htm。

文翻译的一项重要内容。

近年来，外国学者不乏对习近平总书记著述的研究，但相关研究主要关注习近平总书记治国理念和中国发展问题（赵祥云 2018），尚未发现对习近平用典英译进行研究。目前，国内学者已从多元视阈探究习近平用典英文翻译。部分研究基于"再语境化"概念分析习近平用典英译现象，如李晶（2017）分析了《习近平用典》中八则用典的译文，并运用"再语境化"标准对译文进行修正，提出了新译；陈大亮、陈婉玉（2019）从互文性和再语境化两个方面，分析习近平总书记一篇讲话中三则用典英文翻译如何对原文本保留、转化或创新，以重现原文的用典意图；唐青叶、卢梦环（2021）以11则习近平扶贫用典英译为研究对象，从再语境化视角分析了典籍原文与用典原文符号互文及英译的再语境化过程。部分研究则聚焦习近平用典国际传播路径，如顾世民、肖成笑（2023）以《习近平用典》英译为语料，提出机制完善、方式新颖与载体丰富的用典英译国际传播理路。部分研究亦从交叉学科视阈切入，如佟晓梅（2021）基于美学与互文性理论，认为习近平用典的审美价值可通过文化意象的互文传译与目标语语境的互文重构得以实现。在研究方法上，现有研究运用了语料库统计法，如祝朝伟（2020）基于自建英汉平行语料库，对《习近平谈治国理政》（第一卷）中的用典英译进行分析，由此凝练出"中国观点、国际表达"的翻译立场、"异而化之、融而通之"的翻译理念和"因势而变、因时而新"的用典翻译策略。

从以上研究可见，习近平用典英译是近年学界较关注的话题，但目前的研究多以《习近平谈治国理政》（第一卷）、《习近平用典》、习近平总书记部分讲话中的用典为研究对象。由于研究语料有限，现有研究无法全面反映习近平总书记用典特征与英文翻译规律。目前尚未有研究考察《习近平谈治国理政》（一至四卷）中的用典英文翻译，由此本节尝试以一至四卷中的用典为语料，通过对原文本用典特征的分析，比较用典原文与译文，从而提炼习近平总书记用典英译策略。

5.1.1 《习近平谈治国理政》原文本用典特征

"用典"意指运用或引用典故。典故在古代又称为"事类"[1]。刘勰在《文心雕龙·事类》篇对"用典"做了最早的阐释："事类者，盖文章之外，据事以类义，援古以证今者也。"据此可知，"事类"是在文章原有的辞情之外，凭据事例来类比说明文义，援引古事、古语以证今天之事理（王志彬 2012）。可见，典故为话语活动中所引用的一切已发生或出现过、有文献依据的语言形式[2]，而典籍可为典故主要来源。学界对"典籍"形成了"宽式"与"窄式"的不同界定，前者如王宏印（2003）将中国历代文学、哲学、史学、艺术等领域的经典之作称为典籍；后者如杨自俭（2005：62）将典籍仅限于"中国清代末年以前的重要文献和书籍"。本节以王宏印（2003）的"宽式"界定为依据，梳理《习近平谈治国理政》（一至四卷）的用典。

翻译始于理解原文，而理解原文需考量原文特征。因此，对《习近平谈治国理政》（一至四卷）原文本用典特征进行分析研究后发现，一至四卷中的用典具有时间跨度大、频率高、体裁多样和用

---

1 参见《人民日报》（海外版）：http://paper.people.com.cn/rmrbhwb/html/2018-10/15/content_1886098.htm。

2 参见《人民日报》（海外版）：http://paper.people.com.cn/rmrbhwb/html/2018-10/15/content_1886098.htm。

典创新等主要特征。

5.1.1.1　用典时间跨度大

《习近平谈治国理政》（一至四卷）所引典籍时间跨度大。习近平总书记从先秦时期到近现代的典籍中援引了大量经典话语，阐释新时代中国特色社会主义思想，以及治国理政的新理念、新思想、新战略。

《习近平谈治国理政》中典籍引用年代最久远的为《周易》。例如，《习近平谈治国理政》（第一卷）中引用《周易》四次，其中两次引用均为习近平总书记于2014年5月在北京大学师生座谈会上的讲话。在该讲话中，习近平总书记引用了《周易·乾》中的"天行健，君子以自强不息"以指出社会主义核心价值观充分体现了对中华优秀传统文化的传承和升华；为树立和培育社会主义核心价值观，习近平总书记又引用了《周易·益》中"见善则迁，有过则改"，以强调崇德修身须从做好小事、管好小节开始起步。

习近平总书记在《习近平谈治国理政》中亦引用了近现代名家或名作中的经典话语。2013年6月5日习近平主席在墨西哥参议院演讲，引用了社会学家费孝通关于处理不同文化关系的十六字箴言，指出中国和拉丁美洲要"加强文明对话和文化交流，不仅'各美其美'，而且'美人之美，美美与共'"（习近平 2014：311）。习近平总书记曾用钱锺书《围城》中的"麻雀虽小，五脏俱全"形象地描绘县级政权在"四个全面"战略布局中的重要作用（习近平2017）。

5.1.1.2　用典频率高

《习近平谈治国理政》（一至四卷）用典频率很高。其中，第一卷含79篇重要著作，用典达142次；第二卷共99篇著作，用典128次；第三卷含92篇著作，用典为101次；第四卷共109篇著作，用典90次。《习近平谈治国理政》用典频率之高，从习近平总书记2014年5月4日在北京大学师生座谈会上的讲话可见一斑。在该讲话中，习近平总书记用典高达32次，其中一段就含有18次用典。

5.1.1.3　用典体裁多样

《习近平谈治国理政》所引典籍体裁形式多样，包含散文、史书、诗歌、小说、碑文等。自党的十八大以来，习近平总书记提出了许多治国理政的新理念。这些新理念既来源于改革开放的经验教训，也源自对中华优秀传统文化精华的学习、提炼和总结（叶自成2014）。研究发现，《习近平谈治国理政》中引用了许多体现中华优秀传统文化的儒、道、法家等先秦诸子百家散文作品，如儒家经典《论语》《孟子》《荀子》《礼记》等，道家《老子》和法家《韩非子》等。

习近平总书记非常重视学习和借鉴历史。他曾指出，"不忘历史才能开辟未来"（习近平2017：313），因此《习近平谈治国理政》中有不少用典出自中国古代史书，如《国语》《左传》《东观汉记》《资治通鉴》《贞观政要》，以及二十四史中的《史记》《汉书》《后汉书》《三国志》《晋书》《魏书》《旧唐书》《新唐书》和《宋史》等。

除了从诸子百家散文和史书中进行大量的引用外，习近平总书记还借用了中国经典文学作品中的话语，如李白、杜甫、郑板桥等人的诗歌以及曹雪芹的《红楼梦》和钱锺书的《围城》等小说。在《习近平谈治国理政》第一卷中引用了碑文中的经典话语，如在回顾中国和阿拉伯人民海上交往历史时，习近平总书记引用了《天妃灵应之记》碑文中的"云帆高张，昼夜星驰"（习近平2014）；为促进文明互鉴，习近平总书记引用了西南联合大学纪念碑碑文中的"五色交辉，相得益彰；八音合奏，终和且平"（习近平 2014）。显然，体裁多样、内容丰富的用典可提高读者的阅读兴趣。

5.1.1.4　用典创新

习近平总书记对优秀传统文化坚持古为今用、推陈出新，并结合新时代的实践要求进行创新发展。研究发现，习近平总书记引用典籍时往往会根据新的话语语境对原典进行适当的改写，以实现传统文化与现实文化的融合。例如，在《青年要自觉践行社会主义核心价值观》这篇文章中，习近平总书记引用了刘昼《刘子·崇学》中"凿井者，起于三寸之坎，以就万（百）仞之深"，将原典中的"百仞之深"改为了"万仞之深"，将"百"改为"万"，更好地强调了青年时期养成正确价值观的重要性；在《携手推进"一带一路"建设》这篇文章中，习近平总书记引用了司马迁在《史记》中对张骞出使西域的描述"然张骞凿空，其后使往者皆称博望侯"，由于原典古文内容较长，引用时将其改为"凿空之旅"，短短四字精辟地概述了这一重大的历史事件。对原典古文的灵活改写使用典准确而简练。

《习近平谈治国理政》中的用典具有上述多维特征，由此典故英译需综合考虑多方面因素，如原典意义、用典意图和目标语受众阅读感受等，以实现典故译文在目标语中的有效交际。

5.1.2　《习近平谈治国理政》用典英译策略

钱锺书先生曾指出，各国文字之间必然存在距离，因而从一种文字到达另一种文字，这实为一段艰辛的历程（王宏印 2003）。典籍英译更是一次穿越之旅，译者需跨越时间、空间，冲破语言文化的障碍（李正栓、叶红婷 2016）。黄国文（2012）则认为典籍翻译通常要经过语内翻译和语际翻译两个过程。习近平总书记用典英文翻译亦是如此。

习近平总书记用典的语内翻译过程较一般典籍翻译复杂。翻译中，译者不仅要理解原典意义，还需结合话语语境对用典进行新的解读。因此，习近平总书记用典英文翻译既要求译者具有颇高的英语语言与文化素养，又要求译者熟谙中国传统文化，并深刻理解习近平新时代中国特色社会主义思想，这无疑对译者提出了较高的要求。

自出版以来，《习近平谈治国理政》（一至四卷）英文版已受到多国政要及中国问题专家的高度评价（管永前 2015；吴斐 2023）。《习近平谈治国理政》（一至四卷）英文版在海外受到欢迎，一方面是由于习近平总书记治国理念和"习式话语"的独特魅力，另一方面则是由于其成功的翻译。如前文所述，《习近平谈治国理政》英文译者多为国内外资深翻译专家，其译文体现了目前中央文献翻译的最高水平。比较用典原文与译文，可以发现译者在翻译过程中从原典意义、用典意图和目标语受众阅读感受等多种因素出发，灵活采用了异化和归化的策略。韦努蒂（Venuti 2008）提出了"异化"与"归化"这两个翻译学术语，并指出异化与归化不是一个简单的二元对立。可见翻译中，译者可调和异化与归化之间的张力，以实现译文的有效交际。很明显，《习近平谈治国理政》用典英译采用了异化策略，以面向原典作者和用典作者，同时也采用了归化策略，以面向目标语受众。

5.1.2.1 异化策略：面向原典作者和用典作者

《习近平谈治国理政》用典英译通过异化策略，面向原典作者，这主要体现在用典译文较好地保留了原典的语言特点，如原典中的比喻意象，这可让目标语受众接触到原汁原味的中国传统文化。异化策略在面向原典作者的同时，亦面向用典作者，即译文对书中用典意图的关照。为此，用典译文需重构用典语境，以使用典意图传至译文中。

（1）译文保留原典语言特点

基于人类对世界认知体验的相似性，原典中不少比喻意象可通过异化策略保留在《习近平谈治国理政》译文中。如：

原文1： 学如弓弩，才如箭镞。

译文1： Learning is the bow, while competence is the arrow.

原文2： 不义而富且贵，于我如浮云。

译文2： Fortune and riches obtained through unjust means are like floating clouds for me.

原文3： 交得其道，千里同好，固于胶漆，坚于金石。

译文3： A partnership forged with the right approach defies geographical distance; it is thicker than glue and stronger than metal and stone.

原文1引自清代袁枚《续诗品·尚识》，"弓弩"指弓和弩，"箭镞"为箭前端的尖头，二者分别比作学问和才能。"弓弩"和"箭镞"可分别译为bow和arrow。*Merriam-Webster's Advanced Learner's English-Chinese Dictionary*（Merriam-Webster 2017：102）中对arrow的解释为a weapon that is made to shoot from a bow，这则释义实际道出了arrow与bow的关系。可见，译文1通过保留原典中的比喻意象可在目标语中传达学问和才能的关系；原文2出自《论语·述而》，"浮云"指飘浮在天空中的云彩，常用来比喻不值得关心的事。原典中孔子将用不正当的手段获得的荣华富贵比作浮云，认为富贵如不以道义得之，则没有价值。"浮云"直译为floating clouds，原典的比喻在译文2中得以延续；原文3中用"胶漆""金石"形容友谊的牢固与情谊的坚定，译文thicker than glue and stronger than metal and stone将原典中的比喻意象传达至目标语读者。

（2）译文重构用典语境

前文对《习近平谈治国理政》用典特征进行了分析，了解了用典创新是其特征之一。这说明，《习近平谈治国理政》用典英译与一般典籍英译不同，往往涉及重构用典语境。

用典语境的重构往往意味着用典的再语境化。"再语境化"（recontextualization）概念最早由教育社会学家伯恩斯坦（Bernstein 1990）提出，他认为"再语境化"指话语经历被移位和被重新定位的过程，即话语从原来的实践和情境中移出，并依据一定的组序和聚焦的规则将其重新建构。由此，可将再语境化过程简述为一个文本从一个情景中移出并植入另一个情景中（田海龙2016，2017c）。

用典是将典籍中的话语从原典籍语境中移出，然后将其置于具体话语语境中，由此习近平总书记用典英文翻译的过程是一个再语境化的过程。下面对《习近平谈治国理政》用典英译的再语境化过程进行分析。

原文4：　苟日新，日日新，又日新。

译文4：　If you can in one day renovate yourself, do so from day to day. Yea, let there be daily renovation.

原文5：　天下兴亡，匹夫有责。

译文5： Everyone is responsible for his country's rise or fall.

原文6： 知之愈明，则行之愈笃。

译文6： A clearer understanding of new concepts makes actions stronger and more targeted.

原文4源自《礼记·大学》，原文为"汤之《盘铭》曰：'苟日新，日日新，又日新。'《康诰》曰：'做新民。'《诗》曰：'周虽旧邦，其命惟新。'是故君子无所不用其极"（陈锡喜 2014：192）。原典中的"新"最初指洗澡除去肌肤上的污垢，后引申为精神上的弃旧图新，因此原典强调除旧更新。2013年5月4日，习近平总书记同各界优秀青年代表座谈时引用了该古语，鼓励广大青年勇于创新。因此，结合具体话语情景，对"新"一词的理解应该是"创新"，故译为动词renovate和相应的名词renovation。

原文5出自明代顾炎武所著《日知录》，其所言"天下"为普天之下。《中华思想文化术语》编委会（2016：98）将该典故译为The rise and fall of all under heaven is the responsibility of every individual，将"天下"直译为under heaven，传达了原典对"天下"的定义。习近平总书记在北京大学师生座谈会上引用了该典故，指出一个国家共同的核心价值观承载着一个民族、一个国家的精神追求。因此"天下"在习近平总书记话语中应理解为"国家"这一概念，故与上述译文不同，译文5将其译为country。

原文6引自《朱子语类·大学一》，原典说明了认识与实践的关系，即对事情理解得越清楚，实践就越扎实。2016年1月18日，习近平总书记在省部级主要领导干部学习贯彻党的十八届五中全会专题研讨班上发表讲话并引用了该典。讲话中，习近平总书记强调要把新发展理念落到实处，并引用该典故要求各级领导干部对新发展理念应深学笃用。据此，"知之"译为understanding of new concepts，准确传达了习近平总书记的重要讲话精神。

5.1.2.2　归化策略：面向目标语受众

严复提出的"信、达、雅"道出了上乘译文的标准。这说明好的译文应既忠实于原文的内容与风格，也需流畅易读，这样才能实现译文的有效交际。《习近平谈治国理政》用典英译为忠实于原典语言特点与用典意图，采用了异化策略；为照顾目标语受众的阅读感受，平衡英汉语言与文化之间的差异，又采用了归化策略。

（1）化解语言差异

汉语喜重复，而英语往往避免重复。汉语为强调语义通常以近义表达重复，英译时则须根据需要进行省译，以遵循目标语受众的阅读习惯，如：

原文7：　分则力散，专则力全。

译文7：　Strength is weakened once divided.

原文7由语义重复的两则小句构成，译文7只将第一则小句译出，省译了原典中第二则小句，这样译文精练准确，符合目标语习惯。

（2）化解文化差异

汉语中的用典是高语境文化的产物，而英语受众处于低语境文化之中，因此将《习近平谈治国理政》用典译成英文时，需以增译、意译、借译等译法化解文化差异，以帮助目标语受众理解用典，如：

原文8： 思皇多士，此生王国。王国克生，维周之桢；济济多
士，文王以宁。

译文8： As described in the *Book of Songs*, King Wen of the Zhou
Dynasty respected competent people, who hence flocked
to him, so his country became strong and prosperous.

原文9： 四维不张，国乃灭亡。

译文9： propriety, righteousness, honesty and a sense of shame—
the four anchors of our moral foundation, and a question of
life and death for the country

译文8通过增译as described in the *Book of Songs*在文中补充用典
出处，这有助于目标语受众更好地理解用典。增译补充用典出处，
这在《习近平谈治国理政》（一至四卷）英文版中有多处体现。部
分增译未指明用典具体出处，如as an old Chinese saying goes、as a
saying goes、an ancient proverb goes、as we often say in China、as our
ancestors said、a Chinese adage reads、as a Chinese poem goes、as a
Tang verse goes等；部分增译则如译文8提供用典具体出处，提及原
典籍作品或作者，如in the *Book of Lord Shang* (*Shang Jun Shu*) it is
written、as described by Zheng Xie、this is what Confucius meant when
he said、Wang Fu of the Eastern Han Dynasty (25-220) said、Confucius
once said、when Hai Rui said that、as Mencius said等。原文8出自
《诗经·大雅·文王》，赞颂周文王的道德功绩，其内容对目标语
受众而言晦涩难懂，因此译文以归化策略解释用典内容，以实现译
文在目标语中的交际。原文9中，"四维"出自《管子》，意指礼、
义、廉、耻，译者将"四维"的具体内涵以增译法列出propriety、
righteousness、honesty、a sense of shame，并在其后加以注释the four

anchors of our moral foundation，以帮助目标语受众理解该古语含义。

用典往往还含有大量文化负载词，对此亦采用了归化策略，如：

原文10：自古雄才多磨难，从来**纨绔**少伟男。

译文10：A hard life breeds great talents, whereas **an easy life** is not the way to cultivate great men.

原文11：富者累巨万，贫者食**糟糠**。

译文11：eradicate **the huge gap** between the rich and poor

上述原文中"纨绔"与"糟糠"实为文化负载词。"纨绔"一词出自《汉书》，原指细绢做的裤子，后泛指富贵人家子弟华美的衣着，也借指富贵人家子弟，译文10采用归化策略译为an easy life来表达富家子弟的生活，从而将用典意义传至受众；"糟糠"出自《魏书》，指穷人食用的酒糟、米糠等粗劣食物，译文11并未直译该词，而是同样以归化策略译为the huge gap表达了富人和穷人间的巨大差距。归化用典文化负载词可减轻目标语受众阅读压力，提高受众对用典意义的理解与接受。

为提升目标语受众在读典过程中的亲近感与认同感，《习近平谈治国理政》用典翻译适时运用借译，即套用英语固有表达，如谚语或习语，见下面两例：

原文12：秉纲而目自张，**执本而末自从**。

译文12：Once the key link is grasped, everything else falls into place; once **the horse is before the cart**, the cart will follow.

原文13：单则易折，众则难摧。

译文13：United we stand, divided we fall.

原文12中"本"与"末"是中国传统哲学表达辩证思维的概念，习近平总书记用此典是为了强调党的事业越向纵深发展，越要增强辩证思维能力，把握好主次要矛盾关系。译文12中the horse is before the cart显然借译自英语习语put the cart before the horse；译文13则借用《伊索寓言》中的一则谚语，该谚语为英语受众所熟悉。在忠实用典意义的前提下，以借译法翻译所用典故可减少目标语受众理解障碍，从而提升阅读亲近感与认同感。

5.1.3　《习近平谈治国理政》用典英译与国际传播

用典在《习近平谈治国理政》中极为常见，而用典英译已然成为一至四卷英文翻译工作的一项重要内容。有效的用典英译无疑有助于《习近平谈治国理政》国际传播。研究发现，《习近平谈治国理政》用典英译在话语形式和话语内容两个维度上可助力该系列著作的国际传播：前者指对习近平话语风格的重现，后者则指对习近平治国理政思想的阐释。

5.1.3.1　用典英译重现习近平话语风格

习近平总书记在国内外演讲、讲话中常常引经据典，因此用典成为习近平话语风格的显著特点。奈达（Nida 2001）曾将风格喻为"蛋糕上的糖霜"，并指出风格是语际交流过程中不可缺少的部分，由此他认为风格从一开始就必须进入译文中。王丽丽（2023）在探究党政文献翻译时亦指出，译文不仅在意义和精神上需忠实于原文，还要在风格上尽可能贴近原文。据此，《习近平谈治国理政》在翻译时应重现习近平总书记用典话语风格。

通过前文对用典英译策略的分析，发现《习近平谈治国理政》（一至四卷）译文往往以增译补充用典出处或以文后注释解释用典来源。这不仅有助于目标语受众理解用典含义，还可使其明确感知习近平总书记用典语用现象。用典是话语的调味剂，同时也是个人魅力与情操的体现[1]，译文对习近平总书记用典话语风格的重现有助于塑造领导人形象，助推《习近平谈治国理政》国际传播。

5.1.3.2　用典英译阐释习近平治国理政思想

《习近平谈治国理政》（一至四卷）是全面系统反映习近平新时代中国特色社会主义思想的权威著作，因此该系列著作可谓习近平治国理政思想的重要文集。书中在阐述治国理念时，往往借用古语以更好地表述其观点与立场，可见用典语用功能之一是阐释。《习近平谈治国理政》用典英译亦可阐释习近平治国理政思想，这可从四卷中"一"典同译与"一"典异译略见一斑。

"一"典同译指同一用典用于不同文章时，译文完全相同，如下例：

原文14：学而不思则罔，思而不学则殆。

译文14：Reading without thinking makes one muddled; thinking without reading makes one flighty.

上述古语出自《论语·为政》。原典意指"只是读书，却不

1　参见《学习时报》（理论网）：https://paper.cntheory.com/html/2015-12/03/nw.D110000xxsb_20151203_1-A6.htm。

思考，就会受骗；只是空想，却不读书，就会缺乏信心"（杨伯峻2018：25）。该古语在《习近平谈治国理政》中共出现两次，均是在第一卷中。第一次出现在习近平总书记2013年3月在中央党校建校80周年庆祝大会上的讲话，引用这则古语以号召领导干部要把读书学习当作一种生活方式；第二次出现在习近平总书记2014年5月在北京大学师生座谈会上的讲话，勉励广大青年树立和培育社会主义核心价值观需要多读书。由此可见，在上述两次讲话中习近平总书记引用同一古语均是为鼓励听众多读书，并且两次引用的上下文语境具有高度的一致性，因此该古语在两次讲话中译文完全相同，均以译文14译出，这样有利于目标语受众更好地理解习近平思想。

与"一"典同译相反，"一"典异译则指同一用典用在不同文章中，译文相异，具体可见下例：

原文15：苟利国家生死以，岂因祸福避趋之。

译文15a：doing everything possible to save the country in its peril without regard to personal fortune or misfortune

译文15b：(As a famous line by Lin Zexu goes,) "I am willing to sacrifice my life for my country. How then should I shrink from lesser possible harm?"

该古语为清朝爱国政治家林则徐所作七律诗《赴戍登程口占示家人》中的一句。原典意为只要对国家有利，失去生命也在所不惜，不会因个人的祸福而决定进退。这则古语在《习近平谈治国理政》中共出现两次，分别出现在第一卷和第四卷中，相应译文为上面译文15a与译文15b。上述两则译文显示，二者均重现了原典语义，但语言形式明显不同：译文15a以动名词短语译出，而译文15b则以两个句子呈现，其中willing to、should重现了原典情态。两则译文语言形式不同，这与用典的上下文语境有关。第一卷在一句话中连续引用了上述古语在内的六则古语，分别阐述政治抱负、报国情怀、浩然正气和献身精神，这六则古语均以动名词短语译出，译文结构紧凑且对称；第四卷引用该古语以强调做事要有魄力，为官要有担当，译文前增译了as a famous line by Lin Zexu goes以补充用典出处，同时用典译文适时增译了主语与情态，以句子译出，重现林则徐原诗语气。可见，"一"典异译中的"异"不是意异，而是依用典上下文语境，以不同语言形式呈现用典意义，以更好阐释习近平治国理政思想。

用典被誉为习近平话语风格的显著特点。因此，用典英译为《习近平谈治国理政》英译中的重要内容。结合第一至四卷用典的多维特征，英文翻译综合考虑原典意义、用典意图和目标语受众阅读感受等，灵活采用异化与归化策略。异化面向原典作者与用典作者，表现为译者保留原典语言特点和重构用典语境；归化面向目标语受众，体现为译者化解汉英语言与文化差异。可见，《习近平谈治国理政》用典英译调和了异化与归化间的张力，以重现全书原文话语风格，阐释其中的治国理政思想，从而助推《习近平谈治国理政》的国际传播。

5.2 《中国共产党简史》的隐喻英译与中国共产党形象塑造

隐喻是人类认知的表现形式，强调"以此代彼"，用有形的、具体的、明晰的事物去理解无形的、抽象的、晦涩的事物，以拉近读者与作者之间的距离，唤起受众对某一事物或主体的形象认知和情感认同。"党的形象和威望、党的创造力凝聚力战斗力不仅直接关系党的命运，而且直接关系国家的命运、人民的命运、民族的命运"[1]，"中国共产党不但运用隐喻帮助大众理解复杂的政治形势，还充分利用隐喻鼓励、引导和团结全国人民坚持改革开放和现代化建设"（黄秋林、吴本虎 2009：95）。党史文本中的隐喻从正面或侧面反映了党的形象、建构了党的身份，其翻译则是自塑中国共产党国际形象的重要手段。国内外学者从不同理论视角进行隐喻翻译研究，目前主要集中关注喻体转换问题，鲜有从隐喻的形象建构功能入手来探究隐喻翻译，特别是党史文本中的隐喻翻译。本节从翻译、话语与形象建构的关系出发，以《中国共产党简史》及其英文版为语料，阐析党史文本隐喻英文翻译对中国共产党形象的自塑，认为党史翻译在处理隐喻时可遵循三个原则：保留喻体意象，反映真实客观源像；转换喻体意象，契合受众形象认知；舍弃喻体意象，避免消极语义联想。

5.2.1 翻译、话语与形象

"形象"（image）指人们所持有的关于某一事物的信念、观念与印象（Kotler 2001）。莱尔森（Leerssen 2000）将形象塑造视为一种文化输出与推广的重要手段，而翻译就其本质而言是一种再现原文形象、塑造译文形象的话语建构行为。在跨语际的建构过程中，形象因翻译的参与而得以转换、解释与传播。话语是语言与社会的交

1　参见习近平《在党的群众路线教育实践活动总结大会上的讲话》，《人民日报》2014年10月9日版。

叉点，形象的话语建构性和翻译的建构性特质成为诠释形象与翻译之间关系的基础。

5.2.1.1　形象的话语建构性

形象是可以被建构的，话语是翻译中形象建构的主要工具载体。周宁（2004：140）认为，"作为话语的中国人的性格形象的原型，指这个原型一旦形成，就具有某种构形力量"，而"'中国形象'是流行于社会的一整套关于'中国'的'表现'或'表述'系统，其中同时包含知识与想象、真实与虚构的内容，具有话语的知识与权力两方面的功能"（周宁 2011：22）。这一表述深刻地阐释了形象的话语建构性。

我们对世界的认知并非源于简单的获取或被动的感知，受这一基本思想的影响，"人们对形象的认识发生了由本质主义到建构主义的转变"（陈新仁、金颖哲 2022：3）。西方哲学将形象视为对客观事物的镜像反映，是人们"证实的方式"或"看的方式"（Wittgenstein 1922）。例如，社会学家戈夫曼（Goffman 1959）将社会交际视为一台"戏剧"，表演者有意无意地呈现自我，以各种戏剧手段激活观众心中对自己的印象，进而实施一种自我形象的印象管理机制，话语发出者自身即为形象建构者；而语用视角下的身份建构研究多基于语用身份分析框架，将形象建构视作一种主动为之的话语实践（陈新仁、金颖哲 2022）。这些论述和研究都表明形象是交际主体对某一行为主体进行话语选择和身份建构的产物。

此外，形象可以通过不同类型的话语实践来建构。例如批评话语分析（critical discourse analysis）关注话语和社会之间的辩证关系，可以揭示特定语篇、话语所塑造出的国家形象、民族形象或特定社会群体形象（陈新仁、金颖哲 2022）。范代克（van Dijk 2000：47）

也曾提到"交际者会隐晦性表述不符合自身积极形象的话语"。交际者会根据形象建构的不同面向需求对其话语表述做出相应的调整，以隐性或显性的表述来建构出差异型形象。由此可见，形象以话语为媒介和载体，可能隐藏于语篇和话语之中，这才有了以语篇整体为研究对象来关注语篇中被建构主体形象的诉求。

5.2.1.2 翻译的建构性特质

翻译是一种语际信息传递的特殊方式，与语言行为和抉择密切相关（Wilss 1982）。形象对于翻译学者而言并不陌生，自20世纪80年代"文化转向"之后，很多国外翻译学者探讨过形象塑造的问题（Lefevere 1992；Venuti 1998）。现今学界更多地将翻译置于宏观语境中，考察其本质，显化其功能，将翻译研究从语言学范式推向社会场域分析和文化背景考察、翻译主体互动探究、翻译世界性知识生产与翻译作品世界化、经典化等研究向度。这就意味着翻译已超出传统意义上的语言文字转换活动，通过多元化路径建构社会现实，实现话语功能和社会价值并被赋予形象塑造的建构性力量。随着世界学术领域对形象建构研究的广泛关注，翻译在民族或国家形象建构过程中的重要作用也成为国际翻译学界的重要研究话题（谭载喜 2018）。翻译有助于提升中国国家形象、扩大国际影响力，传递中国文化价值，体现出翻译的建构性（Wu 2017）。基于后现代主义背景下的批评话语分析，有学者也提出"翻译建构性"的概念，并认为翻译的建构性建立于语言的话语建构性、翻译的片面性与操纵性以及翻译的跨文化交际性等基础之上（陈琳 2019）。

首先，语言的话语建构性决定了翻译必然具有话语建构性。话语分析学者认为语言是超出"社会映像"这一论点的存在，它不是被动地反映社会，而是通过各种维度的互动参与建构社会事实，是一种具有话语建构性的实践行为和话语表征。其次，由于不同语言在话语结构、文化认知及社会语境等方面的差异，翻译是译者基于特定的社会背景与文化语境，最大限度地再现原文的主题、形式、风格等内容并进行选择的动态协调过程。最后，翻译的跨文化交际性决定了其必然涉及多样的言语交际事件，并建构不同话语主体的身份。翻译中的交际主体与文本之间不断对话，二者处于一个受跨文化沟通语境规约的共同体之中，各方通力协作、共同建构蕴含着文化、社会、历史等元素与关系的话语。此外，翻译作为一种跨语际实践，"是对结构以外的文本存在进行跨文化的建构"（陈琳2019：125），这类似于韦努蒂（Venuti 2013）将翻译喻为"二阶创作"（second-order creation）的思想，都能揭示翻译话语建构性与创造性。

翻译体现的语言角力实际上是不同文化及民族身份的角力（Venuti 2000；转引自吴赟、姜智威 2021）。对外翻译在这一点上更为明显，它通过各种方式的意义再生来建构、生成和传播自我形象，以服务于国家战略。当代形象学强调将形象作为一个"社会文化构念"，认为形象和身份不再是民族与生俱来的，而是"在社会生产和传播过程中逐渐形成的、与特定群体相联系的特性和身份"（王运鸿 2018：87）。形象或身份的建构特质是形象研究的核心（Leerssen 2007），其关注点在于"他者形象"与"自我形象"的构建问题，此时翻译研究者不再将形象作为次要的工具性概念来进行考察，而是将其作为翻译研究的一大核心问题展开探究。翻译是形象建构尤其是他者形象建构最常见的工具载体。从形象学角度来看，"他者形象"以各种形式存在于文学或非文学文本中，翻译作为其载体之一，对于不同语言群体和民族之间的身份和形象构建所起的作用值得关注。翻译的价值体现于其话语生产、传播与接受的全过程，其文本或话语对某种形象重构也在此过程中得以完成，因此可以说，党史翻译可以构建出中国共产党的身份和形象特性。

5.2.2　隐喻翻译的形象建构功能

莱考夫和约翰逊在《我们赖以生存的隐喻》一书中提出了"概念隐喻"（conceptual metaphor），认为隐喻是人类认识世界的基础，将其视为一种思维方式与认知工具，促进了隐喻研究的"认知转向"（cognitive turn）。隐喻无处不在，其本质是用一种事情或经验去理解和经历另一种事情或经验，即实现从源认知域到目标认知域的跨域映射（Lakoff & Johnson 1980）。对于我们经验中较为难以表达的概念，要借助隐喻将容易理解的意象投射在复杂抽象的意象之上。考察党史文本中隐喻翻译与形象建构的关系，要先分析党史文本中隐喻的话语功能。

5.2.2.1　党史文本中隐喻的话语功能

在对外政治话语中，隐喻是阐释本国政策、表述国家立场、塑造政党形象的有效工具。它具有阐释功能，为受众提供了理解政治议题的"认知捷径"，构筑了一种便于吸收、理解新信息的认知框架（Mio 1997）；它具有劝说功能，米勒（Miller 1993）认为政治话语中使用隐喻的原因在于其有很强的说服力，对构建政治身份和话语风格、发挥其政治劝说功能大有裨益（Schoor 2015）。隐喻作为一种特殊的概念内涵表述方式，是符合时代语境、具有时代价值的新概念和新表述，必然涉及对特定主体的身份建构和形象塑造。党史文本中隐喻话语的生产和消费过程实际上是对预期形象的再现与传播过程，旨在塑造并传播中国共产党的思想、智慧和精神，助力国外受众获取对中国共产党形象的正确理解和理性认知，体现出政治话语的形象建构功能。《中国共产党简史》使用大量生动形象的隐喻，再现了重要历史时刻，传达着政治意涵与史学逻辑，精心建构了中国共产党的形象。根据政治文献中常见的隐喻源域类型，本节梳理了《中国共产党简史》中的主要隐喻类型及其表达式，如表5.1所示。

表5.1 《中国共产党简史》中的主要隐喻类型与表达式

类型	表达式
战争	战斗堡垒、法宝、亮剑、打硬仗、决胜、攻坚战、杀手锏、战线等
建筑	中流砥柱、钢铁长城、顶梁柱、格局、基石、支柱、桥梁、台阶、大厦、框架等
旅行	目标、引领、指南、征程、进军、走向、起点、领跑、快车道、涉险滩等
身体	心血、面目、补钙、基因、主心骨、生命线、血肉联系、精神面貌、肝胆相照等
家庭	兄弟、同胞、中华儿女、当家作主、两岸一家亲等
音乐	敲锣打鼓、高昂旋律、主旋律、舞台、可歌可泣等
动植物	纸老虎、替罪羊、牛鼻子、石榴籽、根、茎、参天大树、苦果等
自然现象	洪流、东风、浪潮、潮流、渠道、众星捧月、同舟共济、跋山涉水等
健康与疾病	产床、隐患、侵蚀、刀刃向内、刮骨疗毒、流毒、治病救人、拿起手术刀、革除病症等
机械与工具	旗帜、大旗、指挥棒、火炬、总开关、高压线、播种机、晴雨表、大棋局、稻草人等
考试	赶考、及格、好成绩、考验、大文章等

具体来说，党史文本中的隐喻具有三个方面的话语功能。第

一，增强了党史叙事语言的艺术性和修辞的感染力。传统隐喻观认为隐喻是一种以心理联想为基础，以此喻彼的修辞手段，如战争隐喻"战斗堡垒""法宝""打硬仗"以及建筑隐喻"中流砥柱""钢铁长城""顶梁柱"等极具感染力，很大程度上优化了党史语言的修辞效果和党史语篇的可读性。第二，讲述中国共产党的故事，记录历史事件，传达党的立场、观念，传播民族特色历史、文化思想。"赶考""及格""好成绩"等简短的隐喻背后则是高度浓缩的概念与故事集合，记录着党在奋斗历程中的重大历史事件；又如"纸老虎""牛鼻子"等动物隐喻也传达了民族特色和哲学思想。第三，发挥语言塑形之功能，增进受众对中国共产党的形象认知与理解认同。《中国共产党简史》中有这样的描述："党中央是坐镇中军帐的'帅'；在中国特色社会主义大厦中，党中央是顶梁柱。"该隐喻化叙事塑造了中国共产党始终坚定不移促改革、谋发展的坚强领导形象。党史文本中各种生动鲜活的隐喻本身就具有形象建构的话语功能。

5.2.2.2 党史文本中的隐喻翻译与形象建构

党史外译的本质是通过翻译这一社会实践活动参与中国共产党国际形象的生成与传播，其在对外讲好中国共产党故事、宣传中国共产党执政治国方针等方面发挥着重要作用。若以积极的翻译效果传播政党和领导人的思想、观念和能力，"无疑会在国外受众中塑造良好形象，反映受众主体的认知能力与身份认同观"（曾利沙 2021：61）。党史文本中的隐喻翻译是对外自塑中国共产党形象的重要手段，可以逾越语言文化障碍，让国外广大民众直接了解并感受通过翻译话语呈现的中国共产党形象，能够将中国共产党的精神谱系和政治话语传递给外国读者，发挥着塑造党和国家形象的效用。例如，"在中国革命史上写下了可歌可泣的一页"这一隐喻化叙事中，译者将"一页"的意象在英语中转换为a chapter，凸显中国共产党在某一时期奋斗历程之长，更加符合史实，有利于读者感知我们党不畏艰险、艰苦奋斗的形象。此外，形容词"可歌可泣的"并未采取直译，而是译为poignant，一方面是考虑到将其译为单个形容词修饰名词的合理性；另一方面说明译者在力避因隐喻意象保留而导致读者对原文形象的曲解，以免削弱隐喻译文塑造形象的客观性和有效性。

改善翻译和传播效果应实现"充分互动、克服障碍和构建形象"（尹飞舟、余承法 2020：174），党史文本中隐喻的翻译不仅能够传递概念信息、传达政治意涵，同时通过翻译这一社会实践活动来建构特定对象主体的身份特征，以隐喻翻译话语实现对中国共产党形象的自塑。译者虽无法将原文的形象原封不动地移植到译文中去，但通过翻译活动在译文中再现了原文中的形象，在此过程中使特定主体的形象得以维护、修改或强化。译者要确保中国共产党形象"客观源像"的真实性，对原文的隐喻符号进行深度解码并再次编码，通过翻译话语对原文形象进行二次建构，从而实现对中国共产党形象的真实再现、客观维护和理性强化。党史原文的隐喻本身便具有形象塑造之功能，译文的隐喻也应实现对主体身份的正面塑造，其形象塑造效果取决于一定的翻译机理和翻译策略。在党史文本中，隐喻翻译和中国共产党形象建构之间存在着良性互动关系，形象建构在某种程度上成为判断隐喻翻译质量的一项标准。党史中的隐喻翻译是隐喻信息从源语至目标语传递的过程，也是形象再现与构筑的过程，该过程不是一种语言到另一种语言的"搬字过纸"（思果2001），而是对党治国理政思想等深层信息的传递，要在词汇、句法等不同维度上追求意象真实再现，以符合党和国家形象对外建构的政治需求，从而实现"以言取效"并做到"以言塑形"。

有学者将"形象塑造"释义为"以符合受众主体审美与文化价值取向的语言符号之形塑造外宣对象主体(国家、政党、领导人、机构、民族文化等)的正向价值特征之象的创译行为"(曾利沙 2021:65)。形象是"主观映像"和"客观源像"的统一体,"形象建构"是党史文本中隐喻翻译的宏观理论范畴,形象塑造功能的实现不仅是隐喻翻译的旨归,更是其要遵循的一项标准和原则,而隐喻意象传递属于隐喻翻译的微观范畴,可以在翻译过程中得以移植、转换或舍弃。受喻者在看到该隐喻的翻译话语时,会基于自身思维模式对其中的语义进行心理认知联想,并自然形成对某一事物或主体的主观印象,这种印象的好坏取决于译者对原文隐喻意象的传递,与此同时隐喻翻译话语便具有了形象建构功能。因此,对喻体意象的保留、转换或删除,归根到底取决于隐喻译文能否激活异语文化中的受喻者对某一喻体产生正向的、积极的、良好的形象感知和语义联想。一般来说,若一个隐喻翻译话语能够激发受众产生积极的语义认知联想,那么其塑造出的形象则为正面的;若激发出消极的认知联想,那么其塑造出的形象则为负面的。

5.2.3　以《中国共产党简史》的隐喻英译塑造中国共产党形象

隐喻的翻译策略选择,归根结底取决于其在目标语中要发挥的功能。隐喻翻译是一切语言翻译的缩影,给译者呈现出多种选择方式(Newmark 1982),要么译出喻义,要么再现喻体意象,或者对两者进行调整,翻译策略的选择主要视其具体交际目的而定(Newmark 2001)。在党史外译中,隐喻在目标语文化中所要实现的形象建构功能决定译者的翻译策略。通过译文建构形象,首先要忠实于原文隐喻的语义，考量其概念内涵及政治意涵的形象认知等效，在保留喻体、转换喻体与舍弃喻体之间灵活施策。

5.2.3.1　保留喻体意象，反映真实客观源像

人类在认识和表达抽象的事物或概念时可能会使用相同的喻体，对于跨语言认知体验相同的喻体，译者在翻译时可以采用喻体对等的直译法。党史文本涉及党和国家大政方针、基本政策，其特殊性质与地位决定了译者应把翻译当作是严肃的政治任务，遵循"政治文章的翻译要讲政治"的原则（程镇球 2003），首先要考虑忠实于原文的思想，而其目标语受众应更加积极主动地参与隐喻的理解。因此，在喻体转换过程中，译者应尽可能向原文靠拢，首先考虑保留喻体意象，以保证中国共产党形象"客观源像"之真实性。

> 原文16：习近平对党的领导核心作用作了鲜明生动的阐述，他强调："形象地说是'众星捧月'，这个'月'就是中国共产党。"
>
> 译文16：Xi Jinping gave a clear and vivid explanation of the central role of Party leadership when he stated that "**The Communist Party of China is, figuratively speaking, like a moon surrounded by a myriad of stars.**"

保留意象往往会使语言呈现出形象化表征，从而促进隐喻翻译对特定行为主体形象的塑造。中国共产党是受人民群众爱戴的党，是被民主党派拥护的党。在上述例子中，译者将"众星捧月"直译为like a moon surrounded by a myriad of stars，保留了原文隐喻的意象，用生动的语言再现了原文对党的形象描述。更重要的是，译者

通过直译隐喻意象，描绘了一种和谐的党群关系，凸显了党总揽全局、协调各方的领导核心作用，使党的形象跃然纸上。

> 原文17：（中国共产党）一次次拿起手术刀来革除自身病症，一次次靠自己解决了自身问题。
>
> 译文17：Time and again, the Party has **picked up the scalpel to remove whatever ails it**, again and again taking the initiative to solve its own problems.

隐喻翻译必须语言清晰、观点明确，不产生任何歧义，避免形象传递过程中形象的歪曲与丢失。在原文中，"拿起手术刀"和"革除自身病症"属于健康与疾病隐喻，本意指通过自我手术的方式排除自身身体上的双重或多重疾病，此处使用该隐喻是为了表达党在奋斗历程中不断解决自身问题的自我革命精神。译者在译文中保留了原文的喻体意象，通过一种形象化的语言表述凸显了真实、立体的形象特征，再现了中国共产党脚踏实地、自我革新的革命领导者形象，保证了其形象之客观源像的真实性。

5.2.3.2　转换喻体意象，契合受众形象认知

隐喻翻译的意象传递要符合受众的表达习惯和审美期待，使隐喻的语义信息符合国外受众的形象认知，易于理解和接受，从而实现形象认知等效。鉴于语言文化差异性，有时机械地保留喻体意象，会使译文与目标语文化及语言表达习惯发生冲突。此时，译者可以根据目标语语言表达习惯和规范搭配对原文中采用的喻体进行适当调整，或用目标语的喻体意象替换原文中的喻体意象，以利读者理解、接受。例如，将"旗帜"转换为beacon、将"红线"转换

为bottom line，不仅能够契合受众对于所要描述之主体的形象认知，还能有效避免直译原文喻体意象而导致译文读者不知所云的情况。

> 原文18：中国共产党自成立之日起，就坚定扛起为人民谋幸福、为民族谋复兴的**大旗**，经过一代一代的接续奋斗，全面小康终于梦想成真。
>
> 译文18：Since the very day of its founding, **the Party took up the mantle** of seeking happiness for the Chinese people and rejuvenation for the Chinese nation, and after generations of continuous struggle, the dream of moderate prosperity finally came true.

如果目标语文化中有着相同的形象表达，可以采取直译法来保留原文隐喻意象；如果没有，则应该考虑意象转换。因此，原文隐喻"扛大旗"的意象在译文中呈现为"穿斗篷"的意象。值得一提的是，如果原文的文化意象对目标语受众来说是陌生的，但如果译者认为原文比喻形象新鲜、有趣，目标语受众又可以理解与接受，不会给阅读带来不便，就可以引入原文形象，但这种做法必须是符合原作者和言说主体形象构建诉求的，绝对不能由于保留文化意象而使得特定行为主体形象受损。

> 原文19：从此，中国人民谋求民族独立、人民解放和国家富强、人民幸福的斗争就有了**主心骨**，中国人民就从精神上由被动转为主动。
>
> 译文19：From that moment on, the Chinese people **have had in the Party an anchor** for their struggles to achieve national

independence and liberation, to make their country prosperous and strong, and to realize happiness and contentment, and their mindset changed from passivity to taking the initiative.

译者将身体隐喻"主心骨"的喻体意象转换为anchor，这是因为喻体anchor与"主心骨"拥有相似性喻义，都能够传递把握大局、可以依靠的核心力量、承担责任又给人以安全感等内涵特征。同时，本体"中国共产党"是大局把握者、核心支柱，以谋求民族独立、人民解放和国家富强、人民幸福为目标。该意象转换能够实现对党的形象塑造，传递出的政治意涵为：为带领全国各族人民实现中华民族伟大复兴，中国共产党既愿意承担更多责任与重压，又能够像一个可以依靠的家人，在中华民族的大家庭中发挥"顶梁柱"的作用。该译法更符合目标语受众的形象认知，且与上下文语境高度契合，避免了直译喻体意象而导致搭配冲突的情况。

5.2.3.3　舍弃喻体意象，避免消极语义联想

历史文化、地理风俗、意识形态等差异使不同民族的隐喻表达具有独特的社会文化特征。对于源语喻体文化负载性过高且在译入语文化中没有对应表达的隐喻，译文中要根据情况舍弃原文中不利于目标语受众接受的喻体，将隐喻的意象在目标语中转换为具体的含义。对于不熟悉中国文化的受喻者来说，机械保留意象会降低译文的可接受性，不利于受众感知译文呈现的中国共产党形象。例如，原文将党的诞生地喻为"产床"，若直译显然不可取。舍弃喻体意象虽使目标语在形式上略显平淡，但并不意味着形象的弱化。一些意象的删除可以使受众产生积极的认知形象，避免不必要的语义

增殖和负面的、模糊的语义联想，从而在受众心中建构积极、正面的中国共产党形象。

> 原文20：经过不懈努力，意识形态领域敢抓敢管、**敢于亮剑**，牢牢掌握工作领导权、管理权、话语权，人心凝聚、团结向上的良好局面日益形成。
>
> 译文20：Thanks to unremitting efforts, a positive ideological environment was built up, which encouraged officials to be bold in their undertaking of responsibilities, **to take an unequivocal stance in their decisions**, to become confident in their right to lead, coordinate and speak freely about work...

原文20中"亮剑"这一隐喻喻指党员干部在做任何决策时都能立场坚定。在目标语文化中，该隐喻的喻体共知性相对较低，隐喻信息的直接移植可能会造成文化的"水土不服"，甚至产生负面联想和语义增殖。因此，"亮剑"的翻译不宜过于直接。译者使用take...stance表现出党立场坚定、旗帜鲜明、意志坚决的形象，而unequivocal一词的使用则凸显出党中央敢抓敢管、敢于决策的形象。该译法能使受众产生积极的认知联想，使译文所传递的意义具象化，实现了隐喻的形象建构功能，有益于增进国际受众对中国共产党的形象感知与身份认同。

> 原文21：在新的历史条件下续写坚持和发展中国特色社会主义这篇大文章，需要凝心聚力，需要精神支撑，需要目标引领。

译文21： In order to continue to **uphold and develop** socialism with Chinese characteristics under new circumstances, it was necessary to rally strength, support the people spiritually, and guide them toward their goal.

原文运用了"写文章"这一隐喻来代指"坚持和发展中国特色社会主义"的伟大宏图，生动形象。然而，这一隐喻化表述与受众认知并不关联，若直译，目标语受众则需耗费较大认知努力来揣测原文作者意图，甚至产生不必要的联想，从而导致语义不明，致使形象歪曲。此时，译者须舍弃无法直接在目标语中得以留存的喻体意象，省译了"写……这篇大文章"的表述，进而做到"转喻为义"。可见，党史文本中的隐喻翻译必须语言平实、描述客观，避免消极之语义联想，以实现形象认知等效。

此外，《中国共产党简史》英译中也出现了少量增加喻体意象的处理方式。例如，在"1958年8月，党中央和毛泽东以炮击金门的方式**把台湾问题提出来**"这句话中，"台湾问题"并非一种新表述或新概念，而是一个在当时未被公众注意的既存问题。然而，汉语"提出"在英文中的对应词组put forth或put forward通常指提出新想法、计划、建议等，用在此处显然不合乎原文的历史逻辑和确切含义。译者选用put...under the spotlight这一表达，主动增添了原文没有的隐喻意象，不仅使译文话语表述更为鲜活生动，而且符合英语受众的形象感知方式，能够将原文语义阐释、传递到位。又如：

原文22： 为了**准备**召开党的八大和迎接大规模的经济建设，1955年底至1956年春，毛泽东等中央领导人进行了大量周密而系统的调查研究。

译文22： To **lay the ground for** the Eighth Party Congress and large-scale economic development, Mao Zedong, Liu Shaoqi, and other leaders of the Central Committee conducted a large volume of systematic research between late 1955 and the spring of 1956.

以上例子中的"准备"一词未采取直译而是译为lay the ground，也体现出译者为实现翻译话语塑形功能而做出的认知努力。其一，考虑到其与"召开"和"迎接"的共同搭配；其二，改变修辞手法，增添喻体意象ground，增强译文的修辞效果和可读性。其三，对原文语气进行调试，凸显党的八大的重要性。对于中国共产党历史上这一次具有划时代意义的大会，使用lay the ground for既有效传递了原文的深层次信息，也传达了原文的语气和情态，又能照顾到译文读者对中国共产党历史事件的认知，让他们通过修辞话语感受到这次会议的重大意义。

党史文本中隐喻的翻译要实现原文在深层思想内涵上的精准传递，对外宣传好、阐释好、传播好中国共产党的故事，这对于党和国家形象的自我建构具有重要作用。本节基于对党史文本中隐喻翻译与形象建构的关系界定，分析了"形象建构"观照下党史文本中隐喻的翻译原理，并基于《中国共产党简史》英译探讨了相应的翻译策略与方法。党史译者应胸怀传播大局，心存读者意识，对原文本中的隐喻进行深层解读和解码，采取更为灵活的翻译策略与方法，以期精准建构中国共产党的良好形象，增进国际社会的理解与认同。

5.3 《政府工作报告》的中国特色语汇英译

党的十八大以来，习近平总书记高度重视中国话语体系建设，指出"提高国家文化软实力，要努力提高国际话语权"[1]，这关系到我国国际地位和国际影响力，面对新形势，"要善于提炼标识性概念，打造易于为国际社会所理解和接受的新概念、新范畴、新表述"[2]。中国特色语汇根植于中国传统历史文化，产生于中国特定社会语境，反映中国特有事物、事件与现象，涉及政治、经济、历史、文化、外交、日常生活等各个领域，具有鲜明的时代特征。一年一度的中国《政府工作报告》是对上一年政府工作情况的回顾总结，同时也是对新一年工作的总体部署，是典型的中央文献，内容涉及政治、经济、文化、教育、医疗、卫生、外交、国防等多个领域，其中包含大量的中国特色语汇。这些中国特色语汇不仅是承载概念信息的语言符号，还是富含社会历史文化意蕴的文化负载词，以汉语独有的表达方式描述我国的社会现状、发展趋势以及党和政府的执政理念、方针政策和战略部署，彰显了其在中国话语体系建设中的独特魅力。《政府工作报告》作为中央文献的典型类别，其译介是"中国文化走出去"战略的关键环节，是帮助国际社会了解中国形势以及政治主张的重要媒介。因此，如何翻译好其中的中国特色语汇，做到既保留其中蕴含的中国政治历史文化内涵，又让来自不同文化背景的英语读者正确理解并接受这些语汇是中央文献译者经常面对的挑战，也是众多学者研究的热点问题。本节以2013年至2022年10年间的《政府工作报告》原文和英文版为研究语料，自建《政府工作

1　参见央广网：http://news.cnr.cn/native/gd/20150625/t20150625_518953597.shtml。

2　参见国务院新闻办公室网站：http://www.scio.gov.cn/31773/31774/31783/Document/1478145/1478145_1.htm。

报告》汉英平行语料库，提取其中的中国特色语汇，总结其特点、分析其翻译策略并阐释译者翻译策略的影响因素。

5.3.1 《政府工作报告》中国特色语汇的定义与分类

负载中国社会历史文化特色的语言表达及其译介一直以来都是译者和研究者关注的问题，但是国内翻译界对这一语言现象的命名和定义并未取得一致。在现有研究中，学者多使用"文化负载词""文化专有项""文化限定词""中国特色词/词语/词汇""中国特色文化词汇"等指称，且对这一语言现象涵盖的范围有着不同的限定和理解。因此，为了厘清概念，明确本个案的研究对象，本小节对这一语言现象进行界定并明确其具体分类。

5.3.1.1 "中国特色语汇"的定义

何为"中国特色"？顾静（2005）首次使用了"中国特色词汇"来指称涉及中国政治、经贸、文化等社会生活各领域的词汇。随后"中国特色词汇"开始被广泛使用，频繁见诸研究者的论文和著作中。肖水来（2008：129）指出，"中国特色词汇"是"中国语言独有的语言表达形式，包括一些概念、政治术语、短语和汉语民族文化特色鲜明的词语等"。王宇航、杨远航（2015：65）认为，"中国特色词汇"是"产生于中国特定社会语境，反映中国现阶段政治、经济、社会、文化和外交等方面发展现状与政策举措，在英语文化中没有直接对等的词汇"。但是"中国特色词汇"的实质是"中国特色文化负载词"，其本质亦是一种"文化专有项"（汪东萍2020：35），是指"在中国特定历史和社会背景下形成的独特语言表达形式，反映中国特有事物、事件，以及各个时期政治、经济、文化、行政和外交等状况，在英美语言文化中没有对等的词汇"（章宜华 2016：151）。综上可知，"中国特色"意指生成于中国特定社会历史文化语境，反映一定时期的社会特征，表现在语言上则形成中国语言独有的表达形式，且在英美语言文化中没有直接对等的词汇。

"语汇"是指"一种语言的或一个人所用的词或短语的总和"（中国社会科学院语言研究所词典编辑室 1998：1539）。"语"不完全等同于"词"，是"由词和词组组成的、结构相对固定的、具有多种功能的叙述性语言单位"（温端政 2005：17）。"语汇"是"语言里语的总和"（温端政 2005：17），不仅包括词，还包括成语、惯用语、歇后语等"'固定词组'或'熟语'"（胡明扬 2000：87）。通过观察，我们发现《政府工作报告》中的中国特色表述不仅包括词，还包括短语、缩略语等形式，因此本个案使用"语汇"而非"词汇"来指称所选研究对象的语言单位。

结合《政府工作报告》原文的内容性质以及语言特点，本书使用"中国特色语汇"指称研究对象，将其定义为："生成于中国特定社会历史文化语境，具有中国独特语言形式与特色，富有丰富的中华文化意蕴，反映中国特有事物、事件、现象、思想与理念，涉及政治、经济、外交、文化、历史、日常生活等多个领域的词、词组、短语或熟语"。

5.3.1.2 "中国特色语汇"的分类

在有关"中国特色词/词语/词汇"或"中国特色文化词汇"的研究中，研究者们对其分类标准亦未达成一致。总体上来看，主要有以下三种分类方式：1）依据内容和所涉领域，主要分为政治类、经济类、文化类、生活类等（孔祥立 2008；肖水来 2008；

龙丽超、周雪婷 2011；张洁等 2017）；2）依据"文化专有项"（Aixelá 1996）的分类方法，主要分为专有名词和一般词汇，而一般词汇又可依据语言形态分为缩略词、成语、典故、比喻词等（胡开宝 2006；汪东萍 2020；张仪 2023）；3）依据词汇特征、含义及产生背景，主要分为具有时代感的中国特色词汇、中国特色的数字缩略词和汉语特有的连珠四字结构（丁爱兰 2016；刘坛孝、文叶行 2023）。

我们认为第二种分类方法依据明确、逻辑合理且容易甄别。因此本书参考第二种分类方法，通过运用AntConc语料库检索软件的检索功能，辅以人工细读、甄别和筛选，从2013年至2022年《政府工作报告》中共提取到487个中国特色语汇，并将其分为专有名词、缩略语、成语、典故、比喻词五个类别。其中，专有名词（226个）是指"特定的人、物、地方、机构、组织、制度等的名词"（汪东萍2020：35），如"互联网+""中国制造2025""地条钢""包干制"等；缩略语（80个）是指"对原有词汇进行节缩或省略后能够自由运用的语言单位"（汪东萍 2020：35），包括一般缩略语和数字缩略语，如"放管服""营改增""四个意识""一带一路"等；成语（50个）是指"人们长期以来习用的、简洁精辟的定型词组或短句"（中国社会科学院语言研究所词典编辑室 1998：160），通常为四字结构，如"蔚然成风""风雨同舟""长治久安"等；典故（34个）是指"引用古代诗词、历史故事等有来历的词语"（汪东萍 2020：35），如"不忘初心""留得青山""民惟邦本"等；比喻词（97个）是指蕴含比喻修辞和意义的汉语语汇，如"大水漫灌""揭榜挂帅""硬骨头""防火墙"等。

5.3.2 《政府工作报告》中国特色语汇的特点与英译策略

《政府工作报告》作为政论性为主的汇报文稿，无论是语言还是内容都有别于其他类型的文本，其中的中国特色语汇亦是如此，其形式多样、内容丰富、特点鲜明。在《政府工作报告》英文翻译过程中，译者针对中国特色语汇的内容和语言特点，往往采取灵活的翻译策略，用准确规范的语言完整传递原文语汇的信息概念与内涵。

5.3.2.1 中国特色语汇的特点

《政府工作报告》中的中国特色语汇内容涉及政治、经济、文化、外交等诸多领域，意涵丰富、简洁凝练，无论是内容还是形式都彰显了中国语言文化的特点与魅力，具有权威性、时代性、概括性和广泛性等基本特点。

（1）权威性

《政府工作报告》是人们了解我国基本国情、党和国家治国理政的理念、路线、方针、政策以及工作部署的重要媒介。中国特色语汇中的专有名词和缩略语大都是承载这些概念信息的权威表达，如"一国两制""四个意识""走出去战略""人类命运共同体"等。这些中国特色语汇凝结着治国理政的政治思想和中国智慧，有明确的政治目的性和思想严肃性，是构建中国话语体系的核心要素，具有不可置疑的权威性。

（2）时代性

语言是人类社会发展的产物。进入21世纪，科学技术进步和经济快速发展给我国社会和人民生活带来前所未有的机遇和挑战，各个领域发展日新月异，新思想、新观念、新技术、新现象层出不穷。伴随着这些变化，具有鲜明时代特征的新概念、新范畴和新表述不断出现在一年一度的《政府工作报告》中。例如，"新农合"是以大病统筹为主的新型农民医疗互助共济制度，是21世纪中国医疗卫生体制改革的突出成果之一；"互联网+"是随着信息技术和互联网的不断发展，将互联网和传统产业相结合的新经济形态。伴随着北京2022年冬奥会的成功举办，我国"冰雪产业"得到了前所未有的关注和飞跃式发展，也成为当下热门词汇和话题。这些中国特色语汇紧贴国内国际形势，描写新现象、新事物，传递新理念、新信息，带有独特的时代印记。

（3）概括性

中国时政话语是国家政治活动的语言载体，用词考究、精辟凝练、意涵丰富。中国特色语汇作为中国时政话语的基本要素，凝练概括亦是其特点之一，尤其是其中的缩略语，用极少的文字表达丰富的概念和内涵，如"一国两制""两个毫不动摇""四个自信""五位一体"等关涉党和国家政治理念、方针、政策的数字缩略语以及"放管服""营改增""破立降""产学研"等涉及社会不同领域政策、事物、现象的一般缩略语。这些中国特色语汇特色鲜明、凝练概括，不仅意涵深远，还方便记忆，从而有利于广泛传播。

（4）广泛性

如定义中所示，中国特色语汇内容丰富，涵盖广泛，涉及政治、经济、历史、文化、外交、日常生活等多个领域，既有关涉人民群众基本生活保障的"公租房""廉租房"，也有国家的发展战略

"一带一路""走出去"；从金融领域的"人民币跨境支付系统"到生态环保领域的"碳中和"，再到医疗健康领域的"医联体"，外交领域的"人类命运共同体"。这些中国特色语汇全方位展示了中国的基本国情、社会现状、政治理念、治国方略等方方面面，具有涵盖范围的广泛性。

5.3.2.2 中国特色语汇的英译策略

中央文献译介是对外讲好中国故事、传播好中国声音，构建中国对外话语体系的重要组成部分，也是"继承、传播、发展中国文化的一种途径"（杨望平 2018：27），译文的质量不仅关乎国家的大政方针、治国理念以及中国历史文化的精准传播，还关乎国家国际话语权提升和国际形象塑造。因此，在翻译过程中，中央文献译者需遵循"以我为主、兼收并蓄"（杨望平 2018：27）的原则，既要做到忠实于原文，使译文准确规范、用词得当，又要注重可读性，使译文地道流畅，贴近外国受众的思维习惯。《政府工作报告》中的中国特色语汇承载了丰富的政治历史文化内涵，因此译者需在翻译过程中运用恰当的翻译策略和灵活的翻译方法准确传递原文的概念和思想内涵，再现原文的独特风格，跨越文化屏障，用外国受众读得懂、易接受的表述提升译文的接受与传播。本个案采用描述性翻译研究由下至上、从微观到宏观的研究路径，从具体语言现象入手，描写翻译事实、分析翻译方法，并在此基础上总结翻译策略。具体而言，首先通过运用CUC_ParaConc平行语料检索软件，检索并提取487个中国特色语汇的英译文，再对其具体翻译方法进行甄别和统计（具体统计结果见表5.2），最后总结提炼译者使用的翻译策略。通过检索统计，发现除了13处省译之外，译者主要采取了直译、直译加注、意译和释译四种翻译方法。

表5.2 《政府工作报告》的中国特色语汇英译方法统计

类别	直译	直译加注	意译	释译	省译
专有名词	172	19	23	10	2
缩略语	26	13	1	38	2
成语	23	3	19	4	1
典故	7	2	15	8	2
比喻词	25	9	50	7	6
总计	253	46	108	67	13

（1）直译

直译可以忠实再现原文内容与形式，最大限度地保留原文的特色。在中国特色语汇英译过程中，对于描述特定事物、概念、现象尤其是涉及国家政策、制度和治国方略等的专有名词，译者通常会采用直译的方法以凸显这些词语的权威性和独特性；同时，对于那些原文背后所承载的文化内涵能够被目标语受众轻松理解接受和产生相同语义联想的中国特色语汇，译者也会采用直译的方法，在凸显中国语言文化特质的同时，又不会给目标语受众造成阅读和理解障碍。

原文23：我们要更加紧密地团结在以**习近平**同志为核心的**党中央**周围，高举**中国特色社会主义伟大旗帜**，以**习近平新时代中国特色社会主义思想**为指导，……为把我国建设成为富强民主文明和谐美丽的社会主义现代化强国、实现中华民族伟大复兴的中国梦不懈奋斗！

译文23：We must rally more closely around the CPC Central Committee with Comrade Xi Jinping at its core, hold high **the banner of socialism with Chinese characteristics,** and follow the guidance of **Xi Jinping Thought on Socialism with Chinese Characteristics for a New Era**. ... to build our country into a great modern socialist country that is prosperous, strong, democratic, culturally advanced, harmonious, and beautiful, and to realize the **Chinese Dream** of national rejuvenation.

原文23中的三个专有名词"中国特色社会主义伟大旗帜""习近平新时代中国特色社会主义思想""中国梦"采用了直译的方法，被分别译为the banner of socialism with Chinese characteristics、Xi Jinping Thought on Socialism with Chinese Characteristics for a New Era和Chinese Dream。这三个专有名词关涉党和国家的政治方向、指导思想和奋斗目标，具有高度的权威性和政策性，凝聚了党和国家领导集体的政治理念、思想和智慧，具有鲜明的政治和时代特征。翻译这些词汇时，不能随意解读和阐释，因此译者往往采取直译的方法以准确再现原文的概念和内涵。

原文24：应对困难和挑战，各级政府及其工作人员必须**恪尽职守**、勤政为民，凝心聚力抓发展、保民生。

译文24：In the face of difficulties and challenges, it is vital that all of us in governments at all levels **perform our duties**, work diligently for the people, and make concerted efforts to promote development and ensure the public wellbeing.

原文25：启动森林质量提升、长江经济带重大生态修复、第二批山水林田湖生态保护工程试点……构筑可持续发展的**绿色长城**。

译文25：We will begin to pilot projects to improve the quality of our forests and restore ecosystems along the Yangtze Economic Belt, and launch the second group of trial projects to conserve the ecosystems of mountains, forests, farmland, rivers, and lakes...to build **a green Great Wall** of sustainable development.

　　原文24中的成语"恪尽职守"出自《孙子兵法》，有独特的中华文化印记，所表达的对工作认真负责的态度和内涵却是人类的共识，因此，将其直译为perform our duties能够被外国受众轻松解读。原文25中的比喻词"绿色长城"指国家为改善生态环境，于1978年开始建设的大型人工林业生态工程——三北防护林工程，该工程犹如一条绿色的长城，守护着我们的家园。万里长城是世界文化遗产、中华文明的象征，其文化含义和战略意义已被广泛熟知和认同，因此将"绿色长城"直译为green Great Wall不仅彰显了我国文化的独有魅力，还有效传达了该比喻词的概念信息和含义。

（2）直译加注
　　直译加注就是在直译的基础上，通过注释或者增补必要的类别、背景等信息完整传递原文的概念和内涵。这种翻译方法既可以保留原文的风格，又可以弥合目标语受众的文化空缺，从而提升对译文的理解和接受。

原文26：我们深入贯彻以习近平同志为核心的党中央决策部署……扎实做好"六稳""六保"工作……
译文26：In the face of such difficulty, we fully implemented the

decisions and plans of the Party Central Committee with Comrade Xi Jinping at its core, ...took solid steps to ensure **stability on six key fronts and security in six key areas...** ***[The six fronts refer to employment, the financial sector, foreign trade, foreign investment, domestic investment, and expectations. The six areas refer to job security, basic living needs, operations of market entities, food and energy security, stable industrial and supply chains, and the normal functioning of primary-level governments.]**

　　原文26中的缩略语"六稳""六保"采取了直译加注释（见*标记处）的方式，保留原文语汇形式的同时，通过注释进一步阐明了"六稳"是指稳就业、稳金融、稳外贸、稳外资、稳投资、稳预期，"六保"是指保居民就业、保基本民生、保市场主体、保粮食能源安全、保产业链供应链稳定、保基层运转，是中国政府面对挑战日益加大的国内外经济形势时做出的稳定经济大局、维持经济主体健康发展的重要决策，让读者对这两个词语有了清晰而深刻的理解。

　　原文27："天问一号"、"嫦娥五号"、"奋斗者"号等突破性成果不断涌现。

　　译文27：Last year saw a stream of scientific and technological breakthroughs, like the **Tianwen-1 Mars mission**, the **Chang'e-5 lunar mission**, and the **Fendouzhe（Striver）deep-sea manned submersible.**

　　原文27中出现的三个专有名词"天问一号""嫦娥五号""奋斗

者"号是我国自主研发制造的科学探测器，分别执行火星探测、月球探测和深海探测任务。译者通过音译探测器的名称凸显其中国特有之属性，通过增补背景信息Mars mission、lunar mission和deep-sea manned submersible阐明其功能，使译文兼具忠实性和可读性，有效提升了译文的传播效果。

（3）意译

当直译原文中的词语、概念等给目标语受众造成理解困难或者误解时，译者往往采用意译的方法，即不拘泥于源语的语言形式和表层语义，采用不同于原文的表达方式把内在含义传递出来。对于中国特色语汇中的比喻词和典故，译者多采用意译的方法。

原文28：强化阶段性政策，与制度性安排相结合，**放水养鱼**，助力市场主体纾困发展。

译文28：We will aggressively implement current policies in conjunction with institutional arrangements to **create a more enabling environment** and help market entities overcome difficulties and achieve development.

原文28中的"放水养鱼"采用了意译的方法，被译为create a more enabling environment，意指中国政府通过减税降费，涵养税源、壮大市场主体，从而优化营商环境、激发市场主体和社会活力。这是国家为提振经济信心、保持经济活力和韧性所做出的决策部署。如果采用直译的方法，"鱼"和"水"的意象虽然为外国受众所熟知，但是不符合当下的语境，与句中的内容无法产生语义关联，无法准确传递原文的概念信息和深意。

原文29：要坚决把减税降费政策落到企业，**留得青山**，赢得未
　　　　来。

译文29：All tax and fee reduction policies must be fully
　　　　implemented for our businesses, so that they can **sustain**
　　　　themselves and assure success for the future.

原文29中"留得青山"为汉语典故，源自《初刻拍案惊奇》卷
二十二："留得青山在，不怕没柴烧[1]。"人们通常引用此典故来表达
只要能保留最根本的条件，其他问题就可得到解决。原文29中的"留
得青山"译为sustain themselves，清晰阐明了在面临经济下行和疫情
影响的情况下，国家通过政策扶持和及时有效的措施帮助企业解忧
纾困，缓解生存压力，从而保护市场主体、激发市场和经济活力。
如果采用直译的方法，不了解这一典故的外国受众很难将"青山"这
一意象和经济联系起来，从而造成理解障碍，影响译文的接受效果。

（4）释译

释译即"解释性翻译"（王向远 2015：137）。针对以传递信息
为主的语汇，当语汇的内容和含义无法用目标语中对等的词语表达
时，译者往往采用释译来填补文化和语义空缺，完整阐释原文语汇
的内涵。

原文30：……努力消除科研人员不合理负担，使他们能够沉下
　　　　心来致力科学探索，以"**十年磨一剑**"精神在关键核
　　　　心领域实现重大突破。

1　参见古诗词网：https://www.gushici.net/books/16/12039.html。

译文30：We will work hard to help researchers get rid of undue burdens and enable them to fully devote their time and energy to making scientific explorations and major breakthroughs in key technologies, **just as a blacksmith in the past would spend years forging the perfect sword.**

"十年磨一剑"这一典故源自唐代诗人贾岛的五言绝句《剑客》，原意为剑客用十年的时间凝心聚力，磨炼打造出一把利剑。诗人以物托志，表达了自己十年寒窗苦读，坚韧不拔的毅力和终将功成名就的理想和抱负。原文30引用这一典故来激励科研人员潜心钻研、不畏艰难、求真务实、刻苦磨炼，方能产出高质量的学术成果，实现关键核心技术的攻关、突破与创新。译文采用释译，运用明喻修辞结构对这一典故进行阐释，凸显了"十年磨一剑"这一行为所表现出的坚韧顽强、持之以恒的毅力和精神。

原文31：完善农村土地"三权分置"办法，建立**贫困退出机制**。

译文31：We improved measures for separating rural land ownership rights, contract rights, and management rights, and established **a mechanism for determining whether people have been lifted out of poverty.**

原文31中的专有名词"贫困退出机制"同样采用释译，被译为a mechanism for determining whether people have been lifted out of poverty。译文没有选用与"退出"对应的词语和表达，而是采用了"动词+宾语从句"的结构对这一机制进行解释说明，帮助目标语受众了解我国在脱贫攻坚工作中通过科学施策、规范程序实现精准脱贫的机制和办法，从而有效提升了译文的解释力和接受度。

通过以上中国特色语汇翻译实例分析可以看出，译者针对不同类别的语汇以及语汇承载的意义和具体的使用语境采用了不同的翻译方法。从表5.2中的统计数据可以看出，487个中国特色语汇中253个（51.95%）采用了直译的方法，其中以专有名词最多（172次），缩略语其次（26次）。这说明对于特定事物、现象、机构、组织、制度等专名类语汇尤其是关涉国家政治立场、方针政策、治国方略等方面的语汇，译者采取了忠实于原文，"让读者向作者靠拢"的翻译策略，从形式到内容都尽量忠实地再现原文，最大限度地体现"中国特色"。但是一味采用直译，不考虑读者的理解与接受，势必会影响译文的传播效果。表5.2中的数据显示，221个（45.38%）中国特色语汇采用了直译加注、意译和释译等方法，其中以意译（108次）最多，释译（67次）次之，然后是直译加注（46次）。因此，可以看出译者在翻译中国特色语汇时，尤其是对那些仅靠直译会造成目标语受众理解障碍和偏差的缩略语以及承载丰富的历史文化内涵的成语、典故和比喻词，译者采取了贴近读者，"让作者向读者靠拢的"翻译策略，通过直译加注、意译和释译的显化翻译手段，将隐含在原文语汇中的内涵和意义用目标语受众听得懂、能接受的方式表达出来，从而有助于译文的有效传播。

综上，在英译《政府工作报告》的中国特色语汇时，译者遵循了"以我为主、兼收并蓄"（杨望平 2018：26）的翻译原则，采取"让读者向作者靠拢"和"让作者向读者靠拢"相结合的翻译策略，灵活运用直译、直译加注、意译和释译的翻译方法，在确保忠实于原文的基础上，贴近目标语受众的文化和语言思维习惯，做到了既能最大限度地保留中国特色，又能有效传递原文的概念和内涵。

5.3.3 《政府工作报告》中国特色语汇英译策略的影响因素

翻译是一个"抉择过程"（Levý 2012：72），译者的每一个抉择都会受到文本内外诸多因素的影响。《政府工作报告》作为中央文献的重要类别，其英文翻译工作由国家发起、国家翻译机构承担、国家权威媒体对外发布，其英文译文是英语国家受众了解中国国情、社会现状以及国家的大政方略、政治理念和治国方略的重要媒介。因此，《政府工作报告》译者在选择中国特色语汇翻译策略和方法时要充分考虑翻译目的、文化自觉、语言规范等影响因素。

5.3.3.1　翻译目的

翻译是一种有意图的跨文化交际行为（刘军平 2009）。任何翻译都有明确的目的，而翻译目的对译者选择翻译策略起着重要的影响作用。《政府工作报告》的翻译目的主要涉及两个方面。首先，《政府工作报告》是对上一年政府工作情况的回顾总结，同时也是对新一年工作的总体部署，其对外翻译是向国际社会介绍中国在各个领域的现状、发展趋势以及国家的执政理念与方针政策，是国外受众了解真实、立体、全面的中国的重要媒介。其次，作为中国话语体系的重要载体，《政府工作报告》的精准译介与传播可以有效增进我国与国际社会之间的沟通和了解，助力我国对外话语体系建设，提升我国国际话语权。因此，《政府工作报告》译者在翻译过程中应坚守政治立场、确保政治正确，遵循"以我为主、兼收并蓄"的翻译原则，采取"让读者向作者靠拢"与"让作者向读者靠拢"相结合的翻译策略，忠实再现原文语汇概念和内涵的同时，充分考虑目标语受众的认知接受度，使译文通达晓畅、可读性强。

5.3.3.2　文化自觉

"文化自觉"是指生活在不同文化中的人,"对自身文化进行反省,做到有'自知之明'"(费孝通 2010:448)。在此基础上,了解自身文化与其他文化的关系,客观看待文化差异问题,在欣赏自身文化、增强文化自信的同时,也能欣赏他者文化,努力做到"各美其美,美人之美,美美与共"(费孝通 2010:448)。"中国文化走出去"战略实施以来,中华文化的译介与传播已成为国际传播能力建设的重要环节。习近平总书记指出,"要更好推动中华文化走出去,以文载道、以文传声、以文化人,向世界阐释推介更多具有中国特色、体现中国精神、蕴藏中国智慧的优秀文化"[1]。助力中国文化走出去,就要努力寻找中华文化与其他国家文化的契合点,促进文化之间的交流与衔接,提升文化阐释力,用"国外受众听得懂、听得进、听得明白"[2]的方式讲好中国故事、传播好中国声音。因此,在翻译《政府工作报告》的中国特色语汇时,译者要对中西文化差异保持较高的敏感度,保持文化自信和文化自觉,在确保"政治等效"前提下,充分考虑目标语受众的理解与接受力,灵活调整翻译策略,跨越文化屏障、填补文化空缺,用地道流畅的译文完整传递原文的思想内涵。

5.3.3.3　语言规范

汉语和英语隶属于不同的语系,在形态以及语法规范方面存在着显著差异。中央文献译者应充分了解中外语言的差异,熟悉语言规范,具备扎实的双语转换能力。对于《政府工作报告》的中国特

1　参见中国政府网:https://www.gov.cn/xinwen/2021-06/01/content_5614684.htm。

2　参见求是网:http://www.qstheory.cn/zhuanqu/2021-06/02/c_1127522386.htm。

色语汇英译来说，译者要具备较高的政治素养和文化解读能力，在准确理解原文词语的基础上，用规范的英文完整传递原文词语的内容信息和思想内涵。另外，好的译文语言不仅要符合目标语的语法和行文规范，还需用词灵活贴切，表达地道，这就需要译者充分发挥其译者主体性，根据上下文语境选取贴切的词语、地道流畅的表述使译文更加贴近目标语受众的语言习惯，从而提升译文可读性和接受性。例如，在翻译专有名词"走出去"时，译者没有统一套用官方译文go global。"走出去"战略是我国参与国际竞争与合作，实现经济可持续发展的现代化强国战略，覆盖经济、科技、文化等对外开放的诸多领域，译者根据该词语所在的上下文语境和所涉具体含义，灵活调整译文，使用了诸如expand their overseas presence、make overseas investment、share Chinese culture with other countries等不同的表达方式，使译文更为贴切和生动，充分体现了译者对语言的驾驭和把控。

《政府工作报告》的中国特色语汇蕴含着丰富的中国政治文化内涵，是中国特有的表达方式，也是中国话语体系的核心要素。中国特色语汇的翻译对推动中国文化"走出去"，助力中国对外话语体系建设具有重要意义。在英译过程中，译者应遵循"以我为主、兼收并蓄"的原则，确保政治正确的同时，充分考虑文化差异，保持文化自信和自觉，采取灵活的翻译策略，使译文兼具忠实性和可读性，从而有效提升《政府工作报告》的译介与传播。

5.4　小结

本章以《习近平谈治国理政》《中国共产党简史》和《政府工作

报告》为具体语料，从不同视阈展开对中央文献译介与传播的个案研究。

首先，聚焦《习近平谈治国理政》用典英译现象。通过梳理《习近平谈治国理政》（一至四卷）原文中的用典，发现四卷用典具有时间跨度大、频率高、体裁多样和用典创新等主要特征。为此，用典英译综合考虑多方面因素，灵活采用异化与归化策略，并调和二者间的张力，达成用典译文的有效交际，从而助力《习近平谈治国理政》的国际传播。

其次，思考《中国共产党简史》隐喻英译与中国共产党形象塑造间的关系。研究验证了翻译、话语和形象建构间的逻辑关系，并以《中国共产党简史》的具体隐喻英译为例，总结出在"形象建构"观照下党史隐喻英译通常遵循的三个翻译原则：保留喻体意象，反映真实客观源像；转换喻体意象，契合受众形象认知；舍弃喻体意象，避免消极语义联想。

最后，以《政府工作报告》的中国特色语汇为研究对象，对中国特色语汇进行概念界定和分类，运用语料库检索软件提取2013年至2022年10年间《政府工作报告》的中国特色语汇以及对应的英文译文，对其翻译方法进行甄别和梳理后发现，译者在"让读者向作者靠拢"和"让作者向读者靠拢"相结合的翻译策略指导下，灵活运用了直译、直译加注、意译和释译四种翻译方法提升译文的准确性和可读性。

上述研究表明，中央文献内涵丰富，可基于不同语料、从不同视阈展开多元化研究，以此洞悉中央文献译介与传播规律。本章选取三种代表性中央文献研究语料，个案研究仅为抛砖引玉，希望能为今后的研究从多元性走向系统性提供借鉴，助力摹画中央文献译介与传播研究的立体全景图。

第六章 结语

中央文献译介与传播是构建对外话语体系，加强国际传播能力建设的关键一步，要做好这项工作，就需要不断总结译介与传播工作经验，不断开展理论探索。本书系统梳理了中央文献译介与传播的成果与研究现状，分别探讨了中央文献的译介和传播研究，并以三种不同类型的中央文献为语料，展开案例分析。本章旨在总结研究贡献、反思研究局限，并在新时代语境下对中央文献译介与传播研究做出展望和规划，提出策略和建议，以期促进中央文献译介与传播事业的整体发展。

6.1　中央文献译介与传播：总结与反思

中央文献作为记录中国共产党和国家历史与治国理政思想的重要载体，是中国叙事和对外话语体系的重要组成部分，其译介与传播活动自中国共产党创建初期业已开始。百余年来，中央文献译介与传播实践蓬勃开展，其译介与传播研究发展迅猛，取得了丰硕成果。

本书首先概览了中央文献译介与传播实践取得的成果，并对中央文献译介与传播研究做出概述。中央文献译介与传播事业历经起步期（1921—1949）、第一次高潮（1949—1977）、稳步发展期（1978—2012）、整体推进期（2012年至今），在译介与传播内容、译介与传播策略、译介与传播工作与组织模式等方面不断优化完善。译介与传播内容从较为分散的选篇发展为汇编成册的文献，文献的种类逐步增加、数量逐步增多，译介语种逐步拓展，国际传播范围不断扩大；译介与传播策略随时代发展不断优化，译介与传播环节衔接更加紧密，受众的接受与理解得到更多关注，国际传播效果不断增强；译介与传播工作从依靠外力到独立自主开展，组织模式呈现出逐步制度化、专门化的特点，工作流程通顺流畅，工作模式不断优化，工作方式方法不断创新。

中央文献译介与传播研究由初期关注微观语言的经验式描写研究逐步转向注重学理的理论探讨，在研究主题、研究视角、语料语种等方面不断发展。中央文献译介与传播研究主题愈发丰富，相关研究从聚焦译介与传播的语言层面转向翻译与文化和社会的互动，注重考察中央文献对外翻译、传播、接受在国家形象塑造、对外话语体系建构等方面发挥的重要作用。中央文献译介与传播研究视角更为多元，从业界专家对亲身参与的中央文献翻译项目进行过程复盘与经验再现，到借鉴语言学、叙事学、阐释学、形象学、传播学、语料库翻译学等多学科视角，学界对中央文献译介与传播展开了系统、充分的学理阐释。所涉研究语种从英语拓展至其他语种（如法语、俄语、阿拉伯语、德语、朝鲜语、日语等），研究语料从党和国家领导人著述、《政府工作报告》、党代会报告、中共中央全会文件拓展至中共中央机关刊物《求是》、党史著作、政府白皮书等。

随后，本书从中央文献译介与传播两方面研究入手，分别展现研究概况。译介研究从译介主体、译介内容、译介过程和译介社会/文化语境四个方面展开。"译介主体"一节介绍了学界对中央文献高位、中位、低位译介主体的研究，并从内省式的专业译者和外察式的研究者两个分析视角切入对相关研究进行论述。业界专业译者视角的研究凸显出中央文献译者的匠人精神；学界研究者视角的研究多基于对史料整理分析，讨论中央文献译者翻译行为和理念，或基于对文本的对比分析，揭示中央文献译者主体性和立场。"译介内容"一节以术语、典故、隐喻等为切入点，梳理了对中央文献中典型语言现象翻译规范、原则、策略、效果等方面的研究。"译介过程"一节从宏观层面展现了中央文献翻译的工作模式、翻译项目管理过程与质量评估等研究，从中观层面总结了"以我为主，兼收并蓄"的翻译总原则及翻译过程中所做决策的依据，从微观角度分析了异化为主、多元互补等各种具体的翻译策略和技巧。"译介社会/文化语境"一节呈现了学界对中央文献译介过程的社会因素、历史因素以及文化因素的探讨。

"中央文献传播研究"一章从传播主体、传播渠道、传播受众、传播效果等方面着手，梳理了中央文献对外传播及研究的现状。传播主体方面，中央文献的传播主体可分为高、中、低三级，分别指涉国家、传播机构和传播行为者，具有权威性、主导性、主体间性等特点，传播主体彼此联动，保证了传播效果。传播渠道方面，中央文献借由国内外权威出版机构的发行、各类图书出版活动宣传、国际书展等推广活动得以传播，未来可通过传播样态多样化、受众范围扩大化、传播渠道本土化、传播策略分众化等路径优化传播效果，形成对外传播的合力。传播受众方面，相关研究可分为英语世界和非英语世界的受众传播研究两类，从不同受众在心理预设、意识形态等方面的差异出发，提出中央文献对外传播要重视受众需求和关注点、动态化创新对外话语表达，形成多元化推介和传播方式，助力对外话语体系建设。传播效果方面，当前研究可依研究思路，分为媒体传播效果、馆藏传播效果、读者传播效果三类，未来还需加强分类定点研究和传播效果评估体系研究，为国际传播困局提出解决方案。

最后，本书以《习近平谈治国理政》《中国共产党简史》《政府工作报告》为具体语料，从不同理论视阈展开对中央文献译介与传播的个案研究。案例一从异化和归化策略分析了《习近平谈治国理政》（一至四卷）的用典英译，关注达成用典译文的有效交际策略。案例二从形象建构视角出发，以《中国共产党简史》中的隐喻英译为例，总结出党史隐喻英译三个翻译原则：保留喻体意象，反映真实客观源像；转换喻体意象，契合受众形象认知；舍弃喻体意象，避免消极语义联想。案例三研究了从2013年至2022年10年间《政府工作报告》的中国特色语汇英译，发现译者采取了"让读者向作者靠拢"和"让作者向读者靠拢"相结合的翻译策略，灵活运用多种翻译方法，提升译文的准确性和可读性。

从宏观整体研究到微观个案分析，本书全面检视了中央文献译介与传播实践和研究的代表性成果，描述了中央文献译介与传播的现实状况和研究热点，剖析了中央文献译介与传播的底层运作机制和内外影响因素，并针对中央文献国际传播的有效路径提出建议，以期改善其国际传播的现实效果。受篇幅所限，未能囊括中央文献译介与传播的各个方面；因时空条件限制，尚缺乏对中央文献传播效果的个案研究。结合本书各章讨论，中央文献译介与传播研究最初多从译介与传播实践出发，对译介与传播过程中语言转换的原则、策略、方法、技巧等展开讨论。此类论述多见于业界专家，他们基于亲身参与的中央文献译介与传播实践，进行经验总结与反思。这些来自译介与传播活动一线的一手资料也为学界开展理论思辨提供了鲜活素材，学者们据此从语言本体出发，对中央文献译介与传播进行系统化、科学化的理论构建。

翻译学科综合性强，其他学科相关理论往往可为翻译问题研究提供有效借鉴与新的视角，因此跨学科翻译研究发展步伐持续加快，广度和深度亦不断扩展。在此学科背景下，中央文献译介与传播研究亦多从跨学科视角展开，相关研究以语言学、文化、社会学等理论为依托，尝试从各类视角探究中央文献译介与传播实践的不同主体和不同层面，研究视野从语言拓展至文化、从意义拓展至功能、从产品拓展至主体，研究方法从理论思辨拓展至定量分析及定性定量混合方法。语言层面，相关研究多从词汇、语篇、语用、语境、修辞等角度探究中央文献译介与传播中的原则与方法、等值与意义、交际与功能。文化和社会层面，相关研究多聚焦中央文献译介与传播和政治话语构建与传播之间的相互作用，关注翻译产品、翻译主体、翻译过程与社会/文化语境、国家形象、对外话语体系构建等话题。

中央文献译介与传播研究的发展与翻译研究从语言学向文化、社会学转向的趋势一致，诸多研究成果为后续研究提供了着力点，但仍存在不足，部分领域需进一步深入开拓。理论视角上，学者多依托西方翻译理论来建构和中央文献译介与传播实践相符的本土化理论话语，这不仅导致研究容易陷入困境，"要么用西方思想包装中国具有独创色彩的思想理念，要么以西方历史的霸权逻辑论证我们思想理念的合理性与有效性"（张威、李婧萍 2021：37)，也未实现对中国本土翻译理论资源的充分挖掘和利用。研究内容上，虽然翻译史和翻译教学研究方兴未艾，逐渐成为当今翻译研究的重要领域，但中央文献译介与传播史和人才培养方面的研究却相对较少；中央文献译介研究与中央文献传播研究尚有待深入融合，不仅鲜有在受众中针对译介产品反馈与接受开展的实证调研，系统阐释中央文献译介质量对传播影响的研究也较为缺乏。研究方法上，虽然数字人文的浪潮深刻影响了翻译研究，目前也已有部分中央文献译介与传播研究采用量化的实证研究方法，但基于语料库、调查问卷等方法开展的定量研究相对较少，基于认知语言学、神经科学等理论视角借助有声思维、键盘记录、眼动追踪等方法和工具开展的实证性翻译过程研究更是寥寥无几。研究语料上，中共党史著作、政府白皮书、中共中央机关刊物《求是》等语料的译介与传播研究数量不多、体量较小，特别是对不同类别语料的横向分析和同一类别语料的历时阐释尚不多见。

6.2　　中央文献译介与传播：趋势与展望

中央文献译介与传播取得了丰硕成果和丰富经验，在中央文献译介与传播的实践层面，构建融通中外的对外话语体系，让世界听得到、听得清、听得懂，提升国际传播效能，增强中国的国际话语权，这些问题仍需在实践中得到进一步探索与解答。针对实践层面的重点和难点，中央文献译介与传播研究应在未来进一步拓展研究视野、协同相关领域、采用多元路径、结合新兴技术，以学术研究服务于中央文献译介与传播实践，实现学界与业界的良性互动，服务党和国家事业发展。

中央文献译介与传播研究可拓展研究视野，对译介与传播全链条、全过程进行系统研究。第一，研究可从"文献生成→文献译介→文献传播→文献接受"链条出发，聚焦人员组织与过程管理、翻译过程与译者认知、译介过程与传播接受等当前研究较少关注的环节，如多方协作的译文统一机制、国际传播中的中外合作、传播机制与顶层设计等，或聚焦目前研究较少的语料，如政府白皮书和对外讲述党和政府治国理念的《求是》杂志等。也可对当前研究关注较多的环节深入挖掘，如对比中央文献"自译"和"他译"的区别、时代变迁与国家发展和中央文献译介与传播实践变化之间的互动、中央文献译介与传播和国家形象建构与话语体系建设的关系，从而更好地回答中央文献译介与传播如何助力国际传播能力建设这一关键问题。第二，系统梳理中央文献译介与传播历史。通过总结不同历史时期中央文献译介与传播的政策、内容、策略、主体、渠道等，从宏大叙事和微观史学两方面入手，既呈现百科全书式的史料钩沉，又阐释不同社会文化与权力关系交互作用下译者、机构等主体之间的互动及其与社会的互动。开展译介与传播史研究时，可从中国历史的重大事件入手，从"小词"切入，将"小词"重置于历史现场和译介与传播现场，复原历史上译介和传播活动的复杂样貌和多样性，解释历史中译介和传播与权力关系和社会秩序的关系（许钧 2023），更好地书写中央文献译介与传播在中外文明交流互鉴中的作用。第三，加强对高水平中央文献译介与传播人才培养的关注。当前，中央文献译介与传播面临"高端人才稀缺、人才培养体系不健全"等问题，亟须"培养一批翻译能力强、具有多元知识储备和国际化视野又精通国际传播业务的复合型人才"（李汶莲、罗莹 2022：169）。未来可就译介与传播人才的能力要求、培养路径、体制机制、教学规划、教材开发、测试评估、师资培养等方面进行探讨。与此同时，持续培养翻译技术和翻译项目管理高层次人才，切实建强中央文献译介与传播人才队伍，加强国家翻译能力建设。

中央文献译介与传播研究可协同相关领域，加强跨学科研究，更好地挖掘中国译论的潜力，探索建构符合中国实践、具有中国特色的中央文献译介与传播理论。中央文献译介与传播涉及翻译学、语言学、传播学、政治学、社会学等不同领域，各学科协同配合，加强跨学科研究，才能更好地推动中央文献译介与传播工作走深走实。当前，中央文献译介与传播开展的跨学科研究多基于语言学、叙事学、阐释学、形象学等理论视阈，但要做好国际传播工作，进而提升我国国际话语权，还需要通盘考虑信息传播和政治表达，关注政治内容、话语方式、传播语言、叙事风格等各方面（胡宗山2014）。第一，相关研究可基于政治学视角，借鉴政治学、外交学、政治语言学等相关理论，深入探究权力关系、意识形态、社会历史语境等要素在中央文献译介与传播实践中的互动，梳理中西方政治文明在叙事方式、话语特征、话语内涵等方面的异同，识别西方的意识形态和话语陷阱，助力讲好"以我为主、融通中外"的中国故事。第二，传播学视角相关研究是中央文献译介与传播研究的薄弱环节，应重点加强。可面向不同国家和地区、不同人群开展译介接受效果研究，科学合理设计相应量表，开展问卷调查和深入访谈，对中央文献在海外不同地区和普通民众、智库学者、教师学生、经商人员等非官方人士中的接受情况开展调研，梳理民间群体对中央文献的了解和接受程度，透析读者误读背后的译介和传播动因，进而结合受众差异提供针对性的改进策略。除民间接受外，中央文献在海外的官方接受研究同样重要。学者可从中央文献的重要概念和核心语汇在各国和国际组织的官方表述、国外新闻媒体（特别是社交媒体）的传播等入手，分析海外官方传播的关注热点、引用频率、情感态度、历时变化等，阐释不同国家对中央文献解读与接受差异的原因，为中央文献在不同国家开展差异化、精准化译介与传播建言献策。第三，紧跟国际译学潮流，批评性借鉴西方译论固然重要，但对于中央文献译介与传播研究而言，探索中国特色翻译理论尤为重要。这就需要研究人员用中国而非西方的视角和观点来阐释翻译现象，不必盲目跟随模仿西方翻译理论；可从中国古典译论中汲取营养，与时俱进提出新的译论；结合当代中外翻译实践的新发展、新特点，分析新的翻译现象（张柏然 2008）。在中央文献译介与传播研究领域，目前已出现"政治等效""国家翻译实践""国家翻译能力"等具有中国特色的翻译思想，未来可进一步探索融合中央文献译介与传播实践与本土理论，提出"更具系统性、针对性、指导性和实践性的中国特色翻译理论"，建立"与中央文献多语种翻译实践相适应的中国特色翻译理论体系"（朱曼青等 2023：160）。需要注意的是，开展跨学科研究时，应紧紧围绕翻译学研究主体，从中央文献译介与传播的相关问题出发，借鉴其他学科的理论视角、研究方法、研究思路等，以译介与传播实践和教学为旨归，考虑"学科之间为何要融合、何以能融合、如何融合、融合的价值何在等问题"，避免出现"译学本体边缘化，简单套用和强行关联，片面追求'大体系'，论证逻辑缺乏，知识创新不足，应用价值不够"等问题（穆雷、杨扬 2020：118-119）。

开展中央文献译介与传播研究时，可采用多元路径。目前，中央文献译介与传播研究以理论思辨的定性研究居多，定量研究方法使用相对滞后。未来，研究可在文本分析环节结合语料库等工具对文本展开量化分析，特别是可借助大型语料库，利用大规模数据，弥合单一案例可能存在代表性不强的问题，得出令人信服的结论。此外，还可基于认知科学，借助有声思维、键盘记录、眼动追踪等技术，针对译者能力、翻译加工、译者决策等方面开展实验研究，关注作为认知过程的翻译活动中译者的认知、能力、策略、机制等。需要注意的是，对数据进行量化描写后，应对量化翻译数据进行系统深入的归因分析，解释量化数据的形成机制，充分阐释量化翻译数据的影响，避免"从数据中来，到数据中去"，即过于迷恋数据本身而缺乏对翻译实践与教学的深入思考（张威、雷璇 2023）。

近年来，中央文献翻译实践和研究逐渐开始重视新技术的应用。基于现有的应用实践与学术探索，融合中央文献翻译的独特属性和人工智能技术的不断发展，我们可从五个维度对人工智能技术与中央文献翻译实践和研究的结合进行前瞻性展望：

第一，持续建设大规模、高质量、细颗粒度的多语言语料库。在中央文献翻译技术赋能方面，语料库建设被视为基础且关键的一环。"创建高质量的中央文献语料库是提高翻译效率和准确性的必要条件。尽管现有的中央文献语料库数量众多，但它们在质量、语种多样性、数据库容量等方面存在显著不足"（朱曼青等 2023：162）。构建规模宏大、质量上乘且颗粒度细致的多语言语料库，对提升机器翻译引擎和大语言模型性能至关重要。这样的语料库不仅能够提供丰富的语言数据，通过精确反映语言使用情况，还能为翻译算法的训练提供高质量的材料。技术革新，尤其是自然语言处理和机器学习领域的进步，对于自动化提取高质量语料和优化语料库结构发挥核心作用，可以提高构建效率并增强语料库的智能化水平。此外，在多语种覆盖方面，语料库需涵盖主要语种及具有战略意义的非通用语种，以便打破语言障碍，促进中央文献在全球范围内的传播。综合应用上述技术创新，对于完善多语言语料库的建设，确保中央文献翻译工作质量和效率，以及推动翻译技术发展具有决定性意义。

第二，训练垂直领域交互式神经机器翻译（Neural Machine Translation，简称NMT）引擎。尽管目前尚无专为中央文献翻译设计的垂直领域NMT引擎，但NMT技术在该领域的应用正逐步成熟。积累专业语料，特别是具有高度相关性和专业性的语料，对于垂直领域NMT引擎的训练至关重要，以确保模型训练的定向性。通过深度学习算法可在训练中捕捉语言的复杂规律和翻译模式，实现从源语言至目标语言端到端的学习。交互式NMT引擎的开发，允许用户在翻译过程中进行实时干预，通过即时反馈促进模型迭代更新，显著提升NMT的灵活性和准确度。引入注意力机制优化了引擎对长句的处理能力（Bahdanau et. al. 2015），并在术语翻译上展现出更强的专业性。经过细致调校和持续训练，NMT引擎有潜力在特定领域达到甚至超越人工翻译的水准。总之，垂直领域NMT引擎训练是一个基于完善专业语料库和积累用户交互经验的持续动态过程，随着技术的演进，其在中央文献翻译中的重要性将不断凸显。

第三，训练基于大语言模型（Large Language Models，简称LLMs）的细分领域智能模型。这些模型通过大规模的预训练，掌握了语言的普遍结构和模式，并通过微调目标领域，增强了对特定术语、语境和语言风格的理解。例如，ChatGPT的微调机制可以专门针对中央文献翻译任务进行优化，通过在专业语料上训练，模型能够吸收并应用专业知识，提高翻译质量。这种方法通过引入领域特定的数据集，使得模型在保持其原有的广泛语言知识的同时，也能够精确匹配和生成与特定专业领域相关的文本。在实践中，这意味着大语言模型可以被定制化以适应如中央文献翻译等高度专业化的任务，通过细致的超参数调整和数据集选择来防止过拟合，并保持模型的泛化能力。此外，通过持续的模型评估和与领域专家的合作，可以确保模型输出的准确性和一致性。这些模型不仅在自然语言理解、文本生成等方面取得了显著成就，也为人机交互提供了更自然、更高效的界面，可促进人工智能在中央文献翻译领域的深入应用。

第四，持续培养翻译技术和翻译项目管理的高层次人才。技术的背后是人，这不仅包括技术开发者，更包括技术应用者。因此，对翻译项目负责人和其他参与人员进行技术培训非常有必要。正如朱曼青等（2023）提到，翻译人才的培养不仅要注重政治素养、翻译水平、文化修养等传统要素，还应包括翻译相关的技术培训，并探索开发更适合中央文献翻译工作的技术解决方案。此外，中央文献翻译的高度组织化特征要求对翻译团队进行系统化的管理与持续的项目管理人才培养。"中央文献翻译不是个体翻译，而是高度组织化的多语种集体翻译"，需要建立一系列体系来提升管理科学化水平，包括"合理的翻译流程管理体系、翻译进度协调体系、翻译质量控制体系、翻译研讨体系、翻译人才培养和使用体系以及翻译技术应用体系"（罗莹、李汶莲 2020：172），以保障翻译质量的稳定性。中央文献翻译技术和项目管理的人才培养需采取多元化策略，包括构建全面的管理体系，强化技术应用与培训，并不断探索创新的翻译工具。

第五，坚守政治立场，筑牢保密意识，重视翻译伦理和意识形态安全。在中央文献翻译实践中，恰当运用技术对提升翻译效率和质量至关重要，但更为关键的是善用而不滥用技术。正如朱曼青等（2023）指出，尽管ChatGPT等大语言模型在信息检索和语言转换上表现出色，但考虑到中央文献的政治敏感性和保密要求，这些技术的应用受限。不过，大语言模型的海量信息数据仍可作为知识补充，辅助翻译工作。翻译过程中利用这些技术时，译者应坚守政治立场，筑牢保密意识，遵循保护信息保密性原则，加强保密学习，采取严格的数据保护措施，确保隐私安全。译者需坚持翻译伦理，警惕信息偏差，对相关技术提供的信息明辨真伪，对提供的译法明析来龙去脉与使用语境，避免受西方话语体系影响，谨防落入西方话语陷阱，坚持维护正确意识形态导向。大语言模型在处理特定政治文化语境信息时可能不准确，译者需适应新技术，有效编辑机器和人工智能翻译输出结果，并定期优化更新模型以适应语言变化。

参考文献

Aixelá, J. F. 1996. *Culture-Specific Items in Translation*. Clevedon: Multilingual Matters.

Bahdanau D, Cho K, Bengio Y. 2015. Neural Machine Translation by Jointly Learning to Align and Translate, *Proceedings of the International Conference on Learning Representations*, San Diego, USA.

Berman, A. 1995. *Pour une critique des traductions: John Donne*. Paris: Gallimard.

Bernstein, B. 1990. *The Structuring of Pedagogic Discourse*. London/New York: Routledge.

Goffman, E. 1959. *The Presentation of Self in Everyday Life*. New York: Anchor Books.

Holmes, J. 2004. The name and nature of translation studies. In L. Venuti (ed.). *The Translation Studies Reader.* New York/London: Routledge. 172-185.

Kotler, P. 2001. *Marketing Management*. Upper Saddle River: Prentice Hall, Inc.

Lakoff, G & M. Johnson.1980. *Metaphors We Live By*. Chicago: The University of Chicago Press.

Lakoff, G. 1993. The contemporary theory of metaphor. In A. Ortony (ed.). *Metaphor and Thought.* Cambridge: Cambridge University Press. 202-251.

Lasswell, H. D. 1948. The structure and function of communication in society. In L. Bryson (ed.). *The Communication of Ideas*. New York: Harper and Row. 37-51.

Leerssen, J. 2000. The rhetoric of national character: A programmatic survey. *Poetics Today* 21(2): 267-292.

Leerssen, J. 2007. Imagology: History and method. In M. Beller. & J. Leerseen. *Imagology: The Cultural Construction and Literary Representation of National*

Character. Amsterdam/New York: Rodopi. 17-32.

Lefevere, A. 1992. *Translating Literature: Practice and Theory in a Comparative Literature Context*. London/New York: Routledge.

Levý, J. 2012. Translation as a Decision Process. *Scientia Traductionis* (11): 72-96.

Lewin, K. 1947. Frontiers in group dynamics: II. channels of group life; social planning and action research. *Human Relations* (2): 143-153.

Merriam-Webster. 2017. *Merriam-Webster's Advanced Learner's English-Chinese Dictionary*. Beijing: Encyclopedia of China Publishing House.

Miller, G. 1993. Images and models, similes and metaphors. In Ortony, A. (ed.). *Metaphor and Thought*. Cambridge: Cambridge University Press. 357-400.

Mio, J. 1997. Metaphor and politics. *Metaphor and Symbol* (2): 113-133.

Newmark, P. 1982. *Approaches to Translation*. Oxford: Pergamon Press Ltd.

Newmark, P. 2001. *Textbook of Translation*. Shanghai: Shanghai Foreign Language Education Press.

Nida, E. A. 2001. *Language and Culture: Contexts in Translating*. Shanghai: Shanghai Foreign Language Education Press.

Nord, C. 2001. *Translating as a Purposeful Activity: Functionalist Approaches Explained*. Shanghai: Shanghai Foreign Language Education Press.

Romagnuolo, A. 2009. Political discourse in translation: A corpus-based perspective on presidential inaugurals. *Translation and Interpreting Studies* 4(1): 1-30.

Schoor, C. 2015. Political metaphor, a matter of purposeful style: On the rational, emotional and strategic purposes of political metaphor. *Metaphor and the Social World* (1): 82-101.

van Dijk, T. A. 2000. *Ideology and Discourse. A Multidisciplinary Introduction*.

London: Sage.

Venuti, L. 1998. *The Scandal of Translation: Towards an Ethics of Difference*. London/New York: Routledge.

Venuti, L. 2000. Translation, community, utopia. In L. Venuti (ed.). *The Translation Studies Reader*. London/New York: Routledge. 468-488.

Venuti, L. 2008. *The Translator's Invisibility: A History of Translation*. London/New York: Routledge.

Venuti, L. 2013. *Translation Changes Everything: Theory and Practice*. London/New York: Routledge.

Wilss, W. 1982. *The Science of Translation: Problems and Methods*. Tubingen: Narr.

Wittgenstein, L. 1922. *Tractatus Logico-Philosophicus*. London: Kegan Paul, Trench, Trubner & Co., Ltd.

Wu, Y. 2017. Globalization, translation and soft power: A Chinese perspective. *Babel* 63(4): 463-485.

爱泼斯坦、林戊荪、沈苏儒，2000，呼吁重视对外宣传中的外语工作，《中国翻译》(6)：3-5。

曹万忠、白建普，2019，生态翻译学视角下十九大报告用典词句的翻译探究，《华北水利水电大学学报（社会科学版)》(3)：97-101。

陈大亮，2021，新形势下中国政治话语对外译介的新理念，《中国社会科学报》，2021-12-17。

陈大亮、陈婉玉，2019，习近平用典翻译的互文性视角，《天津外国语大学学报》(2)：2-11。

陈芳蓉，2008，外宣翻译"再创造"之关联论解析，《温州大学学报（社会科学版)》(4)：95-100。

陈国兴、菅爱丽，2019，政治语篇中的科技隐喻及其英译策略研究——基于

《习近平谈治国理政》的平行语料库，《外语电化教学》（5）：56-61。

陈琳，2019，从生态译诗论翻译建构性，《中国比较文学》（2）：122-136。

陈明明，2019，中文政治词语的英译问题，《语言战略研究》（1）：5-8。

陈娜、刘楠，2023，"一带一路"政治话语对外传播现状与策略研究，《文化创新比较研究》（5）：34-38。

陈双双，2019a，中央文献对外翻译的特点研究，《中州大学学报》（3）：69-74。

陈双双，2019b，政治文献外译的译者立场研究，《牡丹江大学学报》（4）：86-89。

陈双双，2020a，构建中国政治文献外译研究体系的现实意义，《天津外国语大学学报》（3）：100-108。

陈双双，2020b，新世纪中国政治文献外译研究的现状、问题与展望，《外文研究》（4）：75-83。

陈双双，2020c，中国政治文献外译研究体系构建（博士学位论文）。天津：天津外国语大学。

陈双双，2022，中国政治文献外译过程涉及因素研究，《浙江树人大学学报》（3）：56-64。

陈双双，2023，中国政治文献外译研究体系的构建探索，《语言教育》（1）：90-100。

陈锡喜，2014，《平易近人——习近平的语言力量》。上海：上海交通大学出版社。

陈小慰，2007，外宣翻译中"认同"的建立，《中国翻译》28（1）：60-65+96。

陈新仁、金颖哲，2022，形象建构的内涵、类型与话语实践，《外语教学理论与实践》（3）：1-12。

陈勇，2017，再情景化与政府工作报告英译研究，《天津外国语大学学报》

（5）：8-14。

陈勇，2020a，中央文献翻译的国家利益规范，《天津外国语大学学报》（6）：91-101。

陈勇，2020b，中国领导人著作翻译规范及其嬗变的话语分析（博士学位论文）。天津：天津外国语大学。

陈勇，2022，政治文献外译的"三维"话语互动：内涵、模式和动因，《中国翻译》（3）：157-164。

程镇球，1979，谈谈翻译中的理解和表达问题，《中国翻译》（1）：1-12。

程镇球，1981，谈谈《周恩来选集》（上卷）英译本，《中国翻译》（4）：6-12。

程镇球，1983，翻译十二大文件的点滴体会，《中国翻译》（1）：23-28。

程镇球，2002，《翻译论文集》。北京：外语教学与研究出版社。

程镇球，2003，政治文章的翻译要讲政治，《中国翻译》（3）：20-24。

程镇球，2004，政治文献的翻译，《中国翻译》（1）：50。

楚树龙，2015，"中国故事"与中国的国际形象，《现代国际关系》（9）：37-42+66。

崔亚蕾，2020，功能主义翻译理论视域下的《邓小平文选》同形词日译研究（博士学位论文）。天津：天津外国语大学。

邓海丽，2021，杜博妮英译《在延安文艺座谈会上的讲话》的副文本研究，《文学评论》（3）：71-77。

邓中敏、曾剑平，2020，政治话语重复修辞的翻译——以《习近平谈治国理政》为例，《中国翻译》（5）：136-144。

丁爱兰，2016，归化异化视角下中国特色词汇的英译——以《政府工作报告》为例，《山西大同大学学报（社会科学版）》（6）：76-79。

董璐，2008，《传播学核心理论与概念》。北京：北京大学出版社。

董雁、马杰，2021，《习近平谈治国理政》第三卷英文版海外传播研究，《传媒》（3）：74-76。

窦卫霖，2016a，政治话语对外翻译传播策略研究——以"中国关键词"英译为例，《中国翻译》(3)：106-112。

窦卫霖，2016b，试析《习近平谈治国理政》对外传译的成功模式，《对外传播》(3)：16-18。

窦卫霖，2016c，如何提高中国时政话语对外传译效果——基于认知心理学角度，《探索与争鸣》(8)：127-130。

窦卫霖，2018，如何提高中国时政话语对外传译效果——基于认知心理学角。载修刚、田海龙（编），《中央文献外译研究：理论与实践》。北京：北京航空航天大学出版社。79-89。

杜丽娟、张健，2019，中国政治话语翻译的"译有所为"，《江西师范大学学报（哲学社会科学版）》(5)：133-139。

杜帅，2022，中央文献英译的译者立场，《中州大学学报》(3)：70-74。

段英帅、段逸山，2020，近30年中医术语翻译研究现状及分析，《中华中医药杂志》(1)：442-446。

朵宸颋，2018，国家形象构建视域下中央文献在阿拉伯世界的传播研究，《天津外国语大学学报》(3)：21-26。

范旭、郭璐璐，2020，一"典"多"译"——浅谈《习近平谈治国理政》中用典的英译，《辽宁工业大学学报（社会科学版)》(5)：77-80。

方梦之，2021，翻译家研究的"宽度"和"厚度"，《英语研究》(1)：11-20。

费孝通，2010，《文化与文化自觉》。北京：群言出版社。

冯全功，2022，翻译是一种符号转换活动——关于翻译定义的若干思考，《中国翻译》(3)：11-19。

冯全功，2023，翻译家精神：内涵分析与潜在价值，《外国语》(1)：96-103。

冯小宸、朱义华，2022，《习近平谈治国理政》用典翻译的文学性效果研究，《民族翻译》（6）：29-36。

冯新仪，2022，《习近平谈治国理政》（第三卷）中的概念隐喻与翻译策略研
究（硕士学位论文）。北京：北京外国语大学。

冯正斌、苏攀，2021，政治文献态度传译研究——以"人类命运共同体"专
题为考察中心，《亚太跨学科翻译研究》（1）：181-194。

冯志伟，2011，《现代术语学引论》。北京：商务印书馆。

付佳楠，2022a，政治文献中典故翻译的主体间性与"视域融合"，《外语学
刊》（3）：74-78。

付佳楠，2022b，阐释学视域下的习近平用典日译研究（博士学位论文）。
天津：天津外国语大学。

高彬、吴赟，2023，基于《求是》英文版的国家政治话语译介模式研究，《外
语研究》（1）：63-67+99。

高玉霞、黄友义，2021，从新时代领导人著作翻译看国家翻译实践新趋
势——黄友义先生访谈录，《中国翻译》（6）：80-85。

格里尼奥夫，2011，《术语学》（郑述谱、吴丽坤、孟令霞译）。北京：商务
印书馆。

宫宇航，2020，基于主体自洽原则的《习近平谈治国理政·第二卷》中隐喻
翻译研究，《中州大学学报》（5）：83-87。

宫宇航、项成东，2022，身体认知与译文的可接受性——中央文献翻译研究
的新视角，《天津外国语大学学报》（1）：20-30。

顾静，2005，透视美国新闻期刊对中国特色词汇的翻译，《上海翻译》（1）：
57-60。

顾世民、肖成笑，2023，《习近平用典》的外宣翻译策略与对外传播理路研
究，《上海翻译》（4）：20-25+95。

关永皓，2020，基于语篇连贯视角的《习近平谈治国理政》日译研究（博士
学位论文）。天津：天津外国语大学。

管永前，2015，《习近平谈治国理政》海外传播效果初探——以海外馆藏为例，《对外传播》(9)：54-56。

管永前，2017，《习近平谈治国理政》海外传播效果再探，《对外传播》(10)：14-16。

郭璐璐、范旭，2021，政论文献用典英译的异化策略与中国英语——以《习近平谈治国理政》英译本为例，《辽宁工业大学学报（社会科学版)》(1)：72-75。

郭业洲，2014，高度重视中央文献翻译工作，构建融通中外的政治话语体系，《马克思主义与现实》(4)：5-6。

郭影平，2015，政治文献英译特点探究，《上海翻译》(4)：52-58。

过家鼎，2002，注意外交用词的政治含义，《中国翻译》(6)：61-62。

过家鼎，2005，《中英关于香港问题的联合声明》翻译中的政治考虑，《上海翻译》(2)：20-22。

韩清月，2023，党政文献翻译中的守正与创新——二十大报告英译实践感悟，《中国翻译》(1)：142-153。

韩洋、胡开宝，2023，批评译学视域下的当代中国外交核心术语英译研究，《山东外语教学》(1)：104-113。

韩英，2022，关联理论视域下《习近平谈治国理政》第三卷政治文本隐喻的翻译（硕士学位论文）。山西：中北大学。

韩子满、赵志敏，2016，政治文本英译中的名物化及其意识形态动因研究——以2015年《中国军事战略》为例，《解放军外国语学院学报》(6)：108-115+159。

何明星，2012，莫言作品的世界影响地图——基于全球图书馆收藏数据的视角，《中国出版》(21)：12-17。

何明星，2013，《中华人民共和国外文图书出版发行编年史（1949—1979)（上)》。北京：学习出版社。

何明星，2015，中国主题图书走向世界时机已到——《习近平谈治国理政》
是如何影响世界的《中华读书报》，2015-10-21（6）。

何明星，2019，毛泽东著作俄文版翻译及出版特征研究，《中国出版》（23）：
42-46。

何明星，2020a，毛泽东著作西班牙文版的翻译、出版与发行，《中国出版》
（9）：60-65。

何明星，2020b，毛泽东著作阿拉伯文版的翻译、出版与发行，《中国出版》
（17）：62-67。

何明星，2021，《毛泽东选集》伦敦英文版的世界传播，《出版发行研究》
（6）：22-28。

何明星、江蓝，2019，毛泽东著作日文版的翻译、出版和发行，《中共党史
研究》（10）：111-124。

何明星、李佳，2021，毛泽东著作非洲民族语言的翻译、出版与传播，《中
国出版》（21）：43-48。

何明星、俞悦，2019，毛泽东著作法文版的翻译、出版与发行，《中国出
版》（13）：65-69。

侯敏，2019，《习近平谈治国理政》海外传播研究（硕士学位论文）。北京：
北京外国语大学。

胡芳毅，2014，操纵理论视角下的外宣翻译——政治文本翻译的改写，《中
国科技翻译》（2）：40-42+39。

胡芳毅、贾文波，2010，外宣翻译：意识形态操纵下的改写，《上海翻译》
（1）：23-28。

胡光玥，2017，《习近平谈治国理政》俄译本用典翻译研究，《文化学刊》
（5）：197-200。

胡开宝，2006，论异化与《新世纪汉英大词典》中文化限定词的翻译，《外
语教学》（1）：55-60。

胡开宝、陈超婧，2018，中国特色大国外交术语英译在英美印等国的传播与
接受研究——以"一带一路"英译为例，《外语电化教学》(2)：43-50。

胡开宝、杜祥涛，2023，中国特色大国外交话语的传播研究：议题、现状与
未来，《外语教学》(6)：1-7+78。

胡开宝、韩洋，2020，"中国特色社会主义"英译在英美印等国的传播与接
受，《外语教学》(4)：81-86。

胡开宝、李婵，2018a，国内外外交话语研究：问题与展望，《外语教学》
(6)：7-12。

胡开宝、李婵，2018b，中国特色大国外交话语的翻译与传播研究：内涵、
方法与意义，《中国翻译》(4)：5-12+129。

胡开宝、张晨夏，2019，基于语料库的"中国梦"英译在英美等国的传播与
接受研究，《外语教学理论与实践》(1)：89-97。

胡明扬，2000，《语言学概论》。北京：语文出版社。

胡仁青，2019，顺应论视角下汉语政治语篇中隐喻性词汇英译的译者主体性
研究，《文化创新比较研究》(10)：91-92。

胡伊伊、陶友兰，2022，《习近平谈治国理政》英文版海外传播效果分析与
启示，《对外传播》(9)：36-39。

胡裕树（主编），1995，《新编古今汉语大词典》。上海：上海辞书出版社。

胡正荣、段鹏、张磊，2008，《传播学总论》。北京：清华大学出版社。

胡宗山，2014，中国国际话语权刍议：现实挑战与能力提升，《社会主义研
究》(5)：127-135。

黄广哲、韩子满，2023，军事外宣杂志中军人形象的自塑——多模态翻译的
视角，《解放军外国语学院学报》(2)：120-128。

黄国文，2012，典籍翻译：从语内翻译到语际翻译——以《论语》英译为
例，《中国外语》(6)：64-71。

黄进财、罗兹深，2021，概念隐喻视角下《习近平谈治国理政》中隐喻的韩

译方法研究，《外国语文》(5)：17-26。

黄蔷，2017，中国政治术语的语言特征及英译策略研究，《重庆理工大学学报（社会科学）》(3)：119-124。

黄秋林、吴本虎，2009，政治隐喻的历时分析——基于《人民日报》(1978—2007) 两会社论的研究，《语言教学与研究》(5)：91-96。

黄婷惠，2014，关联理论和政治文献的隐喻翻译，《海外英语》(14)：127-128。

黄卫峰，2020，语境论视角下"中国梦"之英译再思考，《中国科技术语》(4)：64-68。

黄鑫宇、董晓娜，2019，"中国特色话语对外翻译标准化术语库"数据加工标准研制，《中国翻译》(1)：98-103。

黄友义，2004，坚持"外宣三贴近"原则，处理好外宣翻译中的难点问题，《中国翻译》(6)：27-28。

黄友义，2005，从翻译工作者的权利到外宣翻译——在首届全国公示语翻译研讨会上的讲话，《中国翻译》(6)：31-33。

黄友义，2018，译好鸿篇巨著，讲好中国故事——通过翻译《习近平谈治国理政》英文版体会中国国际话语体系构建，《中国政协》(14)：61-64。

黄友义，2019，从"新的历史条件下"到"新时代"——参与《习近平谈治国理政》(第二卷) 英文版定稿体会点滴，《英语世界》(4)：4-6。

黄友义，2022a，《从"翻译世界"到"翻译中国"：对外传播与翻译实践文集》。北京：外文出版社。

黄友义，2022b，强化国家对外翻译机制，助力国际传播能力提升，《英语研究》(1)：12-19。

黄友义、李晶，2022，做好中央文献翻译，打通国际传播的最后一公里，《天津外国语大学学报》(2)：1-10。

黄忠廉、李亚舒，2007，《科学翻译学》。北京：中国对外翻译出版公司。

季压西、许宏，2016，国防白皮书英译：性质与对策，《外语研究》（3）：74-78。

季智璇，2018，保密环境下CAT技术的应用探索——以党的十九大文件翻译为例，《天津外国语大学学报》（2）：53-61。

贾一村，2020，多元系统理论视阈下《毛泽东选集》俄文翻译研究——以"文化空缺"现象的翻译研究为例（博士学位论文）。天津：天津外国语大学。

贾毓玲，2003，从《政府工作报告》的翻译谈如何克服"中式英语"的倾向，《上海科技翻译》（4）：26-28。

贾毓玲，2011，对中央文献翻译的几点思考，《中国翻译》（1）：78-81。

贾毓玲，2013，从断句谈如何提高外宣翻译的可读性——《求是》英译体会，《中国翻译》（4）：110-112。

贾毓玲，2015，对融通中外话语体系建设的几点思考——《求是》英译体会，《中国翻译》（5）：93-95。

贾毓玲，2017，论对外政治话语体系的创建与翻译——再谈《求是》英译，《中国翻译》（3）：96-101。

蒋超群，2023，接受美学视角下外宣翻译的传播效果研究——以《政府工作报告》英译本为研究案例（硕士学位论文）。上海：上海外国语大学。

蒋芳婧，2014，受众接受视角下的中央文献日译策略——基于《2013年政府工作报告》日译本受众访谈调查，《天津外国语大学学报》（5）：42-48。

蒋芳婧、段东海，2016，基于"功能加忠诚"原则对2016年《政府工作报告》日译的考察，《天津外国语大学学报》（4）：12-14。

蒋明炜，2016，译之道，贵以专——浅谈中央文献翻译与对外传播。载王铭玉（编），《中译外研究（第5辑）》。北京：高等教育出版社。80-90。

蒋晓丽、侯雄飞，2013，《舆擎中国》。北京：中国社会科学出版社。

金保青，2022，关联理论视角下《习近平谈治国理政》隐喻翻译策略研究

（硕士学位论文）。吉林：延边大学。

鞠雪霞、秦洪武，2020，"一带一路"倡议在法国的传播状况分析，《法国研究》（3）：22-35。

康宁，2022，中央文献先例叙事与译者行为批评研究——以《习近平讲故事》俄译为例（博士学位论文）。天津：天津外国语大学。

康喆文，2019，中央文献核心语块构建及翻译模式探究——以国务院《政府工作报告》（2014—2018）及俄译本为例（博士学位论文）。天津：天津外国语大学。

孔祥立，2008，论外宣翻译中中国特色词汇的翻译，《文教资料》（14）：48-50。

蓝红军，2017，译者主体性困境与翻译主体性建构，《上海翻译》（3）：21-27。

蓝红军，2020a，国家翻译实践——从现实需求到理论建构，《外国语文》（5）：112-118。

蓝红军，2020b，翻译学知识体系的创新与重构——一个关系论的视角，《中国翻译》（4）：5-12。

李彬，2003，《传播学引论》。北京：新华出版社。

李崇月、张健，2009，试谈"外宣翻译"的翻译，《江苏大学学报（社会科学版）》（5）：77-80。

李国梁、方慧，2019，语义与交际翻译视角：政治文本中数字词的英译研究——以《习近平谈治国理政》（第二卷）为例，《西部学刊》（24）：111-114。

李晶，2017，典籍名言英译的"再语境化"——以《习近平用典》为例，《上海翻译》（4）：62-67。

李晶、任俊桦，2022，中央文献翻译多维策略与对外话语体系建构的思考，《外语教学》（5）：91-95。

李婧萍、张威，2022，中国话语译介规范的演变与评价，《外语学刊》(6)：15-21。

李澜，2023，新时代外交背景下的中国政治术语使用倾向——以"中国关键词"为例，《中国科技术语》(4)：71-78。

李梦，2021，用典翻译的"再语境化"可行性研究——以《习近平用典》为例，《安阳师范学院学报》(3)：119-122。

李琦，1994，毛泽东：伟大的语言艺术大师——《毛泽东诗文词语典故辞典》序，《党史文汇》(1)：11+37。

李铁军，2018，构建适应当代中国国际话语权建设的译者知识体系——以党的十九大文件翻译为例，《天津外国语大学学报》(2)：8-16。

李汶莲、罗莹，2022，建党百年与中央文献翻译事业的发展——第六届"中央文献翻译与研究论坛"综述，《国外理论动态》(2)：165-169。

李霞，2019，再情景化模式下新时代政治新奇隐喻英译研究，《天津外国语大学学报》(6)：124-132。

李欣，2001，外宣翻译中的"译前处理"——天津电视台国际部《中国·天津》的个案分析，《上海科技翻译》(1)：18-22。

李雪梅，2019，《毛泽东选集》海外传播的历程及启示，《国外社会科学》(3)：39-47。

李轶豪，2021，外宣翻译传播效果策略研究——以《习近平谈治国理政》英译、日译为例，《翻译研究与教学》(1)：95-100。

李钰婧，2017，跨文化交际视阈下的习近平著作日译研究——以《习近平关于实现中华民族伟大复兴的中国梦论述摘编》为例（博士学位论文）。天津：天津外国语大学。

李正栓、叶红婷，2016，典籍英译应追求忠实对等——以《水树格言》英译为例，《西安外国语大学学报》(3)：107-112。

李志丹，2018，"和合"思想视域下政治术语的翻译原则及其实现路径，《外文研究》(3)：76-83。

梁佳宁，2023，合作原则下中国特色词汇的英译研究——以2018—2022年《政府工作报告》为例，《文化创新比较研究》(4)：27-33。

梁良兴，1997，浅谈对外出版物的翻译问题，《对外大传播》(6)：9-10。

梁娜，2019，社会语言学视阈下中央文献外译的译者立场研究——以2018年《政府工作报告》英译为例，《天津外国语大学学报》(2)：81-92。

梁娜、陈大亮，2020，认知语言学视角下的十九大报告政治隐喻翻译研究，《北京第二外国语学院学报》(3)：48-57。

廖峻、汤恬，2021，中国俗语之"变译"——《习近平谈治国理政》德译本中的俗语翻译研究，《外国语文》(5)：10-16。

林榕、林大津，2016，政治文献英译:文化翻译观——以《习近平谈治国理政》英译本为例，《东南学术》(6)：235-240。

林晓琴，2012，意识形态操纵下的翻译顺应与改写——中美领导人演讲译文对比研究，《福建论坛（人文社会科学版)》(9)：136-141。

凌继尧，2015，习近平话语体系的风格研究，《艺术百家》(1)：21-37。

刘春梅，2019，政治演讲中语气英译策略探究，《天津外国语大学学报》(5)：35-44。

刘春梅，2021，政治演说中判定资源英译迁移现象研究，《天津外国语大学学报》(1)：57-68。

刘和平、王茜、文俊、刘丹，2017，中央文献对外翻译协调机制初探——以中央文献重要术语的英、法、日语外译为例，《东方翻译》(4)：35-43。

刘宏、李明徽，2022，国内政治话语翻译研究文献计量分析:问题、热点与趋势（2000—2021)，《外语与外语教学》(4)：1-11+65。

刘宏伟，2017，政治术语跨文化传播中的语境依赖性——以"中国梦"英译为例，《天津外国语大学学报》(3)：1-6。

刘奎娟，2021，《习近平谈治国理政》第一至三卷英译探析，《中国翻译》

（1）：139-146。

刘亮，2020，《论坚持推动构建人类命运共同体》英译策略初探，《天津外国语大学学报》（2）：14-21。

刘军平，2009，《西方翻译理论通史》。武汉：武汉大学出版社。

刘润泽、魏向清，2015，"中国梦"英译研究再思考——兼论政治术语翻译的概念史研究方法，《中国外语》（6）：99-106。

刘坛孝、文叶行，2023，中国特色词汇英译中译者主体性的实现路径研究——以《2022年政府工作报告》为例，《合肥学院学报》（1）：84-89。

刘璇，2019，中央文献英译接受效果的话语研究——一项基于中美新闻报道的案例分析，《天津外国语大学学报》（5）：45-57。

刘雅丽、郑景婷，2020，论政治文本中隐喻的英译策略，《英语广场》（20）：20-23。

刘云虹、许钧，2020，走进翻译家的精神世界——关于加强翻译家研究的对谈，《外国语》（1）：75-82。

龙丽超、周雪婷，2011，翻译伦理观下的中国特色词汇翻译，《湖南工程学院学报》（4）：44-47。

龙璐，2017，目的论视角下的中国特色政治术语的口译分析——以李克强总理答记者问的口译为例，《海外英语》（4）：127-128。

龙新元、李秋霞，2020，"政治等效+认知趋同"：认知翻译观视阈下的政治文本翻译研究，《天津外国语大学学报》（5）：104-120。

卢卫中，2022，政治话语排比修辞翻译探析，《外语电化教学》（3）：33-38+107。

卢小军，2012，外宣翻译"译+释"策略探析，《上海翻译》（2）：40-43。

卢小军，2013，国家形象与外宣翻译策略研究（博士学位论文）。上海：上海外国语大学。

卢小军、陈境染、韩思祺，2020，《习近平谈治国理政》的全球传播地图——基于OCLC馆藏数据的视角，《当代外语研究》（1）：91-101。

罗屹，2022，中共党史英译的叙事建构研究（博士学位论文）。天津：天津外国语大学。

罗莹、李汶莲，2020，做好政治文献对外翻译与传播，助力推动构建人类命运共同体——第五届"中央文献翻译与研究论坛"综述，《国外理论动态》（1）：170-174。

吕和发、邹彦群，2014，"外宣"宣何？"外宣翻译"译何？《上海翻译》（4）：24-27。

吕红周，2015，从翻译符号学看中央文献术语俄译的策略，《天津外国语大学学报》（5）：14-22。

吕俊，1997，翻译学——传播学的一个特殊领域，《外国语（上海外国语大学学报)》（2）：40-45。

吕艳艳、张南薰，2022，政治文献重要术语日译策略的历时性考察——以"温饱""小康"的日译为例，《民族翻译》（3）：28-36。

马会峰、杨明星，2022，外交翻译与中国南海形象建构，《海南大学学报（人文社会科学版)》（2）：33-41。

马育珍，1991，谈谈一孔之见——从三小段译文看对外宣传翻译中的问题，《中国翻译》（4）：17-21。

毛东辉，2004，从政治时事术语的翻译看"中国英语"，《宁波广播电视大学学报》（3）：23-25。

孟海霞，2018，接受美学视阈下的十九大报告日译修辞研究，《日语学习与研究》（2）：15-22。

米原千秋，2017，功能主义翻译目的论视域下的《毛泽东选集》译本研究（博士学位论文）。天津：天津外国语大学。

苗菊、牛军，2020，政治话语双语术语知识库的谱系法构建——以"一带一路"倡议相关术语体系为例，《中国翻译》（2）：99-106。

穆雷、杨扬，2020，翻译学跨学科研究之路径，《外国语文》(6)：118-125。

牛军，2020，中国政治话语短语术语形态分析及其英译探析，《甘肃高师学报》(1)：13-17。

潘佳宁，2016，《毛泽东选集》第五卷英译的前前后后——北京外国语大学陈琳教授访谈录，《东方翻译》(2)：57-62。

潘卫民、董维山，2015，尊重史料，还原《毛泽东选集》英译历程，《上海翻译》(1)：63-67。

乔孟琪、李晶，2023，《中国共产党简史》的英译策略研究，《民族翻译》(3)：71-77。

乔拓新，2020，批评话语分析视角下中国领导人对外演讲翻译质量评估模式构建（博士学位论文）。天津：天津外国语大学。

秦慈枫、陶李春，2022，做优时政话语翻译，全力讲好中国故事——黄友义先生访谈录，《外语教学理论与实践》(4)：22-29。

秦洪武、孔蕾，2019，中国政治话语海外传播总体状况分析，《山东外语教学》(4)：21-34。

卿学民，2018，政治文献重要术语外译的理论逻辑分析——以"人民当家作主"的日译为例，《日语学习与研究》(2)：8-14。

卿学民，2020，作为一项系统工程的党政文献对外翻译——以党的十九大文件外译工作为例，《中国翻译》(1)：42-44。

李运博、卿学民，2021，叙事学视域下的政治文献翻译研究——以习近平总书记"七一"重要讲话日译为例，《日语学习与研究》(6)：1-10。

邱大平，2018，论政治话语外宣翻译取向的二元统一，《中南大学学报（社会科学版）》(6)：205-212。

邱槿，2023，基于语料库的政治隐喻及翻译策略研究——以《习近平谈治国理政》第三卷为例，《上海理工大学学报（社会科学版）》(3)：241-246。

屈扬铭，2022，中国特色政治概念翻译历史演变与话语互动中的译者主体性研究——以"依法治国"英译为例（博士学位论文）。天津：天津外国语大学。

任东升，2019，国家翻译实践概念体系构建，《外语研究》（4）：68-73。

任东升，2022，国家翻译实践工程初探，《上海翻译》（2）：56-60。

任东升、高玉霞，2015a，国家翻译实践初探，《中国外语》（3）：92-103。

任东升、高玉霞，2015b，翻译制度化与制度化翻译，《中国翻译》（1）：18-23。

任东升、高玉霞，2022，国家翻译实践学科体系建构研究，《中国外语》（2）：4-10。

任东升、季秀妹，2021，基于"政治等效"的外交话语隐喻英译策略——以2019年外交部例行记者会发言为例，《当代外语研究》（3）：84-95。

任东升、周忠良，2023，国家翻译实践的十种意识——评黄友义著《从"翻译世界"到"翻译中国"》，《中国翻译》（3）：123-128。

史丽雅，2022，再语境化视角下用典英译研究——《以习近平谈治国理政》（第三卷）为例（硕士学位论文）。北京：外交学院。

石蕊，2017，《2016年政府工作报告解读》英译中表达型文本功能的实现，《天津外国语大学学报》（3）：13-18。

史亭玉、张平功，2021，《习近平谈治国理政》第三卷英译本分析——兼谈中央文献翻译的原则和策略，《学术研究》（3）：34-38。

石欣玉、黄立波，2021，毛泽东著作英译与国家形象建构：基于语料库的考察，《外语教学》（3）：75-81。

司炳月、胡奕桐，2023，中国特色词汉英与汉日翻译方法比较——以2018—2021年《政府工作报告》为例，《湖北文理学院学报》（7）：75-80。

思果，2001，《翻译研究》。北京：中国对外翻译出版公司。

司显柱、曾剑平，2021，对外政治话语翻译：原则、策略、成效——以《习近平谈治国理政》的英译为例，《上海翻译》（2）：18-24。

宋本超，2023，再语境化视角下领导人用典日译的翻译迁移研究，《南方论刊》（2）：72-74。

孙福庆，2018，俄汉政治话语隐喻对比研究（博士学位论文）。哈尔滨：黑龙江大学。

孙晗，2016，语用视域中党的十八大以来中国热点词句译法探析，《外语学刊》（3）：116-120。

孙利、林宗豪，2016，"7W"模式对翻译传播要素协调性的阐释力，《外语电化教学》（1）：67-72。

孙宁，2021，新中国中央文献对外译介事业的发展历程与特点，《中国翻译》（4）：43-48。

孙宁，2022，中国共产党重要文献对外译介的百年历程，《百年潮》（3）：62-68。

孙毅、李玲，2019，隐喻翻译研究在中国（1995—2018）——项基于文献统计的考察，《外语与翻译》（2）：7-18。

孙毅、李明明，2022，中国特色大国外交话语的意图隐喻甄别、理解与翻译，《北京第二外国语学院学报》（6）：32-50。

舒娜、余炫朴，2017，外宣翻译中时事政治文本英译的特点及其政治考量，《江西师范大学学报（哲学社会科学版）》（5）：138-143。

谭莲香、辛红娟，2018，从《毛泽东选集》外来译者修改意见谈政治文本英译的可接受性，《上海翻译》（1）：71-77。

谭载喜，2018，翻译与国家形象重构——以中国叙事的回译为例，《外国语文》（1）：1-10。

谭震、荆江，2019，中国需要世界，世界也需要中国——专访中国外文局原副局长兼总编辑黄友义，《对外传播》（10）：20-22。

汤景泰，2023，价值基点、协同机制与精准译介：论中国政治话语的国际传播效能提升，《中央社会主义学院学报》（2）：188-196。

唐青叶、卢梦环，2021，再语境化——习近平扶贫话语用典及其英译，《亚太跨学科翻译研究》(2)：16-28。

陶友兰，2023，中华文化对外传播与翻译策略构建——解读黄友义《从"翻译世界"到"翻译中国"：对外传播与翻译实践文集》，《外语电化教学》(2)：95-98。

田海龙，2016，跨文化交际的话语解读：再情景化模式，《福州大学学报（哲学社会科学版）》(2)：50-60。

田海龙，2017a，中央文献英译的话语研究范式——超学科视角，《天津外国语大学学报》(5)：1-7。

田海龙，2017b，作为社会实践的翻译——基于批评话语分析的理论思考与方法探索，《外语研究》(3)：60-64。

田海龙，2017c，社会实践网络与再情景化的纵横维度——批评话语分析的新课题及解决方案，《外语教学》(6)：7-11。

田苗，2016，基于概念隐喻的2015年政府工作报告英译研究，《黑龙江高教研究》(6)：157-160。

童孝华，2014，翻译的主体意识——2014年政府工作报告翻译心得，《中国翻译》(4)：92-97。

佟晓梅，2021，《习近平用典》翻译中的审美再现，《天津外国语大学学报》(2)：67-74。

万石建，2019，顺应理论观照下的政治术语翻译，《上海理工大学学报（社会科学版）》(1)：17-22。

王德春，1987，《修辞学词典》。浙江：浙江教育出版社。

汪东萍，2020，《政府工作报告》中国特色词汇的文化对应与英译策略研究，《学术研究》(12)：34-40。

王婀娜、潘智丹，2023，政治类外宣文本中的文化外译策略研究——以《习近平谈治国理政》德译本中的"熟语"翻译为例，《山东外语教学》

（1）：125-133。

王宏印，2003，《中国传统译论经典诠释——从道安到傅雷》。武汉：湖北
　　教育出版社。

王季芸，2018，基于中西国家领导人政治语篇语料库的概念隐喻比较及翻译
　　策略研究（硕士学位论文）。上海：上海外国语大学。

王丽丽，2018，中央文献翻译的立场、路径与策略——以党的十九大报告英
　　文翻译为例，《天津外国语大学学报》（2）：17-25。

王丽丽，2023，论党政文献翻译的忠实原则——以党的二十大报告英译为
　　例，《中国翻译》（6）：116-123。

王弄笙，2004，十六大报告汉英翻译的几点思考，《中国翻译》（1）：58-61。

王平兴，2008，政治文献翻译新探索——十七大文件翻译体会，《中国翻
　　译》（1）：45-50。

王平兴，2011，关于汉英翻译"迁移性冗余"的一些思考，《中国翻译》（5）：
　　79-83。

王平兴，2014，汉英翻译中的政治考量，《中国翻译》（5）：97-101。

王少爽，2023，构建具有国际传播视野的中国特色翻译观——读黄友义《从
　　"翻译世界"到"翻译中国"》，《上海翻译》（4）：90-94。

王向远，2015，以"逐译/释译/创译"取代"直译/意译"——翻译方法概念
　　的更新与"译文学"研究，《上海师范大学学报（哲学社会科学版）》（5）：
　　132-142。

王晓莉、胡开宝，2021，外交术语"新型大国关系"英译在英美的传播与接
　　受研究，《上海翻译》（1）：89-94。

王晓莉、胡开宝，2023，"改革开放"英译在英美主流媒体的传播与接受研
　　究，《外语教学理论与实践》（4）：84-98。

王运鸿，2018，形象学与翻译研究，《外国语（上海外国语大学学报）》（4）：
　　86-93。

王栩，2007a，程镇球政治翻译述评（硕士学位论文）。成都：四川大学。

王栩，2007b，政治文章翻译的起始规范——对程镇球政治文献翻译理论的
思考，《北京广播电视大学学报》(2)：54-56。

王栩，2008，政治文献资深翻译家程镇球研究——对政治翻译中"忠实"原
则的理解，《辽宁行政学院学报》(7)：206-207。

王雪、蔡丽华，2013，中国时事政治术语的语言特点及翻译方法，《辽宁科
技大学学报》(3)：298-301。

王英，2022，《习近平谈治国理政》用典英译：许氏"三化"论与国家形象
构建，《长春大学学报》(7)：95-100。

王宇航、杨远航，2015，中国特色词汇对外宣传中的翻译机制与策略——以
十八大后若干重点特色词汇为例，《出版发行研究》(9)：65-68。

王志彬（译注），2012，《文心雕龙》，刘勰著。北京：中华书局。

卫明高、余高峰、乔俊凯，2018，政治文本中的隐喻翻译研究——以《2016
年政府工作报告》为例，《上海理工大学学报（社会科学版）》(2)：120-
124。

魏向清、杨平，2019，中国特色话语对外传播与术语翻译标准化，《中国翻
译》(1)：91-97。

魏向清、赵连振，2012，《术语翻译研究导引》。南京：南京大学出版社。

温端政，2005，《汉语语汇学》。北京：商务印书馆。

吴斐，2023，《习近平谈治国理政》海外传播范式对中国文化走出去的启
示，《湖南社会科学》(4)：149-155。

巫和雄，2013，《〈毛泽东选集〉英译研究》。北京：中国社会科学出版社。

武光军，2010，2010年政府工作报告英译本中的迁移性冗余：分析与对策，
《中国翻译》(6)：64-68。

武光军、赵文婧，2013，中文政治文献英译的读者接受调查研究——以2011
年《政府工作报告》英译本为例，《外语研究》(2)：84-88。

吴昊，2022，生态翻译学视域下《习近平谈治国理政》典籍名言阿译研究，《外国语文》（3）：10-15。

吴若萌，2019，基于功能主义翻译理论的政治术语日译方法研究，《创新创业理论研究与实践》（16）：167-169。

吴赟、蒋庆胜，2022，国际传播视阈下对外翻译研究：理论建构与应用价值，《外语教学理论与实践》（4）：1-10+21。

吴赟、姜智威，2021，公共外交视域下中国对外翻译的历时考察，《上海翻译》（2）：25-29。

吴赟、潘柳叶，2023，对外翻译效果研究：概念、机制与评估，《外语与外语教学》（4）：49-60。

吴赟、孙萌，2023，对外翻译中的受众概念与行为机制，《上海交通大学学报》（哲学社会科学版）（8）：61-72。

习近平，2014，《习近平谈治国理政》（第一卷）。北京：外文出版社。

习近平，2017，《习近平谈治国理政》（第二卷）。北京：外文出版社。

习近平，2020，《习近平谈治国理政》（第三卷）。北京：外文出版社。

习近平，2022，《习近平谈治国理政》（第四卷）。北京：外文出版社。

夏江义，2017，《习近平谈治国理政》海外传播范式探析，《出版发行研究》（9）：17-19。

项成东、韩思华，2023，文化隐喻翻译的视域融合——中央文献中的文化隐喻英译研究，《天津外国语大学学报》（5）：45-55。

肖德强，2017，习式话语中俗谚语的俄译问题，《天津外国语大学学报》（2）：16-22。

肖坤学，2013，"打铁还需自身硬"的英译研究——语言认知研究视角，《外国语文》（5）：107-112。

肖水来，2008，政治文献中中国特色词汇的翻译，《湖北社会科学》（10）：129-132。

谢莉、王银泉，2018，中国国际形象建构视域下的政治话语翻译研究，《外语教学》（5）：7-11。

谢天振，2015，《翻译研究新视野》。福州：福建教育出版社。

辛红娟、严文钏，2022，《抗击新冠肺炎疫情的中国行动》白皮书隐喻翻译与国家形象构建，《外国语文研究》（2）：94-102。

信娜，2021，《术语翻译方法论》。北京：科学出版社。

熊道宏，2018，答疑与翻译——对政治语言与工作机制的思考，《天津外国语大学学报》（2）：43-52。

熊坤静，2013，《毛泽东选集》编辑出版始末，《党史文苑》（10）：37-42。

修刚、李运博、花超，2018，十九大报告翻译实践与中央文献的日文翻译策略，《日语学习与研究》（2）：1-7。

修茸岑，2022，政治文献修辞日译与接受研究——以习近平相关著作中、日文本为语料（博士学位论文）。天津：天津外国语大学。

修茸岑，2023，接受理论视域下隐喻日译研究——以2020年《政府工作报告》为例，《外语教育研究》（2）：32-39。

徐步，2016，《习近平谈治国理政》多语种图书出版发行情况，《国际援助》（3）：28-33。

许多、许钧，2019，中国典籍对外传播中的"译出行为"及批评探索——兼评《杨宪益翻译研究》，《中国翻译》40（5）：130-137。

徐方富，2021，作为话语重构实践的政治话语翻译——《习近平谈治国理政》及其英译话语特征考察，《天津外国语大学学报》（2）：75-88。

许钧，2014，《翻译论》（修订本）。南京：译林出版社。

许钧，2020，《翻译概论》（修订版）。北京：外语教学与研究出版社。

许钧，2023，翻译史研究的任务——基于《不平等与不对等》的思考，《外语教学与研究》（3）：420-429+480。

许勉君、大卫·弗格森，2023，党政文献国际传播的中外合作、传播理念与目标驱动——大卫·弗格森访谈录，《山东外语教学》（1）：1-6。

薛悦，2020a，从关联理论看《习近平关于全面依法治国论述摘编》的日译——以冗余信息处理为例，《天津外国语大学学报》（6）：102-112。

薛悦，2020b，关联理论视阈下习近平著作复句日译对比研究——兼论对日话语体系构建（博士学位论文）。天津：天津外国语大学。

闫建琪，2014，重视当代中央文献的编辑和翻译出版工作，增强国际话语权，《马克思主义与现实》（4）：9-10。

杨伯峻，2018，《论语译注》。北京：中华书局。

杨枫，2022，基于国家翻译实践的学术话语与国际传播，《中国社会科学报》，2022-1-21。

杨红燕、姚克勤，2017，近二十年汉语政治新词新语翻译研究述评，《人文杂志》（12）：61-67。

杨明星，2008，论外交语言翻译的"政治等效"——以邓小平外交理念"韬光养晦"的译法为例，《解放军外国语学院学报》（5）：90-94。

杨明星，2014，中国外交新词对外翻译的原则与策略，《中国翻译》（3）：103-107。

杨明星，2016，外交语境中"中国梦"核心话语英译辨析，《中国翻译》（6）：86-91。

杨明星、李志丹，2015，"政治等效"视野下"窜访"译法探究，《中国翻译》（5）：88-92。

杨明星、齐静静，2018，外交修辞的复合性翻译标准："政治等效+审美再现"——以国家领导人外交演讲古诗文为例，《中国外语》（6）：89-96+109。

杨明星、闫达，2012，"政治等效"理论框架下外交语言的翻译策略——以"不折腾"的译法为例，《解放军外国语学院学报》（3）：73-77。

杨明星、赵玉倩，2020，"政治等效+"框架下中国特色外交隐喻翻译策略研究，《中国翻译》（1）：151-159+190。

杨望平，2018，以我为主，兼收并蓄——以党的十九大报告英文翻译为例，《天津外国语大学学报》25（2）：26-32。

杨雪冬，2016，"翻译匠"的匠人精神，《杭州（我们)》（3）：11-12。

杨雪冬，2018，主持人语，《天津外国语大学学报》（2）：1-2。

杨雪冬、卿学民、熊道宏、张琳娜，2018，党的十九大文件对外翻译：创新、过程与前瞻，《天津外国语大学学报》（2）：2-7。

杨自俭，2005，对比语篇学与汉语典籍英译，《外语与外语教学》（7）：60-62。

《叶剑英传》编写组，1995，《叶剑英传》。北京：当代中国出版社。

叶小宝、徐志敏，2011，时政外宣英译也能"变形保义"——从功能主义角度看胡锦涛"讲话"英文译稿，《现代传播（中国传媒大学学报)》（4）：151-152。

叶自成，2014，"原点"之思：历史、典籍中的执政思想源泉，《人民论坛·学术前沿》（1）：48-58。

尹承东，1993，回顾《毛泽东选集》的翻译工作和一点联想，《中国翻译》（6）：4-6。

尹承东，2009，从毛泽东著作的翻译谈建国以来的中译外工作，《中国翻译》（5）：13-16。

尹春荣、秦洪武、孔蕾，2020，法语国家主流媒体对"中国梦"的解读，《法国研究》（3）：36-48。

尹飞舟、余承法，2020，翻译传播学论纲，《湘潭大学学报（哲学社会科学版)》（5）：170-176。

尹佳，2016，从读者接受理论看外宣翻译中的读者关照——黄友义、徐明强访谈录，《中国翻译》（5）：76-80。

尹佳，2017，解读、商讨与建构——外宣翻译过程中译者的能动作用，《天津外国语大学学报》(5)：15-20。

于江霞，2006，《毛泽东选集》英译比较研究（硕士学位论文）。成都：四川大学。

袁晓宁，2005，外宣英译的策略及其理据，《中国翻译》(1)：75-78。

袁晓宁，2010，以目的语为依归的外宣英译特质——以《南京采风》翻译为例，《中国翻译》(2)：61-64。

袁晓宁，2013，论外宣英译策略的二元共存，《中国翻译》(1)：93-97。

袁卓喜、唐舒航，2019，论政治语篇中的隐喻及其英译策略，《内蒙古农业大学学报（社会科学版）》(1)：85-89。

曾利沙，2021，概念内涵·政治意涵·形象塑造，《上海翻译》(6)：60-66。

曾祥敏、杨丽萍，2023，国际传播人才培养模式探究——基于我国高校的观察分析，《中国编辑》(9)：72-78。

曾玉婷，2021，习近平用典对外传播效果研究——基于中日平行语料库的分析，《闽西职业技术学院学报》(1)：104-108。

詹成、张晗，2023，新中国成立初期外交翻译制度化研究，《解放军外国语学院学报》(4)：8-14+160。

张贝，2023，《习近平谈治国理政》在拉美的传播与影响，《马克思主义研究》(3)：76-88。

张柏然，2008，建立中国特色翻译理论，《常州工学院学报（社科版)》(3)：79-83。

张鸽，2021，《习近平谈治国理政》（第二卷）中的概念隐喻类型及其翻译策略研究（硕士学位论文）。北京：北京外国语大学。

张格兰、范武邱，2022，十八大以来中国外交话语的陌生化叙述及其英译策略，《上海翻译》(6)：44-49。

张贺，2016，精彩中国故事 吸引世界目光——中国出版"走出去"综述，《人民日报》，2016-2-16 (4)。

张健，2013，全球化语境下的外宣翻译"变通"策略刍议，《外国语言文学》（1）：19-27+43+72。

张健，2022，《新时代对外宣传与翻译研究》。上海：上海外语教育出版社。

张洁、刘静、朱荔芳，2017，中国特色词汇英文翻译方法及策略研究，《中国海洋大学学报（社会科学版）》（3）：112-117。

张劼、朱玉雯，2020，修辞翻译观视域下的政治用典翻译研究——以习近平用典为例，《井冈山大学学报（社会科学版）》（5）：128-136。

张峻峰、庞影平，2022，《习近平谈治国理政》英译的忠实——机构翻译视角，《中国地质大学学报（社会科学版）》（5）：148-156。

张蕾，2021，政治话语隐喻化翻译的社会认知研究——以《习近平谈治国理政》英译文为例，《天津外国语大学学报》（5）：66-76。

张丽娟、吕骏汶，2022，《习近平谈治国理政》第三卷外宣用典英译研究——基于纽马克文本功能理论，《浙江工业大学学报（社会科学版）》（3）：297-301。

张立庆，2022，中央文献译者能动性的社会语言学研究（博士学位论文）。天津：天津外国语大学。

张琳娜，2018，中央文献翻译中的变通策略——以党的十九大报告俄语翻译为例，《天津外国语大学学报》（2）：33-42。

张慎趋，2008，新中国成立后《毛泽东选集》出版概况，《党史博览》（11）：16-17+42。

张生祥，2013，翻译传播学：理论建构与学科空间，《湛江师范学院学报》（1）：116-120。

张生祥，2019，中央文献翻译传播70年：维护国家利益 传播中国智慧，https://www.theorychina.org.cn/c/2019-10-14/1270123.shtml（2023年11月30日读取）。

张生祥、徐夏莹，2016，论翻译过程中的译者商榷与妥协，《当代外语研究》(6)：95-99+110。

张生祥、张苗群，2018，国家领导人话语在美国的传播与中国国际话语权提升——以《习近平谈治国理政》英译本为例，《外语教学》(1)：93。

张威、雷璇，2023，翻译研究的数字人文"转向"：现状及反思，《中国翻译》(2)：99-106。

张威、李婧萍，2021，中国对外话语译介与传播研究：回顾与展望（1949—2019），《外语与外语教学》(4)：35-42+148。

张威、杨嘉欣，2023，中国政治话语"隐含叙事"的翻译规范分析——以《习近平谈治国理政》（第三卷）为例，《外语教学》(5)：81-87。

张雯、卢志宏，2012，中西方修辞传统与外宣翻译的传播效果，《上海翻译》(3)：38-40+78。

张夕，2023，社会语言学视角下的译者立场研究——基于行为、责任和价值，《文化创新比较研究》(8)：48-51。

张岩，2023，中国出版物国际传播渠道建设创新研究，《中国出版》(8)：43-47。

张仪，2023，体认翻译三层次关联模式——以2013—2021年政府工作报告中中国特色词汇翻译为例，《乐山师范学院学报》(1)：56-62。

章宜华，2016，中国特色词在中外传媒的使用特点及影响因素，《学术研究》(7)：151-156。

赵家明，2022，政府文献翻译的话语实践研究——以中美经贸磋商白皮书英译和传播为例（博士学位论文）。长春：吉林大学。

赵晶、何中清，2021，跨语认知映射视角下新时代中国特色政治隐喻的英译研究，《北京科技大学学报（社会科学版）》(5)：518-525。

赵琦，2012，时事政治术语避免译成中式英语的方法，《广西师范大学学报（哲学社会科学版）》(3)：136-140。

赵琦，2016，权力话语理论视域下政论文英译策略——以2014年政府工作报告中双引号词语为例，《广西师范大学学报（哲学社会科学版）》（4）：128-133。

赵祥云，2017，新形势下的中央文献翻译策略研究——以《习近平谈治国理政》英译为例，《西安外国语大学学报》（3）：89-93。

赵祥云，2018，国家领导人著作英译规范的嬗变研究（博士学位论文）。上海：华东师范大学。

赵祥云，2021，再论"信达雅"：新时代政治文献英译原则探索，《湖北第二师范学院学报》（12）：81-86。

赵心树，2004，国际传播中的信息翻译与词字翻译——以"中国共产党"的英译为例，《国际新闻界》（4）：12-17+24。

中国社会科学院语言研究所词典编辑室，1998，《现代汉语词典》。北京：商务印书馆。

《中华思想文化术语》编委会，2016，《中华思想文化术语（3）》。北京：外语教学与研究出版社。

周葆华，2005，大众传播效果研究的历史考察（博士学位论文）。上海：复旦大学。

周宁，2004，《第二人类》。北京：学苑出版社。

周宁，2011，《跨文化研究：以中国形象为方法》。北京：商务印书馆。

周杨美汕、高文成，2018，功能翻译视角下的政治术语英译研究——以"三去一降一补"为例，《戏剧之家》（21）：232-234。

周忠良，2019，《习近平谈治国理政》海外出版影响力研究，《中国出版》（17）：51-55。

周忠良，2020，政治文献外译须兼顾准确性和接受度——外交部外语专家陈明明访谈录，《中国翻译》（4）：92-100。

周忠良、任东升，2022，《习近平谈治国理政》对外宣介的本地化策略研究，《对外传播》（7）：35-39。

祝朝伟，2020，《习近平谈治国理政》中典故的英译方法及对外宣翻译的启示，《外国语文》（3）：83-90。

朱蕾，2018，中美两翻译机构英译毛泽东著作之多维度比较研究（博士学位论文）。天津：天津外国语大学。

朱曼青、李煜敏、施琦，2023，做好新时代中央文献翻译与传播工作，讲好中国共产党故事和中国故事——第七届中央文献翻译与研究论坛综述，《国外理论动态》（5）：154-162。

朱鹏霄，2020，中日两国日语媒体对政治术语"一带一路"的报道及译释的比较研究，《天津外国语大学学报》（3）：74-88。

朱雯瑛，2021，习近平用典日译策略对比研究，《齐齐哈尔大学学报（哲学社会科学版）》（2）：134-138。

朱晓敏、曾国秀，2013，现代汉语政治文本的隐喻模式及其翻译策略——一项基于汉英政治文本平行语料库的研究，《解放军外国语学院学报》（5）：82-86+128。

朱义华，2012，从"争议岛屿"来看外宣翻译工作中的政治意识，《中国翻译》（6）：96-98。

朱义华，2013，外宣翻译研究体系建构探索——基于哲学视野的反思（博士学位论文）。上海：上海外国语大学。

朱义华，2019，外宣翻译的新时代、新话语与新思路——黄友义先生访谈录，《中国翻译》（1）：117-122。

朱伊革，2018，《习近平谈治国理政》英译与中国形象在海外的传播，《西安外国语大学学报》（2）：89-93。

庄绎传，1995，程镇球——翻译政治文献的老专家，《中国翻译》（4）：40-41。